本书是国家社科基金一般项目（17BSH135、21BSH147）、吉林省教育厅社会科学研究重大项目（JJKH20211303SK）的成果

马克思主义社会学与新时代社会治理研究

大数据社会治理精细化
政策分析与推进策略

BIG DATA SOCIAL GOVERNANCE REFINEMENT:
POLICY ANALYSIS AND PROMOTION STRATEGY

张凤荣　著

社会科学文献出版社
SOCIAL SCIENCES ACADEMIC PRESS (CHINA)

前　言

大数据、物联网、云计算、人工智能、区块链……智慧城市、智慧地球、信息社会、数据社会、大数据时代……内容为王、流量为王、数据为王……数字管理、数字决策、数字创新……正如 2020 年 5～9 月举办的"永不落幕的数博会——2020 全球传播行动"的标题所言，大数据欢舞正酣，自是"落幕"不可期。曾几何时，我们以为的"数据挑战"已成为日常，数据也如人饮水，冷暖自知，"升维"——数据能力决定竞争能力，已被人们深深认同。在我们一次次为大数据喝彩时，每个人亦被大数据裹挟其中，微博、微信、QQ、POI、健康码、大数据出行……渐渐地，个人与数据的嫌隙开始越来越深地弥合，政府部门之间、公共部门和私人部门之间的数据鸿沟也正以超过预期的速度不断缩窄。

大数据赋能社会治理是未来的一个趋势。近年来，社会变迁使得我国社会治理创新面临多重挑战，运用大数据思维促进整体性治理、精准化治理和参与式治理，为我国社会治理水平的提升打开了一条技术赋能之路。社会治理的核心问题是：如何妥善处理多元关系，组织每个部分的资源，创造大众所需的价值？如何采用数字技术推动治理变革？能否提供满足人民需求的数据服务？公共服务、公共政策离人民的需求有多远？《大数据社会治理精细化：政策分析与推进策略》从社会治理的需求方（用户）和提供方两个角度出发，量化双方的差距，探究政策的应然与实然状态的差距及弥合对策。

大数据时代的到来对政府治理提出了更高要求。各级政府的治理越来越依靠大数据平台，民众生活也越来越依赖以大数据分析为基础的智慧化终端。由于地理、经济、科学技术水平等各方面因素的影响，各地方政府信息服务能力的差距依然十分明显，但社会发展带来的流动性又让条块化治理式微，如何利用大数据及时、全面地掌握社会发展情况，打破条块分割，进行动态的社会治理，是新时期社会治理面临的新考验。为此，本书以空间连通性与地区互助性为前提，结合 GIS 分析技术，让各地方政府信息服务能力可视化，期望为服务资源整合、信息共享和共同协商的管理机制提供理论洞见和实践上的建议。

全世界都在进行数据革命。大数据技术解决了传统治理手段不能解决的问题，现实社会与网络虚拟空间之间的界限愈加模糊。党的十九大报告指出，中国特色社会主义进入新时代，我国社会主要矛盾已经转化为人民日益增长的美好生活需要和不平衡不充分的发展之间的矛盾。数据革命推动的社会治理模式发生了巨大变化，百姓的美好生活需求是什么、民众的痛点在哪里，这些都成为大数据参与社会治理的前提。那么，大数据时代社会治理的特点有哪些？大数据如何促进社会治理精细化、提升社会治理智能化水平？能否从各类型、各层次的数据中发掘出现实的社会治理需求？能否运用大数据整合有效的社会服务能力，更好地满足人民群众对美好生活的需要？本书并未如以往研究将抽象概念加以罗列和演绎，而是将概念操作化后进行深入的实证调查和统计分析，将社会治理需求现状、治理问题、治理成效逐一呈现给读者。

当前我国正处于发展机遇与社会风险并存的社会转型期，社会经济快速发展的同时，社会问题与矛盾日益凸显，不同群体间的利益纠纷问题多发，社会生活的价值观差异愈发明显，环境污染问题、社会公正问题及地区发展失衡问题等亟待解决，由此带来的社会治理压力也越来越大。为提高民众的社会治理满意度，政府需要付出更多的努力，即以民众需求为导向，不断增强服务意识和服务意愿，深入挖掘大数据社会治理满意度的形成机理和提升路径，已成为我国社会治理精细化推进的主要方向。为此本书从多个角度、不同层面深入剖析民众的社会治理服务质量感知途径，以及社会治理满意度提升的方向，从而推进大数据社会治理服务更加精准和个性化。

大数据时代的社会治理研究，既要研究"社会"，又要研究"治理"，还要研究"大数据"。在有效集成云治理理论、社会治理理论和舆情分析理论的基础上，本书采用调查研究、内容分析、GIS 分析和模型研究等相结合的方法，层层深入，分析我国大数据社会治理的现实需求、治理效果和政策焦点，尝试建构大数据社会治理的协同机制，并探寻公众的大数据社会治理服务满意度提升路径，以及大数据社会治理精细化推进和创新发展的策略手段。具体来说，本书的主要工作聚焦于以下五个方面。

第一，概念厘清：大数据—社会治理—精细化—推进—问题。何为大数据社会治理？如何实现大数据社会治理？如何推进大数据社会治理精细化？大数据社会治理精细化推进中会有哪些问题？在概念辨析的基础上，详细分析大数据社会治理理念的形成与现实价值，阐释大数据社会治理发展的必要性，探讨大数据时代政府的信息服务能力和资源整合方式，呈现大数据时代的社会治理精细化推进问题。

第二，政策距离：政策实然状态和应然状态之间的差距。想要尽可能地弥合当前或未来政策与公众期望之间的差距，就需要将公众期望作为政策制定的基础，对公众期望持续做出反应，并在此基础上进行具有时效性的政策修正，实现现有政策原始目标与继续目标之间的联动，以降低当前政策效果的不确定性。在广泛收集大数据社会治理相关领域的政策文本基础上，应用大数据内容分析技术解析政策高频词之间的语义网络关系，以了解当前我国社会治理政策的聚焦点和导向，分析当前社会治理政策的不确定性，探索政策制定的未来方向。

第三，回到现实：大数据社会治理服务现状与公众需求之间的差距。检验大数据社会治理的成效不仅取决于直观数据，也有赖于公众的评判。大数据社会治理服务成效如何？是否满足了公众需求？达到何种满意程度？还有哪些方面需要改进？对这些大数据时代社会治理急需了解的问题的实证调查和分析不仅摸清了当前社会治理精细化推进亟待突破的瓶颈，了解了大数据时代社会治理的公众需求内容及公众参与度、满意度和差异性，也检验了当前大数据社会治理的成效，从中发现了大数据社会治理的客观水平及其未来走势，从而更有针对性地定位社会治理精细化的推进方向。

第四，推进策略：服务感知与公众满意度提升路径。公众在接受社会治理服务的过程中，通过亲身经历和体验形成对社会治理服务质量的看法和感受（服务感知）。这些服务感知和公众对社会治理各项服务的满意度之间的关系有助于我们找到大数据社会治理精细化的推进路径，形成大数据社会治理的创新发展策略。

第五，分地区排序：大数据社会治理精细化推进能力。以大数据社会治理精细化推进能力分地区比较为主线，分项分析各类型、各层次的大数据社会治理需求特点，考察不同地区大数据社会治理的政府信息服务能力，探索大数据社会治理能力提升的作用因素。

本书不是一部有关大数据问题的技术手册，也不是对大数据结合社会治理政策的简单描述。作为从事社会科学研究的学者，我深知许多重要的问题没有被涉及，或虽有涉及但与它们的重要性不相符，但也希望能为大数据社会治理开出"药方"。然而，社会政策制定面对的现实状况非常复杂，因此不可能有简单的指导方针。抛却这种不切实际的简单化想法，深入理解大数据和社会治理决策的科学性才是成功设计优良政策所必需的，而这正是我撰写本书的目的。

本书以国家社会科学基金项目"东北振兴融入新发展格局的空间社会治理机制创新问题实证研究""大数据社会治理精细化推进问题实证研究"和吉林省教育厅社会科学研究规划重大项目"吉林省大数据社会治理关键问题研究"的研究成果为基础撰写而成。在研究过程中，长春理工大学的师生参与了问卷调查和数据的收集工作，东北师范大学硕士研究生钱偏偏、牛佳玲、付艳飞、李政、李健、黄越、张灏琪、毛鸿婷、李佳聪，博士研究生方翰林参与了数据的分析和文献的整理，在此对他们的工作表示感谢！也借此祝贺团队成员李政成功考取了博士研究生！感谢东北师范大学张澍军教授、吉林大学田毅鹏教授和华东师范大学文军教授在我成长之路上的鼎力支持！感谢东北师范大学马克思主义学部学科建设项目的支持，让本书得以付梓！

目　录

第一章　大数据时代下的社会治理精细化

第一节　大数据社会治理理念的产生与发展过程

大数据社会治理是将当前方兴未艾的大数据技术与社会治理理念相结合而产生的新型治理理念，是在当前信息技术不断发展，虚拟社会不断形成，公众在社会管理领域要求信息化、数字化、智能化的呼声不断高涨的前提下提出的。大数据社会治理理念包含两个组成部分：一个是大数据，另一个则是社会治理。两者相结合就是应用大数据的思维、技术、方法来支撑和指导社会治理的实践，进而为社会实现善治提供一个新的更具合理性、有效性和预见性的方法和手段。

一　大数据社会治理理念的产生

大数据社会治理理念的产生是多个主体在多种层面、多个角度发挥作用而共同促成的结果。其治理基础是当前信息技术的高速发展带来的体量庞大、增长迅速、形式多样、价值巨大且具有强真实性的巨量数据。其形成动力是政府在当前中国城市化建设不断推进、人口流动性不断增强、社会转型不断深化和产业结构不断调整的大社会背景下，继续依靠传统治理方式，即建构"全能型政府"和"小社会，大政府"已举步维艰，这种治理方式在现实中常常表现出执行不力、运转低效、资源内耗与贪腐丛生等问题，而使政府陷入一个意愿与现实相悖的困境之中。为了扭转这种对社会稳定与发展都极为不利的局面，提出以社会治理代替传统治理的治理理念，成为实现社会有效治理预期的可能路径之一。

（一）大数据的发展与应用

1. 大数据的定义

对于大数据，不同研究者有不同的定义，在维克托·迈尔－舍恩伯格和肯尼思·库克耶（2013）编写的《大数据时代》一书中，大数据是指不用随机分析法这样的捷径而采用所有数据进行分析处理的技术。麦肯锡公司认为大数据是规模大到在获取、存储、管理、分析方面大大超出传统数据库软件工具能力范围的数据集合，是一种具有海量的数据规模、快速的数据流转、多样的数据类型和价值密度低四大特征的信息收集与分析体系。国际数据公司认为大数据技术描述了一个技术与体系的新时代，被设计用于从大规模、多样化的数据中通过高速捕获、发现和分析技术提取数据的价值（参见 Gantz & Reinsel，2011）。从现有学者的界定中可以看出，大数据概念的基本内涵指向的是一种数量巨大、增长迅速、结构复杂、多元互通的新型数据实体。数量巨大是指它不仅有时间上的累加性，还有空间上的互通性，多个终端在不同的时间、地点发出的信息被不加排斥地吸纳在一起，随着信息技术的进一步发展，这种趋势会更加明显；增长迅速是指随着移动终端的普及，任何个人、团体组织都能够随时随地发布自己的信息，阐明自己的观点和看法，被人们认同的观点和看法又在不同的终端被转载并附加上具有各自特征的评述，基础信息的快速增长与二次加工信息的增加使得信息的增长速度非常迅猛；结构复杂是指大数据所包含的数据形式不是单一的，其中既有传统的结构化数据，如文字和数字，也有现代的非结构化数据，如影像、声音、图片等，这就使得研究者不能用原有的数据整合与分析方法来分析它，亦不能像传统数据分析那样得出一个明晰的因果关系；多元互通是指它打破了原有数据与数据之间的界限，不局限于数据自身的单一属性设定，而是同一视之，把每个数据都当作一种包含多种属性的独立个体，即每个数据自身所携带的信息是多元的，在流通的过程中信息内部和信息之间的多种属性相互碰撞，进而产生联系。

2. 大数据的多层表现

从技术层面看，大数据是从原有海量数据演变而来的一种新的数据采集、整理、分析和表现的科学技术，它力求在最短的时间内不加甄别地收集现有信息，通过降噪等手段对信息进行筛选和净化，通过数据分析得出不同信息之间存在的未被认识的联系，并能够将这种联系以一种外显的形式表现出来。从工具层面看，大数据是一种可以为人们提供更优问题解决方法的工具，在今后的几年中它必将越来越深入我们的日常生活、企业运作、社会整合和国家决策；从现实层面看，它必将影响到我们生活的各个方面，如消费选择、偏好培养、信息获取和价值判断等；从企业运作角度看，它会影响到投资者的项目选取，以及企业的经营方式、风险评估、商业决策等一系列过程；从社会整合角度看，它将影响到社会中团体和个人的行为方式，加速社会资源的整合，缩小不同群体和个人之间在信息获取上的不对称，使全体社会成员在机会上趋于平等；从国家决策角度看，它将影响到决策部门对国家未来发展趋势的判断，预见社会发展的潜在风险，协调各个部门之间的工作，制定相应的政策，以实现决策效益的最大化。

大数据是在计算机科学和互联网技术充分发展的基础上产生的，是数据存储能力、分析处理能力、交互再生能力发展到一定阶段的产物。它要求在技术层面有能够保存大量数据的硬件，有能够在短时间内快速分析数据以及实现数据可视化和决策导向化的软件，有能够实现个体间数据交互网络与产生/表达再生信息的终端。简明而言，大数据的产生是"空中云"、"地上网"和"手里终端"三者共同支撑的，在其发展与应用过程中，我们发现影响大数据发展的除了技术，还有数据之外的制度法律保障。

（1）从技术发展角度来看，大数据的发展历程是比较明晰的，大数据脱胎于原有互联网名词"海量数据"，是对当前体量巨大、增长迅速的互联网数据的直观反映，但当时人们更多的是着眼于数据的表层价值，或苦于没有合适的分析手段，或受传统观念影响，没有瞩目到数据的深层价值。随着优化网络信息分类与处理能力需求的提升，2005年，Hadoop生态系统应运而生，其为网站信息的分类储存、快速处理与分析提供了新的解决方案，由此网站可以对其所拥有的信息进行更加合理化、系统化的分类与储存，并能够通过MapReduce对网站中结构与内容过于庞杂的信息进行可靠分析，这为大数据的未来发展奠定了技术基础。此后，大数据开始在社会生活的各个领域崭露头角，不断刷新自己的不凡表现。2009年，印度政府建立了用于身份识别管理的生物识别数据库网站，该网站超过4.45万份数据集被用于辅助一些网站和智能手机的应用程序，跟踪从航班信息到产品召回，再到特定区域内的失业率信息，以数据分析为基础引导各主体实现决策优化。

（2）从具体实践角度来看，我们无时无刻不在与数据打交道，但若问我们从什么时候开始和大数据产生交集，可能就无法给出一个明确的答案了。事实上也确实如此，大数据与传统数据之间并没有一个明晰的界限，现在普遍认为传统数据之小与大数据之大是两者划分与判断的标准，而大小本身就是一个相对概念，故而这种判断依旧是模糊的；还有人想从数据分析方法入手来进行判断，即通过抽样方法以部分样本的分析结果来反映总体的是传统数据，而以总体数据来反映总体特征的为大数据，其实也不然，即便再大的数据体量也不能保证充分覆盖总体，不论数据体量有多大，都会有沉默者和不知情者，那么我们掌握的其实只是一个更大的样本，其反映总体的能力只不过更强一些。而且因为涉及数据的价值属性，当我们以问题为导向进行数据分析与使用时，更多时候会寻找那些与问题联系最为紧密的数据，而自觉地排除那些我们认为不具有价值的"噪音数据"。故而在当前阶段希望将大数据与传统数据分割开来是不成熟的也是不必要的，传统的统计学知识依旧可以在大数据中发挥自己的价值，大数据也能够在当前的统计学中拓展属于自己的领域。

（3）从现实生活来看也是如此，不论是电商通过对消费者的消费记录和浏览足迹的测算与评估来获得消费者的消费偏好，还是智慧社区通过电子渠道反映民情来完善社区治理，都是在对庞杂数据的精准分析与决策中实现的，都体现了大数据的小利用。

（4）从制度与法律建设的角度来看，大数据的发展过程是社会多个主体相互博弈的结果，因为就持有者本体而言，数据可以作为一种利益而存在，向公众和社会开放数据对其而言在某些情况下意味着一种对自身利益的损害，当然这种利益有些是合法的有些是非法的，有些是合理的有些是不合理的。一些个人乃至由个人组成的具有共同利益的集团出于自利情结而不愿将自己所掌握的数据公之于众，这些数据被独占的个人、企业和政府视为个人隐私、商业机密和政府机密，不开放这些数据则认为是对个人隐私、公司利益和国家安全的保护。与之相对，另一些人认为对隐私权的过度保护是对公众知情权的侵害，那么这种利益应该被保护到何种程度，抑或说哪些数据不应该属于隐私或机密的范围成为多方争论的焦点。这些争论目前还处于法律与制度的边缘，需要在主体间相互博弈的过程中不断厘清。以美国为例，其于1789年通过的《管家法》和1946年通过的《联邦行政程序法》因为部分法律条款模糊不清，政府行政机关经常滥用其中条款，以保护国家安全和公众利益为名拒绝向公众提供政府信息。而约翰·摩斯 1955 年提出了《信息自由法》草案并在接下来的 12 年里不断向《管家法》和《联邦行政程序法》发起进攻，以保护公众对于政府信息的知情权。终于，1966 年《信息自由法》正式颁布，此后其内容又在 6 次修改中不断完善、丰富和具体化。《信息自由法》的出台让政府信息公开成为一种社会共识，为后来与数据开放有关的其他法规制定奠定了基础。2009 年，美国总统奥巴马上任的第一天就签署了《透明和开放政府备忘录》，并宣布自己这届政府将致力于建设一个前所未有的开放政府。

3. 大数据发展的驱动要素

大数据的发展路径主要受两个因素驱动。一为技术驱动。P. Malik（2013）认为大数据治理体现了对相关法律规则、透明度和个人信息系统的数据责任，通过控制和权威使信息更有价值以实现业务目标。然而，大数据治理面对的是不断扩大的数据规模和提供更好更快数据管理技术的需要，如何在风险暴露和价值创造之间保持稳定的政策，对大数据治理原则和框架形成了巨大的挑战。在相关技术研究中，形成了以 Apache 软件基金会开发的 Hadoop 和谷歌公司的 MapReduce 为代表的非关系数据分析技术，凭借其适合非结构处理、大规模并行处理和简单易用等优势，成为互联网搜索和其他大数据分析领域的主流技术。二为应用驱动。Decker（2014）认为大数据是"颠覆性的创新"，它带来了"数据的民主化"。各国政府纷纷建立大数据网站开放政府拥有的公共数据，如美国联邦政府建立统一的门户开放网站 Data. gov，与 6 个部门联合，鼓励公众对其进行自由开发，旨在提升从大量复杂数据中获取知识和洞见的能力。新计算社会学的兴起掀起了学术研究领域的方法创新高潮，大数据计算机方法与人工处理的混合使用，让传统的内容分析方法得到升华（Lewis et al.，2013）。

（二）社会治理的内涵与价值

社会治理是在传统治理模式在实践过程中效力逐渐下降、弊端不断涌现与新社会问题适应性不断降低的背景下提出的，其内涵是建立政府、企业、社会组织与个人多主体共同参与、共同治理的新模式。这种模式是从原来政府独治、其他主体被动接受的状态中挣脱出来的，是多主体共同参与、分工协作、共建共享的全新治理之路。党的十八届三中全会首次提出了社会治理的概念，之后社会各界针对如何理解社会治理，社会治理与社会管理的区别在哪里，社会治理理念的逻辑是什么，社会治理如何实现等问题展开了广泛而深入的讨论。在如何理解社会治理和如何区分社会治理与社会管理这两个问题上，我们大致有了这样简要的认识：社会治理是多主体价值共同发挥的结果，社会管理是政府单一主体价值发挥的结果，可能会带有该主体的主观偏好，单一管理可能会导致其他主体利益不能有效顾及。社会治理在发挥多主体作用的同时，可以将不同主体的利益诉求在决策的过程中反映出来，促进决策客观化、合理化，为多数人的利益服务。在逻辑上，社会治理主张社会问题应由社会解决，认为以小政府治理大社会行不通，当前中国社会要实现"善治"，应当充分发挥社会中各主体的价值。社会治理以个体权利保障为起点，以局部利益协调为桥接，以整体利益实现为最终目标。为此，需要确立以人为核心，以促进人的价值实现与良好发展为导向的治理思维。在实现路径上，社会治理通过发挥政府、企业、社会组织与个人的作用，集思广益，解决当前各领域的社会问题，推进制度与法律建设，不断提高中国社会制度化与现代化水平，改善民生、完善福利、化解矛盾、促进公平，最终实现社会的和谐有序发展。

社会治理作为具有时代新特点，且与环境相适应的治理方式，从诸多角度来看都具有其独特的价值。从民众角度来看，它改变了传统治理模式下民众被动接受的局面，成为治理活动的参与者，发表意见，表达利益诉求，提出治理的目标期望。通过过程参与和诉求表达，各主体的价值得以进一步实现，由此而形成并推行的政策也能在更大程度上获得理解和支持，且过程参与能激发民众维护社会稳定、促进社会发展的主体意识，进而调整行为，影响他人，承担相应的社会责任。

从企业角度来看，一方面，企业通过参与治理为社会决策提供更多有价值的信息，尤其是在当前产业结构转型的关键时期，以信息为基础的客观决策对于产业转型可能带来的社会矛盾具有积极的化解作用，或者说可以使产业结构转型所带来的社会风险降到最低；另一方面，健全以企业为主体的社会治理参与可以更好地发挥企业在协调个体与集体利益中的作用，即将政府的政策向下传达，同时员工的诉求能通过企业向上反映，拓宽政府与民众沟通的渠道，促进了沟通，也增进了民众与政府之间的理解与互信。

从政府角度来看，社会治理体系的建设与实践，能够解决政府在当前治理模式中存在的问题，实现政府善治的愿望。一方面，社会治理体系建设可以帮助政府走出当前效率低下、机构臃肿、贪腐横生、公信力下降的困境，多主体的参与可以减轻政府的行政负担，促使政府由全能型向智慧型转变，有利于政府精简机构和提高效率，同时可以对政府行为产生有效监督，让权力在阳光下运行。通过参与社会治理，民众能够了解政府行使权力、制定政策的过程，减少政府与民众之间的误会，提高政府的公信力。另一方面，在社会治理制度与体系建设完善的基础上，政府可以脱离原来的管家婆角色，更好地扮演领导者角色，用有效的社会政策换来更大的社会效益。

从社会组织角度来看，多元社会治理的推行可以促进社会组织的发展及其作用的发挥。当前不论是 NGO 还是 NPO，在中国的发展都处于非常尴尬的境地，从国外社会组织发展的经验来看，社会组织不以营利为目的，社会组织的参与确实可以促进社会治理效益的不断优化。中国社会治理的目标之一就是实现多元主体共同发挥作用，即政府扮演领导者而非管理者的角色，为社会组织的发展提供机遇，填补政府精简过程中的职能空白，在思考问题时会多从社会公益的角度出发，相较企业而言，能够更加客观、中立，所推动的政策也更贴近民众权益的表达。

（三）大数据社会治理理念的形成与现实价值

大数据社会治理理念的提出，是为了扭转传统治理不足，当前信息数据不断增加、社会发展事务数量不断增长、社会问题日趋复杂化和治理效能下降的局面。该理念的核心内涵就是将当前社会各组成部分所拥有的信息整合起来，发挥互联网的桥梁作用，以各终端为数据营造和反馈的节点，将原有的治理内容信息化、网络化和智能化，以实现效率更高、质量更优的社会治理状态。同时，在多个主体交流互动过程中发现社会新需求、新问题，不断拓展社会治理新内容。在思想层面上，大数据社会治理理念意味着当前政府机构、企业、社会组织和个人都要树立大数据意识，摒弃保守的数据观念，从不重视数据、数据神秘主义、数据非共享态度中走出来，能够认识到重视数据、开发数据、数据合作，以及建立高效有序社会，实现便捷美好生活的重要作用；在实践层面上，大数据社会治理理念意味着职能部门数据化网络平台的有效搭建，不断完善数据的标准化与规范化，在法律制度允许的情况下有序开放，降低盲目性。在前两个方面实现后，采用科学的方法对数据进行智能分类整理与挖掘分析，为社会治理决策提供数据保障，在一个更大的范围内实现社会治理各参与方思维和行动的整合协调。

从当前的实践效果来看，大数据社会治理的科学性、创新性路径具有多方面价值，在社会转型期能够改变传统治理低效无力的局面。从政治层面来看，大数据社会治理的应用可以实现政策决策科学化，有助于政策的快速传达反馈和进一步的政策调整，有力改变了原来制定决策时"拍脑袋"和"闭门造车"的状况，提高了决策的科学性，降低了不当决策造成社会风险的可能性，促进了政府部门与民众的双向沟通。一方面，在沟通基础上的意见整合提高了政府对于社会事务的处理能力和社会问题的化解能力，使政府决策更具民主性，降低了政策运行过程中与民众产生误会的可能性，增强了政策的可执行性；另一方面，促进了政府职能部门与民众的相互理解，化解了双方的潜在与显性矛盾，提高了政府的公信力，扩大了政府工作的民意基础，维护了政治上的安定有序。

从经济层面来看，大数据社会治理的应用可以将政府职能部门的工作信息化和数字化，网上审批替代"跑步"审批，缩短了企业行政获得审批的时长，降低了企业的运营成本，还能有效遏制贪腐。大数据社会治理能为企业提供更加全面的市场信息，通过巨量数据的整合分析为企业呈现一定领域的市场全貌，以更为全面的数据分析为基础形成的企业决策，对于企业突出自身优势、降低投资风险、优化运营结构以及提升竞争力都大有助益。在微观层面，能够帮助企业保持行业优势地位，促进企业健康成长；在宏观层面，可以加快产业的新陈代谢速度，保持经济的"活水"状态，发展有了科学的支撑而不再盲目，既降低了经济发展的风险程度，也有助于实现经济有序增长与可持续发展的目标。

从思想文化层面来看，大数据社会治理的价值体现为思想文化的传播和营造。在传播价值方面，大数据社会治理模式实现了现代性思维的建构，人们在巨量信息中生活，用制度化和明晰的方式接触信息、理解信息，从整体性、系统性而非孤立的角度出发看待问题，以综合性的思考来代替情绪化反应，这也是大数据社会治理在思想文化领域具有的独特价值。大数据社会治理不再纠结于对社会具体事务的管控和显在的外部问题，不再于"管"的死循环中无法自拔，而是在外部治理的同时，也以现实条件的变化来引起治理过程中不同主体内部的变化，进而在各主体内部形成一种秉持全局观点、客观原则、理性价值和制度立场的思维方式，将原来治理模式中"管"的治理思维变为"疏管结合、管疏相生"的新治理思维。这种思维方式的形成对于潜在问题的化解和避免问题的进一步蜕化具有重要的作用，在个体内部问题有效化解的基础上能够在宏观视角下推动社会进一步规范化和制度化。这种有利局面之所以能够形成是因为大数据社会治理模式能够将社会中拥有的各类信息系统有机地调动起来，并加以利用，为社会中各主体做出判断提供更多的信息，当主体获取的信息量足以预见可能产生的所有结果时，就能做出最贴近理性的判断，也改变了信息资源不对等条件下的盲目判断、过度判断。在营造价值方面，由于信息技术、互联网技术是建立大数据社会治理模式的基础，在治理过程中必将充分发挥二者传递迅速、沟通广泛、再构多样等优势。在这样的治理环境下，参与治理主体能够在很短的时间内获得信息、交流信息和反馈信息，代表多方利益的信息凝聚整合以实现行为的调整和工作的延续。原有治理模式中的"以上治下"被"共建共治共享"取代，由此引发的是不断地重新定义社会治理的过程，包括对其外延的不断拓展以及全社会思维与行为方式的颠覆性改变（江国华、刘文君，2018）。

从社会生活层面来看，大数据社会治理模式的应用与制度体系的建立体现了以下几方面的价值。其一是缩短了各社会主体处理日常事务的时间，让生活更加便捷高效；其二是让我们能够在更短的时间内获得更多更具意义的信息，提高了选择与判断的合理化程度；其三是将社会治理放在一个更加制度化、体系化的范围内进行，一方面节约了资源，另一方面提高了问题的解决效能。而其更深层次的价值在于，随着大数据社会治理的应用范围扩大和功能完善，我们的思考方式、行为方式也随之不断发生改变，看待社会问题更加客观，亦能够减少由情绪化和片面性而引发的不当行为。

二　大数据社会治理的发展过程

大数据在治理领域的应用并不是政府独创，而是政府对大数据在企业中发挥的巨大作用的主体化反映和带有自身特色的治理实践尝试。大数据社会治理的发展过程不是一蹴而就的，而是由点及面、不断扩展的。在其终极价值设定上，是要建立一个覆盖全社会的大数据治理体系，并在此基础上不断发现和扩展职能范围，不断提升治理质量与水平。在其基层价值设定上，则是依照各地区不同的发展水平，以社区、学校、城市等为单位开展区域治理智能化、网络化和数字化的具体实践，从中发现区域有效治理的现实可能。当前随着大数据对民众生活影响的日益深化，大数据思维本身亦不断刷新其建构，因此，从不同视角出发代表各方利益的主体也针对大数据社会治理体系的建构展开了多层面的研究思考与实践。

（一）从"企业应用"到"社会选择"

大数据最早产生和应用于互联网企业之中，是互联网企业为了解决网络资源存储与检索问题而提出的，当网络数据积累到一定程度又能够以一定的规则进行整理和分类时，数据与数据之间的内部关联以及数据对于其所反映领域的价值也就逐步显现出来，互联网企业正是发现了具有体量大、增长快、形式多样等特点的数据对于企业内部结构整合、业务拓展与决策、风险评估与规避和资源利用效益最大化等方面的重要价值，而集中力量发展大数据，在科技发展的浪潮中领先。有人曾提出，未来十五到二十年中未在企业管理和运营过程中应用大数据的企业必将在市场竞争中惨遭淘汰。2017 年 9 月 16 日，百度提出大数据下的智慧新零售理念，希望通过"营销云"与各个行业进行深度合作，取各家所长建立能够服务各个行业的数据共享平台，推动传统零售业向数字化、智能化转型。中国的互联网企业都在摩拳擦掌，准备在实践领域探索将大数据技术转变为实际生产力的可行道路。大数据发展从侧面也反映出其应用不会止步于企业的特点，它在社会其他方面的价值正被逐一挖掘，经济社会开始走向翻天覆地的大数据时代。

大数据在经济领域的价值展现成功吸引了其他领域的注意，自党的十八届三中全会提出了社会治理理念之后，社会各界都在思考从传统治理向社会治理转变的可能性道路，不约而同将目光聚焦大数据，大数据社会治理思想开始显现。鲍宗豪和宋贵伦（2014）提出要重视大数据时代的社会治理创新，从社会治理的研究思路、研究对象、研究方法和治理能力出发，对原有的治理模式进行根本性变革，他们认为网络这个镜像世界是对真实世界的反映，且其较真实世界更具多样性和时效性，所以必须以大数据的积累与分析为基础，加强社会治理的平台建设、制度建设和队伍建设，以人为核心、以问题为导向展开治理活动。吴湛微和禹卫华（2016）总结了国外学者关于大数据增进社会福祉的研究成果，发现当前国外学者对大数据社会治理的关注主要在社会安全、开放数据接口、城市建设、社会保障、儿童与教育、就业与创业、环境与可持续七个领域，并总结了国外大数据社会治理的应用模式，即通过数据开放提升基础服务能力，通过数据辅助实现科学决策，通过数据沟通改善外部环境，通过大数据群体智慧弥补政府资源的不足。此时大数据在社会治理领域的应用尚处于感性认识阶段，在此之后，内容丰富、形式多样的大数据社会治理实践尝试便如火如荼地展开了。

（二）"智慧政府"与"智慧城市"

2018 年 4 月，上海市推出了《全面推进"一网通办"加快建设智慧政府工作方案》，该方案的总体目标是针对群众和企业的所有线上线下服务事项，做到一网受理、只跑一次、一次办成，并逐步实现协同服务、一网通办、全市通办，网上办理事项全覆盖，实现全市网上政务服务统一入口和出口。在具体实践过程中启动政府信用应用机制，完善事中事后监督，以数据支撑城市安全保障，精细化社会管理能力，增强城市数据分析能力，建立精准化企业服务体系。通过上述举措降低政府行政过程中的盲目与泛化，提升政府职能部门具体分析和精准解决问题的能力，节约了政府行政所需的社会资源，提高了地区社会的风险防控与问题化解能力，有利于维护社会秩序，强化地方政府在地区发展中的领导地位，让地方政府切实承担起地方发展领路人与协调者的角色。如果说智慧政府的建设还只是单打独斗，那么智慧城市的建设则是大数据在社会治理领域的全方位展现。

2018 年 1 月 23 日，北京市经济和信息化委员会指出，北京建设世界级智慧城市的方案已经提上日程，将在通州区展开试点，在智慧交通的基础上推出融合多种服务内容的去实体卡化的"北京通"虚拟卡，融合交通出行、社会保障、日常消费、景点游览等多种服务功能于一身。虚拟卡的出现在一定意义上方便了居民的日常生活，也给基层管理工作提供了诸多便利。人们对大数据社会治理的期望必然不止于此，但碍于现实条件，必然要先从一些易开展或有相关实践的领域入手，因而大数据社会治理的发展经历着也必将经历实践、思考、再实践、再思考的过程。当前大数据社会治理已经在不同领域经历了第一轮实践，进入了思考和再实践的环节。在对诸多有能力开展大数据社会治理的城市考察后，我们发现，当前可供大数据社会治理进一步实现价值的基础设施建设尚处于初级阶段，还片面性地拘泥于一个或几个领域，尚未建立起系统性的大数据服务平台，参与主体也不足，服务内容也未实现多样化，数据思维相对保守，存在数据"小农意识"，这些问题的解决还有待理论界和决策部门的推进。

（三）大数据意识下的多方治理共建

当前受到互联网相关企业的影响，普通民众在日常生活中或多或少都能够接触到大数据，企业为了保障自身的可持续发展也对数据开发给予了足够的重视，政府更是成为应用大数据技术改善工作方法、提高工作效率的先行者，这意味着大数据意识已经在社会的不同领域开始建构，人们今后也将在这种意识的驱动下对自己的工作与生活进行重塑。地方政府在既往实践基础上进一步认识到大数据在提高社会治理水平方面的作用，不仅能够用来了解社情民意、提高工作效率，还能够用来规范各方行为、促进资源整合和化解社会矛盾。贵州省在 2018 年 4 月推出了"云上贵州"的大数据服务平台，进一步落实了以数据为依托、多主体共同参与的大数据社会治理架构，除政府外，企业、组织和个人都成为贡献数据的力量参与其中。虽然该平台还处于建设期，数据收集尚不全面、数据利用范围有限，但为其他地区的治理实践提供了蓝本，也为实现内涵丰富、覆盖全面的大数据社会治理奠定了基础。

大数据社会治理是行为方式和思维方式上的巨大变革。在社会治理的发展过程中，我们发现共建思维在其发展中的重要价值，同样，大数据社会治理如果没有多主体的参与共建，也只是空谈。现在看来，只进行平台搭建、服务推广与思想解放是远远不够的，要解决转型期社会暴露出的诸多问题，保障社会各主体的数据知情权和治理参与权，不但要完善顶层设计，还要加强制度与法律建设，推动数据合理使用和良性运行。

第二节　大数据社会治理发展的必要性分析

大数据社会治理是在当前中国社会数据体量快速增长，信息技术不断发展，转型期社会问题在种类和内容上日趋复杂化，传统治理方法在新问题面前不再具有往日效力的背景下产生的。政府作为大数据社会治理最主要的推动者，其理念的提出并不是灵感突现，而是看到了大数据在企业管理、运营和发展过程中的巨大价值，从经济领域映射到政治领域的必然结果，大数据发展推动着经济的转型，也要求与其联系密切的上层建筑做出相应的调整。社会问题作为社会需求集中且突出的表达，它的复杂化也就意味着社会需求复杂化，而社会进步的重要衡量标准就是不同层级社会需求的满足状况，原有治理模式对于社会问题化解能力的下降往往也意味着其对社会需求满足能力的下降。大数据社会治理以巨量数据为依托，以科学的分析方法为指导，对社会需求、社会风险和社会问题更具精准化的处理能力，能够做到对实物资源、管理资源、政策资源、组织资源和服务资源等多种资源的优化合理利用，从而实现社会治理的精准化，集结各方力量共同促进社会发展。

一　数据扩张与技术进步带来的必然结果

每个人每天都会制造出大量数据，如健康状况、饮食娱乐、交通出行、工作学习等方方面面，也越来越意识到最快最有质量的办事方法往往需要依托数据，如根据路况信息和智能推荐选择最适合的路线和出行方式。再如就医时，医生通过 CT、X 光、彩超、核磁共振、血常规等科学化手段采集数据，取代了望闻问切的传统经验化诊疗，在对多种数据整合评估的基础上做出诊断。这些数据对于我们所拥有的全部数据而言仍然只是冰山一角，每天数据还在以指数级飞速增长，根据涂子沛《大数据》的内容，美国国会图书馆所有登记的印刷版书本的信息量为 15TB，美国邮局一年处理的信件的信息量为 5PB，截至 2010 年，人类所拥有的信息总量大约为 1.2ZB，其数量大约等于 2 的 30 次方个美国国会图书馆所有登记的印刷版书本的信息量，数量之大是人们无法想象的。如前所言，我们知道以数据为依托能够充分合理化我们的选择，在交通和医疗方面如此，在其他领域也如此，有效减少了因盲目判断导致的资源浪费和潜在风险。

大数据社会治理是时代变化背景下内外动力耦合的结果。为了改变人们在巨量数据面前茫然无措的境地，科学地储存、分类和分析这些体量庞大的数据，互联网和信息技术专家提出了 ABC（A：AI；B：Big data；C：Cloud computing）解决方案，就是通过大数据来推动数据收集、数据公开和数据分析；以云计算来实现数据的标准化、分类与储存；以人工智能来实现数据的实时整理与分析，为决策提供意见。有了三者的结合，就能够跳出原有小数据孤立存在、片面分析的局限，在巨量数据面前找到决策优化、资源有效利用和预期风险降低的方法。大数据社会治理理念的提出及各主体的实践正是意识到了数据中蕴含的巨大价值，改变原有数据分析模式在海量数据面前无能为力的现状，紧跟科技发展新趋势而做出的必要调整。在此过程中，社会治理各方主体逐步形成了共识，即传统治理模式如果不改变，继续故步自封的状态，面对棘手社会问题的无力感会更加凸显，也很难满足新时期美好生活的需求。

二 政府治理对经济发展新变化的必要反应

大数据首先在企业中萌生，并在企业的经营、管理、决策等领域发挥效用，当前不论是百度、阿里、网易这些大型互联网企业还是其他新建立的互联网公司，都在深耕大数据，期待从数据中找到企业的发展，在当前"互联网＋"思维的影响下，很多企业将自身的发展与互联网、大数据绑定，他们并不从事大数据的研发活动，而是购买大数据企业挖掘、整理和分析的数据结果，以此来调整企业决策，实现企业效益的最大化。中国企业正从原来粗放型、盲目性、片面决策的发展道路中走出来，开启数据支撑、精准化、科学决策的发展新道路。大数据给企业带来了生产力水平的提升与生产关系的调整，势必要求社会治理体系做出相应的调整。经济发展的精准化、时效化和数字化，也要求政府部门改变原有的工作方式，提高工作效率与问题的解决能力。随着科技元素对经济发展影响的日益深入，经济结构转型的速度也日趋加快，与过去相比，相同时间内政府处理事务的数量在大幅增加，依靠政府独立支撑的社会管理模式已经不能实现预期的治理目标。为应对这种新变化，将大数据在企业中的应用扩展到社会治理中，以大数据社会治理的创新方式，开展新形势下的治理实践。

在治理模式与实践的改进上，政府职能部门也发现了大数据中蕴含的高价值，并从大数据对于经济发展的促进作用入手，寻找稳定社会秩序、化解社会风险、解决社会问题、满足社会新需求的有效治理途径。政府职能部门在工作过程中开始转变治理思想，养成依据数据分析制定决策的习惯，以数据开放、资源共享为基础，展开多主体参与的治理合作。

三 转型期矛盾复杂化对治理模式的必然要求

在当前社会主义市场经济体制逐步完善，社会结构不断调整，开放程度不断扩大，现代性不断增强的新形势下，人们的思维方式、行为方式、生活方式和价值体系都发生着巨大的变化。当前中国社会转型期主要有三个问题：就业问题、失范问题和贪腐问题。虽然我们解决社会问题的能力在不断提高，但问题本身也在不断变化，时至今日这些问题更加复杂化和系统化，相互勾结缠绕，社会问题的互构性关系，已经让单独解决某个问题变得不现实了，一个社会问题的解决需要以另一个问题的解决为前提，因此，选择更加科学的方法，更加全面的视角，更为规范化、制度化、体系化的治理手段，是化解风险、解决社会问题的必然选择。

大数据为解决当前及累积型社会问题提供了一个新的视角。从原来社会问题政府解决，发展到社会问题多方解决，不论是从理论层面看还是从操作层面看，大数据社会治理都对处理转型期社会问题具有非凡的意义。社会转型期的就业问题、失范问题和贪腐问题一直是社会治理中的难题，以往是"头痛医头，脚痛医脚"，并未根本性地解决这些问题。大数据社会治理的多方平等参与、互助合作模式为共同解决这些社会问题提供了新的手段。以就业问题为例，以往的解决办法多以政策促进企业投资和社会创业，将就业者的个体差异抽象化，未能充分考虑不同的就业需求与就业意愿，就业数量掩盖了就业质量问题，也没能构建起政府、企业、市场、个人等多方价值体系的就业促进网络。以大数据为依托的就业选择所呈现的新趋势，可以在总体上了解就业需求的变化和就业人员对于职业的期待。在充分考察和分析社会舆情与就业期望的基础上，根据不同地区的经济发展差异、产业结构差异、地区政策差异和就业观念差异，制定符合地区发展特性的就业问题解决策略，让政府就业政策出台、企业就业职位供给、产业调整所带来的就业结构调整都能够更加符合各主体利益，以促进就业问题的解决和地区就业的稳定发展。对于失范问题和贪腐问题也是如此，失范问题是原有的社会规范体系解构，而新的体系尚未建立，导致一段时间内人们在思想上和行为上的无所适从，由此带来秩序混乱，以及公正公平性受到阻碍。贪腐是失范问题在权力阶层的体现，两个问题存在一定程度的共性，需要建立思想引导和行为监督体系，一方面推动社会正义的价值观建构，另一方面健全社会监督机制，加强对失范和贪腐行为的实时监督以及对违法犯罪行为的惩处。当前基于互联网的大数据监督正在快速崛起，更具时效性的同时，覆盖面更广，有效弥补了原来鞭长莫及的监管缺陷。在短时间内对大量舆情数据进行采集、整理和分析，可以精准地发现潜在问题，快速地对这些潜在问题进行预防性规制，具有全方位舆情监测能力的大数据社会治理体系还能够准确把握思想变化的动向，对不利于社会稳定和发展的"负能量"进行积极的引导，增进社会各主体的相互理解，化解社会风险。

四 满足主体需求促进社会发展的必然道路

一般而言，站在特定利益角度的个体，其观点反映的是自身生存和发展的切实需求。如何从社会管理角度发现需求，调动资源以满足需求，已成为社会治理精细化的核心要义。但在社会生活中，需求的多样性导致各自的呼声分散和需求满足程度的不均衡，以一种举措的实现来达成多种需求的满足是很难实现的，有的需求之间存在矛盾，即一种需求的满足需要以另一种需求的不满足为前提。概括来说，当前中国社会各级主体的需求处于一种互建互斥、盘根错节的复杂状态。不论需求多复杂，其内部都是具有一定共通性的，如目标相同需求的共性。由此出发，我们可以将具体需求之间的博弈转化为不同主体间需求的博弈。那么我们如何实现对于不同主体需求的统筹考虑？如何在决策时达成各主体间的均衡？如何调动资源和营造环境？这一系列问题的解决必须以大数据分析为基准，在需求发现、需求评估和需求满足的过程中走大数据技术之路，通过精准发现需求、平衡各方利益、调动可用资源、推进政策制定和落实来有效满足各主体的需求。

利用大数据技术，健全多主体共同参与下的科学数据共享体系，不仅能够探寻到有效满足主体需求的方案，还能够实现社会治理集约化、精准化和协调性发展。由不同群体、组织、机构和个人构成的社会有机体，在当前多变性状况下，原来的社会问题没有解决，又衍生出新问题的事件屡见不鲜，通过收集、汇总、整理和分析构成社会治理功能的各部分数据，不仅能够形成科学决策，还能够化解存在的问题，达到社会整体功能的良性运行和协调发展。

第三节 大数据社会治理的政府信息服务能力分析

在加快社会治理体系和治理水平建设，实现简政放权、放管融合、优化服务，以及促进"互联网+"行动计划的背景下，中国政府治理推进有了新的要求和方向，公共服务体系步入了一个崭新时代。从互联网应用技术趋势和国内外的发展经验来看，政府网站是"互联网+"发展的核心，"互联网+政务服务"也成为提升政府治理水平的现代化核心平台，是政府管理以及服务创新的重要落脚点。通过政府网站信息资源服务的创新，促进各级政府提高办事服务水平、信息透明度和交流参与水平。

电子政务是服务型社会建设的关键，而政府网站是电子政务的重要支撑。1992 年美国率先推出电子政务的理念，中国在 1999 年开始推进"政府上网工程"，在近十年来，政府网站实现了从无到有的转变，在数量上急剧增加，但质量参差不齐。信息化在当前社会生活中正飞速推进，根据中国互联网络信息中心（CNNIC）发布的第 40 次《中国互联网络发展状况统计报告》，到 2017 年 6 月，中国网民约有 7.51 亿人，互联网普及率为 54.3%，比 2016 年末提升 1.1 个百分点，手机网民约有 7.24 亿人。以互联网为依托的数字技术与经济社会各方面的结合愈加紧密，已成为推进我国消费升级和经济社会转变的国家竞争新优势。2016 年政府工作报告中提出，努力推进"互联网 + 政务服务"，消除烦苛，严查非法，让广大民众获得公平的机遇和宽广的创造性舞台。

我国政府网站发展大致经历了三个主要阶段，即技术导向阶段、内容导向阶段和服务导向阶段。这三个阶段分别解决政府网站有无的问题、内容多少的问题和服务质量高低的问题，当前我国政府网站需解决的是第三个问题。政府网站的绩效评估应建立在对政府网站非常了解的基础上，虽然我国政府网站绩效评估指标体系在评价理论和实践方面做了很多探索，但在思路和方法上并没有达成一致，缺乏有共识性的科学理论和规范的方法引导。

本研究结合我国电子政务存在的一些特点，在参考已有相关研究成果的基础上，运用专家调查法，确定评价指标以及权重系数，运用 ArcGIS、灰色系统模型和两维图论聚类等方法对中国 32 个省级政府网站（不包括香港、澳门）的能力展开可视化评价研究。

一　政府网站服务能力评估指标体系的建构

政府网站服务能力评估指标体系主要从政府网站的管理服务职能、用户的服务需求、政策文件和法律法规、信息技术发展状况四个方面进行构建。在政府网站的管理服务职能方面，需要根据政府网站的发展经历，明确现阶段政府的服务职能，并分析服务职能的可实现性；在用户的服务需求方面，政府网站服务性的设立应从政府网站的客户角度出发构建服务性评估指标；在政策文件和法律法规方面，政府门户网站是依靠互联网技术来建设的虚拟政府，服务内容以及服务方式都应符合其职能范围，遵从相关的政策文件和法律法规。政府门户网站是信息化的产物，需要利用互联网技术整合政府部门的相关资源，增强与用户的信息沟通能力，保障信息流通和更新的及时性，给用户带来更加快捷、全面、有效的服务。

在参考上述资料的基础上，本研究结合"第十六届（2017）中国政府网站绩效评估"（中国电子信息产业发展研究院指导，中国软件评测中心主办，北京大学电子政务研究院、人民网、光明网协办）指标的内涵界定和专家建议，建立如表1－1所示的政府网站服务能力评估指标体系。

表1－1　政府网站服务能力评估指标体系

一级指标	二级指标	指标解释
信息内容	准确性	站点信息有无拼写或语法错误
	时效性	内容是否为最新的政策
	全面性	站点包括的信息内容领域是否全面
	规范性	信息内容以及网站的呈现形式是否符合政策文件和法律法规
方便实用性	需求性	内容是否符合居民的生活需求
	个性化	政府网站信息用户的个性化服务程度，如无障碍浏览、快速通道服务等
公众参与	响应与参与	是否有咨询投诉类、在线访谈、民意反馈等栏目
网站设计与性能	合理性	政府网站的排版、色彩的设计是否合理
	有效性	政府站点的链接是否有效

表1－1中的指标体系主要是针对网站用户的感受及易用性对政府网站建设性能展开的评估。在这个评估体系中，信息内容评估是政府门户网站评估的核心，而网站的方便实用性体现的是政府门户网站的服务质量。指标权重采用专家评判法，取几何平均值后，将平均值对应到Saaty建议的1~9标度进行处理，在DPS软件中用层次分析法获得各个指标的权重。

二　政府网站服务能力评估结果及分析

根据第十六届（2017）中国政府网站绩效评估结果、专家打分及灰色BP神经网络预测值，得出表1－2所示的中国32个省级政府网站2017年的服务能力评估分数和加入预测模拟值后的总分值。

表1-2　2017年中国各地政府网站服务能力评估值

名称	专家评判			中国政府网站绩效评估							加入预测模拟值后的总分值
	信息内容	访问者满意度	服务成熟度	信息发布指数	解读回应指数	办事服务指数	互动交流指数	管理保障指数	应用推广指数	优秀创新案例指数	
北京	53.00	60.00	99.00	0.91	0.81	0.81	0.80	0.88	0.78	0.90	93.39
上海	52.00	63.00	103.00	0.90	0.83	0.86	0.85	0.90	0.90	0.34	91.08
天津	44.00	51.00	90.00	0.86	0.56	0.76	0.68	0.58	0.55	0.23	72.00
吉林	48.00	53.00	84.00	0.77	0.65	0.82	0.58	0.58	0.63	0.38	73.57
辽宁	46.00	57.00	97.00	0.84	0.76	0.60	0.78	0.66	0.61	0.25	72.79
江苏	40.00	51.00	78.00	0.72	0.75	0.89	0.93	0.86	0.79	0.39	86.71
山东	37.00	35.00	55.00	0.89	0.66	0.78	0.72	0.63	0.63	0.66	80.68
安徽	39.00	41.00	66.00	0.80	0.82	0.82	0.77	0.68	0.73	0.82	85.40
河北	46.00	54.00	91.00	0.65	0.78	0.68	0.79	0.82	0.86	0.22	76.24
河南	44.00	48.00	86.00	0.78	0.61	0.57	0.66	0.68	0.77	0.19	68.93
湖北	46.00	62.00	95.00	0.89	0.74	0.83	0.88	0.64	0.79	0.72	86.68
湖南	50.00	57.00	96.00	0.74	0.85	0.78	0.81	0.79	0.76	0.25	80.72
江西	49.00	58.00	88.00	0.70	0.77	0.77	0.86	0.78	0.63	0.83	83.83
陕西	45.00	54.00	86.00	0.81	0.74	0.72	0.77	0.63	0.61	0.22	74.10
山西	47.00	59.00	98.00	0.85	0.58	0.74	0.69	0.66	0.64	0.78	79.49
四川	41.00	48.00	77.00	0.92	0.82	0.86	0.83	0.78	0.86	0.61	90.93
海南	44.90	54.35	85.48	0.80	0.75	0.24	0.78	0.80	0.80	0.78	85.40
广东	51.00	60.00	102.00	0.86	0.81	0.87	0.78	0.77	0.72	0.88	90.59
贵州	50.00	55.00	93.00	0.73	0.74	0.84	0.79	0.65	0.70	0.69	81.63
浙江	46.00	54.00	85.00	0.91	0.89	0.90	0.80	0.82	0.88	0.25	89.62
福建	42.00	44.00	68.00	0.88	0.82	0.89	0.87	0.86	0.81	0.40	90.58
云南	46.00	59.00	87.00	0.78	0.78	0.76	0.54	0.72	0.72	0.23	75.31
内蒙古	49.00	57.00	86.00	0.78	0.53	0.68	0.86	0.66	0.76	0.21	73.00
广西	46.76	53.65	88.05	0.86	0.56	0.78	0.79	0.78	0.80	0.45	82.72
重庆	51.00	61.00	94.00	0.83	0.77	0.84	0.80	0.77	0.79	0.53	86.01
黑龙江	32.00	29.00	52.00	0.81	0.67	0.73	0.75	0.68	0.72	0.40	77.20
青海	39.00	44.00	74.00	0.81	0.70	0.75	0.77	0.70	0.73	0.44	79.17
台湾	50.00	58.00	89.00	0.82	0.76	0.84	0.79	0.77	0.79	0.52	85.48
甘肃	43.00	52.00	88.00	0.81	0.71	0.74	0.77	0.70	0.74	0.44	79.09
新疆	48.00	59.00	89.00	0.82	0.76	0.83	0.80	0.76	0.79	0.51	84.99
西藏	47.00	59.00	93.00	0.83	0.75	0.80	0.79	0.73	0.77	0.50	83.27
宁夏	44.00	56.00	93.00	0.84	0.72	0.75	0.78	0.70	0.75	0.48	80.71

　　一般的灰色预测模型在中短期预测中效果较准确，但在中长期预测中会出现预测值"上漂"的结果，研究中利用的等维信息模型是对一般的灰色系统模型的完善，使用已得到的数列建构 GM（1，1）模型，预测下一个值，然后将这个预测值填充到得到的数列之后，为不增加数列长度，删除前一次建模时的首个数据，维持数列等维，再设立 GM（1，1）模型，预测下一个值，把结果填充到数列后面，反复操作，按顺序预测、递补，完成预测目标或达到一定精度要求后结束。

　　为了让神经网络预测的收敛速度提升，在训练中把网络的输入数据除以 30000，网络的输出数据除以 3000。在计算实际输出值时，把网络输出数据乘以 3000 还原到实际数据。让最小训练速率为 0.1，动态参数为 0.5，Sigmoid 参数为 0.9，可以把误差设成 0.00001，最大迭代次数设成 10000，然后让输入节点的数值采用标准化转换，反复 1000 次训练后网络达到目标，拟合残差是 0.000827。

　　在专家评判各指标得分中，信息内容指标北京最高，为 53.00 分，访问者满意度和服务成熟度指标上海最高，分别为 63.00 分和 103.00 分。在中国政府网站绩效评估各指标得分中，信息发布指数四川最高，解读回应指数、办事服务指数浙江最高，互动交流指数江苏最高，管理保障指数、应用推广指数上海最高，优秀创新案例指数北京最高。这些省、直辖市都是中国经济、政治、文化、科技水平等各方面发展最快的，在政府治理信息服务能力方面也排在前面。在加入预测模拟值后的总分值中，北京、上海、四川、广东排名前四，结合表 1-2 可见，靠近珠三角、长三角（珠长）地区的政府网站得分明显高于北部地区（包括西北）。珠长地区政府网站总分值均在 70 分以上，广东省、福建省、上海市总分值都在 90 分以上。而在北部地区，只有北京市政府网站总分值在 90 分以上，西部地区只有四川省总分值在 90 分以上。

　　在 2017 年各省经济发展状况中，作为我国一线城市的北京和上海两个直辖市的资金总量均在十万亿元以上，居全国前两名，遥遥领先于其他城市。排在这两个城市后面的是深圳市和广州市，这两个城市的资金量之和接近上海。四川省的经济发展非常迅速，GDP 排在全国第六位。信息服务能力较强的区域多为中国南部的长三角和珠三角地区，而东北、西部和中部区域由于地理位置、社会历史发展、产业创新发展滞后等因素，许多省份在经济信息、科技信息、信息开放等方面均落后于南部地区，特别是珠长地区。研究数据显示，信息服务能力与经济发展水平呈现密切的正相关关系。信息服务能力较强地区的经济发展水平亦相对较高，有较高的社会经济活跃度和科技创新发展速度，而信息服务能力较弱地区，其经济发展水平亦相对较低。

三 地区互助性聚类分析

各地区政府网站信息服务能力的评价过程也是一种分类比较的过程。政府网站信息服务能力的对比分析不仅考虑该地区经济和社会等条件，还要考虑空间上的连通性和行政区界的完整性，在做好本地区信息服务的同时，还能为周边地区提供辐射性服务。为此，本研究采用两维图论聚类法进行可视化分析，将 GIS 空间分析方法和图论的树算法相结合，比较各地政府网站的信息服务能力。在图 1-1 的两维图论聚类分析图中，交叉点表示相邻城市各方面综合条件具有一定的相似性，通过分析比较非直线相连的城市，划分政府网站信息服务能力的空间区隔和核心。

不同区域的政府网站信息服务能力有一定的差异，但是相近的地区各省份综合能力差距不大，图 1-1 中直线相互连接的省份政府网站信息服务能力具有很大的相似性并且具有一定的辐射关系，可以在合理的发展情况下，带动辐射地区发展。在一个趋同的发展区域内，这样的互助性有利于促进该区域内信息服务能力的整体提升，加强各项发展的协调性。

由图 1-1 可以看出，32 个省级政府网站信息服务互助核心点为上海、天津、重庆、广东、新疆五个省区市。上海位于长江入海口，西边与江苏、浙江两省相接，该核心点连接的省份有浙江、江苏、福建等，综合来看，经济、科技发展能力都在全国其他城市前列，引领了我国政府治理信息服务能力的前进方向，所以上海是我国政府治理信息服务能力的第一核心点。天津是北京去往东北地区、华东地区火车的交通要道和远洋航运的口岸，虽然天津和北京经济、科技水平位居全国前列，但是和这两个城市相连接的辽宁、吉林、黑龙江、内蒙古等几个省区的发展水平相对落后，所以天津是第二核心点。重庆连接的有贵州、甘肃、湖南、湖北等省份，为第三核心点，相对于上海、天津和东部沿海省份，重庆的发展还存在一定的差距，但可以与四川形成互补，促进共同发展。广东作为沿海开放地区外向性明显，原属广东现在独立的海南借助与广东相邻的优势，成为衔接广东和广西、湖南的枢纽，但广东作为发展外向型经济的重要省份，在该区域占据重要的核心地位，所以广东是第四核心点。位于西部的新疆深居内陆，地理条件等因素限制了它的发展，与其相连接的宁夏、四川、西藏等省区也存在同样的问题，从区域互助的角度可以成为第五核心点。

总的来看，以重庆、新疆、天津、上海、广东五个省区市为核心点形成的空间联通互助区域，能够带动相邻地区协调发展，提升大数据政府治理的信息服务能力。

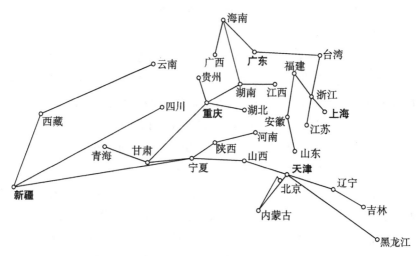

图 1 -1　基于两维图论的地区互助性聚类分析

四　推进区域社会治理资源的整合

党的十九大报告明确提出，要推进改变政府监督管理的方法，强化政府的公众信任能力，以及服务过程中的执行能力。互联网技术和政府政务服务相结合形成的网上政府，就是以增强人民群众获得感、满足感为终极目标，开启互联网大数据服务的新模式，加深民众网上治理的参与程度。"互联网 + 政务服务"是向服务型政府转变的迈步，也是构建服务型政府的主要方式和"放管服"转变的初衷，推进释放市场潜能，增强供给侧结构性改革的动力。

由于地理、经济、科学技术水平等各方面因素的影响，各地区政府治理信息服务能力差距依然十分明显。本研究建议政府在制定发展政策时应当以各地区发展迅速的核心点为参考，结合当地的发展现状组成围绕若干核心点的互助性发展区域，在这个区域内，各省区市互相支持、引进推广先进的科学技术，扬长避短，共同进步。区域内各政府须打破行政界限，在共同协商的管理机制驱动下，将公众需求最多、联系最密切的信息以及服务资源整合为有效、共享的信息，从而避免盲目建设和滞后建设带来的各方面资源的浪费。

本研究从公众参与政府治理信息服务的空间可达性出发，以空间连通性与地区互助性为前提，对全国32个省级行政单位的政府治理信息服务能力进行可视化研究，克服了以往研究中直观体验不足的缺陷，对各地的服务能力进行可视化评估，寻找不同区域政府治理信息服务能力发展的差距，为各地政府的信息化发展决策提供参考。可视化分析的目的是避免比较中的盲目性，让"互联网＋政务服务"变为促进各地经济发展的新动力，让公众更好地了解政策信息，提高居民在社会治理中的参与度，让政府网站成为政府了解民意的有效平台。由于没有比较区分相同子树位置的大小，所以无法做出具体省份的比较和对比分析。

第四节　大数据社会治理能力提升的作用因素

大数据社会治理能力的提升主要在于提高大数据应用水平，即提高数据挖掘能力、存储能力、分析能力和决策指导能力。在此基础上实现大数据与社会治理相关领域的有机结合，以数据之力解决社会治理问题，提高社会治理水平。大数据社会治理能力提升的作用因素主要体现在四个方面，即以科学技术进步为支撑的大数据技术的发展，大数据意识在社会公众心中普遍确立的思想环境的营造，推动数据开放维护居民数据权利的制度法规体系的建构，以及以问题和需求为导向的大数据在社会治理具体领域的不断实践。实现上述目标，促进因素间的共转互建，是提升社会治理能力，推动社会治理由传统模式向大数据模式转变的关键。上述四个因素在大数据社会治理能力提升过程中的作用具有先后次序性，各因素的作用也具有不可替代性。技术支撑是基础，缺少技术支撑，一切都将沦为空谈；大数据意识是指导，没有大数据意识在社会公众心中的确立，人们将认识不到大数据对于社会治理的价值，也就不会产生大数据社会治理的应用实践；法律是保障，相应的法律制度是保障数据开放和数据权利的重要手段，否则就有可能面临无数据可分析或零散的数据分析，这些都会对大数据科学决策产生消极影响；实践是动力，大数据社会治理在具体领域的实践是各项理论准备的检验，没有实践，大数据社会治理就会丧失存在的意义和发展的动力。

一 科学技术进步对于治理能力提升的基础支撑

科学技术进步对于治理能力提升的基础支撑是掌握大数据核心技术，并在实践过程中不断提高技术水平。大数据核心技术归结起来有五项，分别是数据采集、数据存储、数据清洗、数据挖掘和数据可视化。这五大核心技术的展现也是数据内在价值的逐步显现，是从杂乱无章的数据存储蜕变为可做出判断的数据决策的过程。将大数据技术应用于社会治理决策中，就可以发挥其维护社会稳定、解决社会问题、化解社会矛盾、促进社会发展的作用。

数据采集技术是指可以快速、精准和智能地采集数据（爬虫）的软件设计和使用，是短时间内快速获取巨量数据的技术。目前常用的网页信息采集软件有八爪鱼、集搜客、ForeSpider 等，它们都可以对网页进行结构化分区，用户可以根据自己的需求在相同结构的网页中选取数据进行数据采集。采集速度会根据数据大小而不同，但总体上看均快于人工采集。这些数据采集软件大都应用云采集技术，可以实现数据采集的后台化，避免主机采集可能面临的一些不确定性问题。当前这些数据采集软件主要针对的是网络领域，还无法应用到网络之外的其他领域，非互联网领域的数据采集技术还有待开发。为了实现充分有效的数据采集，一方面需要新型传感器的研发和基础设施建设，广泛采集与社会生活有关的各类数据；另一方面需要发掘个体价值，构建日常生活数据采集汇总的有效渠道，提高数据采集的广度和深度。

大数据下的数据存储是指可供数据利用的数据仓库的建构。数据存储技术不单是将收集到的数据存下来，还包括对收集到的数据进行格式规范化和分类标准化。当前存储的数据主要有两种类型，一种是结构化数据（文字、数字、符号），另一种是非结构化数据（图片、音频、视频）。目前对于结构化数据的利用比较充分，相对不足的是对于非结构化数据的利用，然而非结构化数据大约占当前数据总量的三分之二。如此庞大的数据量却未能被好好利用，这样的分析就不够全面，决策也难免有些偏颇。当前数据存储中最大的难题就是非结构化数据的结构化问题，人工智能的介入能够快速分析这些非结构化数据，从而保证建立在大数据分析上的决策价值。不仅在商业领域，在大数据社会治理方面，结构化和标准化数据存储也具有非常重要的价值，在分析时能够将有统一结构的数据合并，不仅增强了数据的代表性，也能够节省数据筛选的时间，提升治理决策的时效性和科学性。

数据清洗技术是指运用智能算法，在短时间内高效地排除数据中"噪音"的技术，让数据的真实含义得以明晰化、趋势化。数据清洗是一件繁重却又不可或缺的工作，不进行有效的数据清洗，就会发现面对的数据犹如一团乱麻，根本无从下手。快速有效的数据清洗需要建立在数据结构化基础之上，遵循一定的规则，结合数据处理软件，对无意义或边缘化的数据进行净化。举例来说，在政策试行期间，决策部门希望听到公众对于该政策的意见，但在收集数据的过程中发现有些表达过于模糊或情绪化，就可以归类为数据噪音，其存在对于政策评估没有实际价值，可以清洗掉。数据清洗技术不仅需要更加便捷有效的数据清洗工具的开发，更需要标准化的数据清洗准则的确立，既要清洗得了还要清洗得好，不能因清洗失当而违背事实。

数据挖掘是指从大量数据中通过算法搜索隐藏于其中的信息的过程。数据挖掘通常与计算机科学有关，运用数据挖掘软件对待挖掘数据进行分类、预估、预测、聚类和描述，按照其属性分配到不同的类别当中，通过统计、在线分析、情报检索、机器学习、专家系统和模式识别等诸多方法来实现上述目标。为了解单一变量与不同变量间，以及不同变量间的内在联系，在分类和预估的基础上，将类属不同但有某些相似特征的数据划分为一类分析，用已知变量推断未知变量，进而实现预测。在此基础上，对数据展现出的特征和信息进行描述，完成整个数据挖掘过程。数据挖掘应用到社会治理方面，就是应用多种算法对社会事务中的内在关联进行分析，拨开表层现象，探寻潜藏的深层含义，真实地把握社会问题的本质。

数据可视化技术是指借助图形化手段，清晰有效地传达与沟通信息的技术方法。它主要包含数据空间、数据开发、数据分析、数据可视化四个层面。数据空间是基于对数据的多维度构建，使其从单一空间的数据堆变成多维立体的空间数据分析阶段；数据开发是指用计算科学的工具包对数据进行量化和推演，将数据转化为具有一致性和集中度的符号；数据分析是指在分析多维数据时运用切片、分块和旋转等技术，以便多角度、多侧面观察数据；数据可视化是以图形、图像形式表示大型数据集中的数据，结合数据分析和挖掘工具让未知信息的处理过程表现为可见，是对数据空间建构方式和数据挖掘方式的探索，也是对数据表现有效性、明晰化路径的可视化选择。

二　大数据意识形成对于治理能力提升的思想环境营造

推动大数据社会治理发展需要在更大范围内培养大数据意识。大数据意识是一种思考方式，在逐步认识到大数据对于我们所处的经济、政治、文化和社会环境的价值和意义的过程中，以数据思维带动行为方式的转变，在日常生活中重视数据，并在数据分析的基础上发现问题、认识问题和解决问题。人类思想的进步是在实践与主观能动性反复作用的过程中实现的，已经进入互联网时代的中国，经历了数据飞速增长的过程，也体会到了巨量数据对于促进社会发展的重要作用。大数据意识建立起来的最具体表现就是社会中的个人、群体、组织、机构不仅能够认识到大数据对于社会发展的价值，而且能够认识到在日常生活中应重视数据积累、数据整理、数据挖掘和数据分析，用数据指导我们日常的生活与工作，养成人人重视数据、人人善用数据的大数据思想环境。大数据意识不再为少数技术人员、政府工作人员和研究学者独有，大数据社会治理的基础是社会公众对于大数据的了解和多主体的参与，清楚地知道能从大数据中得到什么，大数据能给我们带来哪些益处，在此基础上才能谈及大数据社会治理体系建立和大数据社会治理推进。

大数据意识的构建让人们对于大数据的理解更为深化，为社会治理中的数据分析与决策提供更加全面且体量庞大的数据，数据开放与否都有了更加客观和清晰的界定，可以更好地划定公共范围与隐私范围的界限，既不使大数据社会治理变成空想，又不使我们渐入数据监视之中。大数据不仅是一种数据形式或一种技术手段，更是一种思想，一种能够带来更多创新行为的思想，大数据意识在全社会的树立，可以从治理机制建设、治理模式形成、治理内容拓展等多个角度促进大数据社会治理的创新，使大数据社会治理有别于传统治理，能够随着时代的变化和实践的发展做出能动性的调整。

三　数据开放与权利保障的制度法规建构

大数据是信息化发展的新阶段，要深入了解大数据发展现状和趋势及其对经济社会发展的影响，分析我国大数据发展取得的成绩和存在的问题。当前大数据的发展正处于从非制度关注向制度关注过渡的阶段，未来的发展必然要依靠大数据，目前的使用已表现出了双刃剑效应，数据的合理使用可以促进经济增长、社会稳定和公众需求的有效满足，数据的不合理使用可能导致对公众隐私权的侵犯或对社会和国家安全的威胁。习近平总书记强调，要推动实施国家大数据战略，加快完善数字基础设施，推进数据资源整合和开放共享，保障数据安全，加快建设数字中国，更好服务我国经济社会发展和人民生活改善。① 在贵州省和内蒙古自治区提出的大数据发展工作计划中也提到要健全大数据安全保障体系，完善大数据安全管理机制，落实网络安全检查、等级保护、风险评估、应急处置等网络安全制度。明确数据采集、传输、存储、使用、开放等各环节，保障网络安全的范围边界、责任主体和具体要求，切实加强对涉及国家利益、公共安全、商业秘密、个人隐私、军工科研生产等信息的保护。建立健全大数据安全标准体系和评估体系，加强关键信息基础设施安全防护，做好大数据平台及服务商的可靠性和安全性评测、应用安全评测、监测预警和风险评估。这意味着当前我们不仅要使用大数据，还要在法律制度的规范下保护大数据。

数据开放与权利保障制度对于大数据社会治理具有建设性作用，一方面在于减少数据的"黑箱效应"，让一些应该被公开的公共数据得以示人；另一方面可以切实保障数据安全，不让个人隐私、商业秘密、国家机密被不当或不法利用，导致个人、企业、社会、国家利益的损害。大数据相关法律制度建设是大数据发展到一定阶段的产物，具有一定的能动性和独立性，不仅能为未来的社会治理指明方向，也能提升当前大数据社会治理的规范性。

四 问题与需求导向的大数据社会治理实践拓展

大数据社会治理覆盖的范围不断扩大，治理效率不断提高，治理质量不断提升。大数据与我们生活的联系越来越紧密，涉及的领域也越来越广，不仅能解决我们面临的问题，还能满足我们的需求，呈现与实践相互

---

① 习近平：《实施国家大数据战略 加快建设数字中国》，人民网，http://politics.people.com. cn/n1/2017/1209/c1001 – 29696291. html。

促进的发展格局，涉及社会的方方面面，内涵丰富，而且随着时代的发展不断丰富变化。大数据在实践领域可以转变为切实的利益，对于个人而言，这种利益是生活的便利与智能化；对于企业而言，是能够发现商机和减少投资风险；对于社会而言，是保障秩序和维护稳定。

顺应"互联网＋"的发展趋势，贵州省和内蒙古自治区分别提出了"云上贵州"和"云上北疆"的大数据发展方案，针对企业团体、社会组织和普通大众的具体需要，提出了"互联网＋政务服务"的发展计划。为进一步提升政务服务和政务办公标准化、网络化水平，两地的大数据发展方案按照统一接口和数据共享标准，加快建设健康、教育、水利、精准脱贫、智慧交通、智慧旅游、社会保障、气象等大数据应用项目，完善公共资源交易平台、一体化网上政务服务平台和自治区政府系统办公业务平台，逐步推进标准化审批，实现核心政务协同化办公。这些方案一方面可以实现大数据社会治理理论向实践的转变，另一方面也是大数据在社会治理领域应用的经验积累。通过面向问题与需求的实践活动，各主体能够进一步了解大数据社会治理的作用方式与机理，调整措施、集约化资源、营造数字治理环境、构建网络化治理系统，不断提升大数据社会治理的制度化与体系化水平，从原有的片面、零碎变为整体、多面，提升大数据社会治理能力。

第五节　大数据社会治理精细化推进问题

大数据社会治理不论是从"大数据"的角度还是从"社会治理"的角度，其发展都还处于萌芽阶段。大数据社会治理精细化推进过程中势必将受到内部能力不足与外部环境限制两方面影响，进而导致一系列问题。当前大数据社会治理精细化推进主要面临四个方面的问题。首先是由于思想上的保守以及制度上的不完善而造成的"数据黑匣"问题，其次是由于数据基础设施建设的不完善而造成的"数据盲区"问题，再次是由于数据平台建设没有统一标准而造成的"数据孤岛"问题，最后是治理参与中的机会不均等问题。这四个问题实质上影响了由全面的数据收集、系统化的数据整理、科学的数据挖掘以及客观的治理利用构成的大数据社会治理精细化推进的全过程。大数据社会治理的全面系统化推进要立足于这四个问题的妥善解决。

一　"数据黑匣"与数据开放呼吁

当前我们能够意识到可被应用于社会治理领域的数据并不是完全开放的，它们被握在各个企业、各级政府、社会组织乃至个人手中。而这些企业、机关、组织、个人从不同层级的利益维护角度考虑不愿将独享的数据财富公共化，由此形成了大小不同、形态各异的"数据黑匣"。"数据黑匣"的存在是合理性与非合理性两者共同作用的结果，其合理性在于其中确实包含个人隐私、商业秘密和国家机密等影响主体利益实现的关键因素，不将这些数据开放是对各主体利益的合理保护；而其非合理性在于个人隐私、商业秘密与国家机密的界限，并不因主体利益需要而无限延展。当前各主体为了利益而封锁数据的现象不利于大数据社会治理的推进，一方面会导致治理过程中无数据可用或数据不全而产生决策偏差和失误，另一方面会因具体领域数据不足导致治理工作不够深入。因此，为了大数据社会治理精细化能够得到有效推进，必须缩小"数据黑匣"的规模，减少数据的不合理存在，促进社会各领域公共数据的有序开放，实现既有数据在社会治理领域的全面有效利用。

解决"数据黑匣"问题要从思想和制度两个层面入手。在思想层面，通过舆论宣传和商业上的成功影响推动数据保守向数据开放转变，要意识到零和博弈、闭门造车的发展模式是不可持续的，个体的发展和价值实现要立足于全局的和谐有序发展，只有推动数据在更大范围内合理共享，才能发掘出更多的发展机遇。"数据黑匣"不仅不能长远地保障自身利益，还会因错过发展机遇而被时代抛弃。在制度层面，通过相关制度与法律法规的建设来框定个人隐私、商业秘密、国家机密与公共数据之间的界限，即不同主体掌握的数据在多大层面上属于制度保障下的秘密领域，进而以制度化的手段规定哪些数据是必须开放的，哪些数据是应该开放的，哪些数据是不能或不必开放的。对数据开放等级的分层界定，一方面可以规制"数据黑匣"，不使其无序存在和延伸，另一方面可以扩大开放数据的体量，在社会治理决策过程中获得更加充分的数据支持，推进大数据社会治理的精细化，实现具体领域和基层治理的有的放矢。

二　"数据盲区"与全面数据感知

大数据社会治理的精细化推进不仅立足于对现有数据的有效整合与利

用，还立足于对不断新增的数据的全面感知。可是当前我们对于每天都在增长的数据的了解程度很低，还存在很大范围的"数据盲区"。"数据盲区"不仅会影响有价值数据的收集，还会降低社会治理的效能。不缩小和消除这些"数据盲区"，社会治理就无法展开具有问题适应性与环境机动性的精细化推进。导致"数据盲区"广泛存在及无法对数据进行全面感知的原因主要是没有完备的大数据基础设施建设，以及系统化数据管理与应用平台建设的不足。在大数据基础设施建设方面，主要存在覆盖不全面、地区差异大、智能化水平低等问题；在平台建设方面，主要是个体差异大、标准化程度不高、涉及领域不全面等问题。为此，应重视发挥移动智能终端的作用，设置数据收集与传感装置，在医疗卫生、社会保障、就业创业、社会安全等社会生活各领域采集所需数据，缩小"数据盲区"，以科学的数据挖掘与分析技术为支撑，建设社会治理大数据分析利用平台，拓展数据应用的新领域，实现范围更广、领域更全、时效更强的数据感知，促进大数据社会治理全方位、多角度的精细化推进。

三 "数据孤岛"与数据的规范化整合

大数据价值的发挥不是立足于对孤立数据的整理、挖掘与分析，而是多重数据的互构、整合与分析。当前大数据社会治理已经呈现多主体、多平台的发展趋势，很多事件或问题的处理不是单方面的实现，而是多主体、多部门的合作。当前各平台都在用自己的方式收集、整理、挖掘与分析数据，但平台间数据的交流互动不足，这就导致以平台为核心的"数据孤岛"的广泛存在。各平台整理与存储数据的标准不尽相同，导致平台间数据的互联互通受到较大阻碍，形成了数据的平台独有独立、数据沟通不畅、分析片面的局面，导致分析问题时观点孤立、处理问题时方法片面，使得大数据社会治理的效能不能得到有效发挥，精细化推进受到阻碍。为此应从加强数据联通、规范数据整理与存储方式入手，加强顶层设计，构建对数据联通具有促进作用的制度框架，展现数据合作带来的效益，实现"数据孤岛"向"数据大陆"的转变。在数据整理与存储方式方面，针对当前各平台数据格式复杂多样的现状，制定统一标准，规范数据转换格式，实现数据格式和标准的"书同文，车同轨"，集中力量分析数据之间的关联，形成数据网络规范，减少治理误差。

四　主体参与水平不均与机会公平

大数据社会治理是以数据为依托的多主体共同参与、相互协调的治理方式。在治理活动参与水平不均、机会不等状况下，普通民众多为数据的贡献者和被治理者，为了实现从传统管理向多元治理的转变，需要倡导多方参与、共建共享的社会治理机制。从发展的角度看，机会不均等必然会挫伤数据弱势群体参与的积极性，丧失进一步发展的群众基础。为此需要加强制度保障，实现公共数据透明化，保障社会公众的数据知情权与监督权，健全以平台为基础的多方交流反馈机制，提升公众在治理过程中的参与度，实现治理活动参与的机会公平。大数据社会治理精细化推进是数据价值的充分发挥，更是人的价值的充分表现，只有将这些价值凝结起来，形成指导和规范，才能真正实现参与机会的均等化。

第二章　大数据社会治理的相关政策研究

第一节　大数据政府治理的政策焦点与导向分析

为了推动大数据政府治理的发展，2015 年 7 月 1 日至 8 月 31 日两个月间，连续颁布了《关于积极推进"互联网＋"行动的指导意见》（国发〔2015〕40 号）、《促进大数据发展行动纲要》（国发〔2015〕50 号）和《关于运用大数据加强对市场主体服务和监管的若干意见》（国办发〔2015〕51 号）三个文件，以期加速开发数据的使用价值，促进资源整合、产业更新与进步，培养新兴业态，加速经济转型。同时，提高治理水平，推进大数据决策的进程。

一　政策距离

社会治理主要表现为体制和政策的调整，涉及治理的组织结构、方式方法、人员安排等方面，要求实现个体之间、组织之间、个体与组织之间、个体与社会之间的协调。我国社会治理的水平、能力和质量是通过治理效果反映的，对阶层治理的考量和逻辑推进要以政策的稳定性和创新性为指导，才能明确社会治理的方向和条件，进而提高社会治理的水平。当前不管是经济政策还是针对其他社会领域制定的政策，都面临这样一个问题，即政策实然状态和应然状态间存在一定的差距。实然状态是指政策在其所针对的领域执行的状况；应然状态是指政策理想化目标在人们观念上的反映。美国社会学家奥格本用文化堕距来解释由于社会的各个组成部分变化速度不一致而在社会变迁的过程中产生的问题。当前的就业政策状况即政策的实然状态，而公众对于就业的期望则为政策的应然状态，政策的实然状态和应然状态之间的差距就是政策距离。这种政策距离区间的形成是政策制定者的价值偏好、既有政策制度基础造成的惯性和风险预期与矛盾显现的反应敏感度等多方面原因共同造成的。想要尽可能地弥合当前或未来政策与公众期望之间的距离，实现一种实然与应然状态交集扩大的可能，就需要将公众现期期望作为政策制定的基础，并评估多个支流期望的可延续时限，在可追溯的信息获取渠道通畅的情况下，对公众期望做出反应，并在此基础上实现一种具有时效性的政策修正，一种现有政策原始目标与继续目标之间的联动，以降低当前政策效果的不确定性。这就需要政府在制定政策的过程中应用大数据技术，通过广泛的数据收集和分析，了解当前我国社会治理政策的特点和公众的需求与期望，分析当前社会治理政策中存在的不足，找到政策制定的未来方向，制定更能满足公众需求的社会治理政策，促进社会治理水平的不断提升。我们从国内外大数据社会治理关注的社会安全、开放数据接口、地区发展建设、社会保障、儿童与教育、就业与创业、环境与可持续发展、女性与健康八个方面，通过分析当前政策与公众期望的特点与差距，探寻大数据社会治理能力提升的有效路径。

二 大数据政府治理的政策焦点

课题组搜集了中国不同地区政府近五年出台的相关政策文件，运用内容分析法，对上述八个方面的政策文本大数据进行挖掘，运用网络内容分析法和词频分析法解析我国不同地域的政策特点，期望能够为各地区政府治理政策的制定提供更有针对性的参考建议。

内容分析法是能够让那些不系统的定性资料如汉字、图片、影像等变成系统性的量化数据资料的社会科学研究方法。网络内容分析是目前大数据舆情研究的主要应用方向，主要以网站和在线文字交流记录为样本进行描述、比较和评价。运用内容分析法分析网络信息文本主要分三个步骤：首先，根据不同研究主题对网上的信息文本内容筛选录用；其次，运用词频关联度描述文本呈现的问题；最后，运用网络语义关系和背景信息对问题进行深入阐释。为了得到有代表性的数据，我们将东部、中部、西部、南部、北部和直辖市六个区域作为一级抽样单位，按照地理连通性和经济互助性相结合的原则，每个区域随机选取三个省级地区作为二级抽样对象，最终抽中样本地区如下：东部——江苏、福建、辽宁；西部——四川、甘肃、青海；南部——广东、云南、海南；北部——吉林、内蒙古、黑龙江；中部——山东、安徽、河南；直辖市——上海、北京、重庆。

根据前期研究，我们选取政府政策中包含"社会安全""地区发展建设""开放数据接口""社会保障""儿童与教育""就业与创业""环境与可持续发展""女性与健康"八个方面关键词的文本信息，在上述省级政府网站或者相关省级部门网站中分别进行信息收集。筛选条件界定如下。①时间条件。选择2012年7月至2017年7月五年内各省级政府网站中与关键词有关的信息。②内容条件。按分段原则选取该时间段各省（区、市）政府网站中有效的文本信息1000条，去掉文本中无用的图片信息。

课题组将收集到的136052条有效信息作为分析文本库，运用ROST Content Mining软件进行内容分析。高频词统计显示，出现次数从高到低依次为"财政"（44565），"环境"（12756），"财务"（9813），"财产"（6474），"旅游业"（4586），"生态"（4225），"财税"（4039），"财富"（1163），"循环"（990），"旅游线"（585），"旅游品"（407），"财险"（178）。结合政策文本和高频词之间的相关性分析，我们发现近五年的政策文本中高频词所反映的焦点主要呈现下面两个趋势。

（一）经济发展与旅游

用旅游业来带动经济增长成为多地政府的政策导向。通过对"财政""旅游业"等关键词及其相关性进行分析，我们发现各地政府的政策中都突出了对旅游业的重视，旅游业成为财税、财富最可预期的产出。文化和旅游部相关报告文本表明，近年来我国旅游业总体收入呈现平稳上升的趋势，从2006年的6229.70亿元提升到2015年的34195.10亿元，年复合增长率是19.00%。2015年我国游客总数达到40亿人，旅游业入境收入达到1136.50亿美元，入境游客数世界第一。[①]

近年来我国居民的收入普遍有所提高，城乡差距不断缩小，旅游成为人们提高生活质量的主要消费品。虽然我国旅游业占GDP的比重近年来不断增加，但与中等发达国家相比，旅游品质还有待提高，旅游形式也需多样化发展。我国旅游业主要依靠观光游和景区游，除了结构单一问题，还存在条块分割、职能交叉、政出多门等机制性障碍。为了解决这些问题，从中央到地方制定了若干有计划地拓展旅游产业的战略方针，如《国务院

---

① 《中国旅游业统计公报》，https://www.mct.gov.cn/。

办公厅关于发挥品牌引领作用推动供需结构升级的意见》（国办发〔2016〕44号），提出要形成以旅游景区、旅游度假区、旅游休闲区、国际特色旅游目的地等为支撑的现代旅游业品牌体系。通过增加旅游商品的供给，增加旅游的体验，让公众对自己的旅游及需求得到最大限度的满足。

（二）经济发展与生态环境

经济增长与生态环境的保护息息相关。通过对"环境"、"生态"和"循环"等关键词及其相关性进行分析，我们发现生态经济、循环经济已经成为各地经济政策制定的必要条件。循环经济以"减量化、再利用、资源化"为原则，以"低消耗、低排放、高效率"为根本特点，是社会可持续发展的前提。循环经济的推进将改变未来资源战略格局，2015年，中国经济总量占全球13%，但能源消费约占全球20%，水泥、钢铁消费分别占全球约50%。我国每年遗弃的资源约19亿吨，其中有色金属等物品占1/5至3/5，这些资源都是可循环再生的（范恒山，2016）。"十三五"时期，中国经济年均约6.5%的增长速度也导致了资源的损耗与污染的迅猛增加，由此带来的后果是资源和生态困境在一定时期内不采取措施将不会有大的改善，只有积极推进资源使用方式改变，才能促进循环经济的发展。党的十八届五中全会让绿色发展成为五大发展理念的新概念之一，在具体政策方面，《国务院关于循环经济发展战略及近期行动计划》（国发〔2013〕5号）和《中共中央　国务院关于加快推进生态文明建设的意见》（中发〔2015〕12号）中把推进循环经济作为生态文明建设的根本方法和核心工作之一，指出在生产、流通、消费的每个环节都要努力推进循环经济，对如何推进也做出了一系列筹划和相关安排。党的十八大以来，中国在生态经济体制改革中取得了较好的成效，环境质量显著提高。党的十九大报告中提出建设美丽中国，将进一步推进产业升级及经济转型，推动形成长效的生态环保制度。

三　我国政府治理政策大数据的地域对比分析

在一定起止时间内，对不同地域的"社会安全""地区发展建设""开放数据接口""社会保障""儿童与教育""就业与创业""环境与可持续发展""女性与健康"等方面的政策信息进行分析和比较，进而挖掘出各区域特有的治理问题，是我们政府治理政策大数据分析的主要内容。本研究在运用词频和语义关系等内容分析法分析各区域政府政策信息的基础上，结合当前研究和现实发展状况，深入探索各地治理政策因经济、政治、文化和发展速度等方面的不同而导致的差异。我们根据研究设计分别从东部地区、西部地区、南部地区、北部地区、中部地区、直辖市六个层次进行抽样和前述八个方面的政策信息收集。东部地区收集到江苏、福建、辽宁三个样本省共 23300 条有效信息，西部地区收集到四川、甘肃、青海三个样本省共 22207 条有效信息，南部地区收集到广东、云南、海南三个样本省共 22941 条有效信息，北部地区收集到吉林、内蒙古、黑龙江三个样本省（区）共 22570 条有效信息，中部地区收集到山东、安徽、河南三个样本省共 22634 条有效信息，直辖市收集到上海、北京、重庆三个城市共 22400 条有效信息。我们将这些文本信息建立数据库，运用 ROST Content Mining 软件进行内容分析。首先进行信息去重，再做分词处理，然后计算出词频，绘制语义关系网络图。图 2 - 1（a）至（f）为不同地域的社会治理政策文本语义关系网络图。

（一）东部地区的导向与偏离：生态环境与经济均衡发展

本研究东部地区样本包括江苏省、福建省和辽宁省。结合"环境 - 建设""工程 - 建设""经济 - 发展 - 建设"三条语义线索和政策文本中的高频词分析，我们发现东部地区政策制定的倾向是生态环境建设与经济增长协调发展。东部地区在地理位置上的优势比较大，虽然自然资源稍显不足，但科技水平领先，且拥有密集的公路、铁路和航空网络，是重要的交通运输枢纽。东部地区人口稠密，人力资源丰富，享受较多优惠政策，经济一直保持强劲发展。东部沿海发达地区作为该地域的亮点地区，其经济聚合的趋势对提升我国资源配置效率，加速促进供给侧结构性改革，完成"十三五"规划建议倡导的"支持该地区优先发展，更好辐射带动其他地域"，尤其是辽宁省这样的老工业基地发展具有推进作用。

结合东部地区的政策大数据语义网络关系呈现与近年来的相关研究，我们将东部地区的实际发展和政策导向之间的偏离归纳为以下几个方面。第一，经济发展和创新发展同步问题。在这方面，福建省较为突出。改革开放以来，福建省经济迅速发展，经济结构不断优化，开放型经济发展水平明显增强，综合实力显著提高。福建产业集群以劳动密集型产业为主，形成了电子信息、机械装备、石油化工等主导产业集群。2015 年福建研发经费为 400 亿元，占 GDP 的比重为 1.5%，低于同期的广东、江苏和浙江。由于福建省高新技术产业集群少，存在经济发展和创新发展不同步问题，

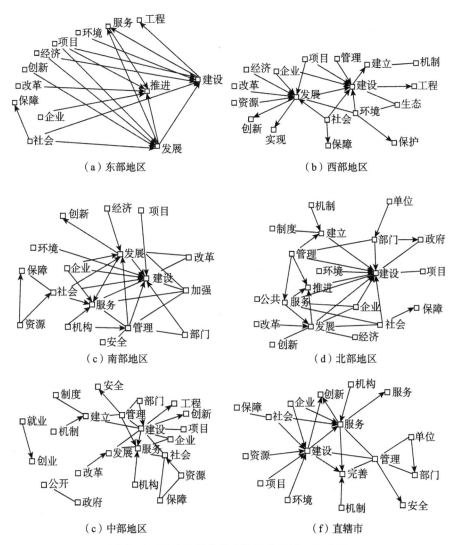

图 2-1　政府治理政策大数据的地域对比分析

难以形成集群配套效应，对经济增长的贡献率还有待提升。第二，社会保障和公共服务差距问题。尤其是东部的辽宁省，作为老工业基地之一，在社会保障方面一直饱受诟病，而随着人口老龄化结构加剧，2020 年第七次全国人口普查主要数据显示，辽宁以 25.72% 成为全国 60 岁以上老龄人口占比最高的地区，[①] 老龄化社会在公共服务方面的特殊性也是东部这些地

----

① 《2020 年第七次全国人口普查主要数据》，http://www.stats.gov.cn/。

区急需改进的。第三，制度/机制建设与治理危机问题。强大的政府是中国经济"起飞"阶段的重要推动力，江苏就是利用强势政府的优势，实现资源的合理配置和有效运用，迅速推动经济增长，但地方政府导向型的经济发展模式带来了很多干扰基层社会的更深入的问题，特别是"治理危机"（地方政府偏向经济发展或经济利益，忽视社会管理和公共服务职能）。因此，有学者提出在工业化初级阶段之后，是不是还需要"强势政府"来指导经济上升，这值得我们思考。此外，地方政府体制改革形成的举债融资机制也是东部地区及中国经济目前面临的风险之一。根据《中国财政年鉴 2017》，2016 年江苏的债务率达 134.41%，而辽宁以 298.80% 的债务率位列全国第七。

（二）西部地区的导向与偏离：资源开发与社会保障

本研究西部地区样本包括四川省、甘肃省和青海省。结合"生态 – 环境 – 建设""社会 – 保障 – 建设""资源 – 创新 – 发展"三条语义线索和政策文本中的高频词分析，我们发现西部地区在重视经济发展的同时，更多的政策倾向于资源开发和社会保障。西部地区深处内陆，高原居多（黄土高原、青藏高原等），人口稀少，没有海上运输路线，但是自然资源（石油、天然气等）非常丰富。在人力资源及科技方面，西部地区发展缓慢，对人才的吸引力弱，科学技术的发展不及东部和中部地区。由于经济和技术能力不足，在资源开发过程中，不仅形成了严重的浪费，一些地区的过度开发还导致该地区生态环境受损，水土流失，土地荒漠化严重。另外，社会保障覆盖不足不仅降低了西部地区公众的生活水平，还导致该地区人才外流严重。目前我国西部地区社会保障问题主要在农村，保障体制不健全、保障力度弱、覆盖面窄、保障程度低，因病致贫、因病返贫现象严重。

结合西部地区的政策大数据语义网络关系呈现与近年来的相关研究，我们将西部地区的实际发展和政策导向之间的偏离归纳为以下几个方面。第一，资源发展未能成为经济发展的支撑。西部地区是资源极其丰富的地区，其产业生产链以拓展于区外为主，在市场体系不全面（尤其是价格体系不合理）的状态下，西部地区只可以用低价输出初级产品，高价输入制成品。西部的资源优势没有变成发展和市场的优势，反而成了经济落后的代号。第二，企业发展过程中的创新发展动力不足问题。西部产业结构调整的关键应该是产业创新发展，提高产品的技术含量和附加价值，但由于没有能力加快企业技术改造，西部地区的产品成本较高，并且超过了国外的成本。中国自 20 世纪 80 年代后期开始改革开放，以市场化为取向，允许一部分地区先富起来，沿海地区实行开放政策，西部地区作为后发地区，劣势明显，西部地区工业品进入市场要支出比先进入地区高很多的交易成本，因而陷入资金不足—技术发展缓慢—劳动生产率低—创新能力欠缺的不良循环之中。第三，重项目建设轻社会建设。西部大开发战略是国家对生产要素流动所做的计划和政策引导，是针对西部地区发动的新一轮经济增长。除了国家的安排，西部地区的投资环境也有待改善，尤其是服务业等社会发展方面的改进。唯有当地的投资环境可以使外部资金获得相对丰厚的利润时，外部资金才有意愿投入本地。而目前西部地区运输成本高、通信条件差、技术和管理力量缺乏、劳动成本高的状况，导致西部地区的人才、劳动力等生产要素在市场利益驱动下，向效益、投资回报高的发达地区转移，社会发展方面的建设是当前西部地区发展方面的短板。

（三）南部地区的导向与偏离：发展创新与社会安全

本研究南部地区样本包含广东省、云南省和海南省。结合"安全－管理－建设""社会－资源、保障－建设""环境－建设""经济－发展""发展－创新"这五条语义线索以及政策文本中的高频词分析可以看出，南部地区在政策制定中更加注重发展创新与社会安全，致力于社会保障建设和环境建设，用社会资源建设带动发展创新，以落实地域的快速发展。但南部地区的几个省份发展极不均衡，国家在改革开放初期赋予广东省的优惠政策如今已进入收获期，它的经济社会制度改革与对外开放水平均步入了前列。经济的快速发展让广东省在科技方面也进步迅速，2014～2016年先后颁布了《关于全面深化科技体制改革加快创新驱动发展的决定》、《关于加快科技创新的若干政策意见》和《广东省人民政府办公厅关于进一步促进科技成果转移转化的实施意见》等政策，旨在促进科技信息交流和发布，强化科技成果转移转化载体建设以及市场化服务，发展创新创业孵化平台。作为国家重大战略部署的海南国际旅游岛建设已于 2010 年步入正轨，海南将在 2020 年初步建成世界一流的海岛休闲度假旅游胜地，成为开放之岛、绿色之岛、文明之岛、和谐之岛。地处西南边境的云南，旅游资源丰富，旅游业一直是该省的支柱产业，而按云南省旅游部门相关统计，2014 年该省旅游收入总和为 2665 亿元，增长率为 26.3%，而 2015 年该省旅游收入总和则达到 3281.79 亿元。按照文化和旅游部相关报告披露，云南省旅游市场存在管理混乱、服务落后、信息化不足、旅游景点单一等问题。[①] 这些问题已经成为云南旅游业的发展瓶颈，云南旅游业急需发展创新，让该地区的旅游资源得到更合理的使用与开发。旅游业的蓬勃发展让云南各交通中转地人流云集，公共安全危机潜伏。云南社会治安情况开始吸引公众的关注源于 2014 年 3 月 1 日。那天夜里，5 名暴徒进入昆明火车站砍杀无辜群众，造成 31 人死亡，141 人受伤。[②] 习近平总书记指出，要深刻认识反恐形势的严峻性复杂性，强化底线思维，以坚决态度、有力措施，严厉打击各种暴力恐怖犯罪活动，全力维护社会稳定，保障人民群众生命财产安全。[③] 数据显示，2014 年抓捕危害国家/公共安全、偷越国（边）境、用邪教组织破坏法律实施等犯罪嫌疑人 1750 人、起诉 7438 人。《云南省人民检察院工作报告（2014）》称，云南省检察机关密切关注该省社会治安形势的新变化，要打击境内外敌对势力展开的渗透破坏颠覆活动以及民族分裂、宗教极端势力筹划的恐怖袭击。[④]

　　结合南部地区的政策大数据语义网络关系呈现与近年来的相关研究，我们将南部地区的实际发展和政策导向之间的偏离归纳为以下几个方面。第一，经济发展与社会发展不协调、经济发展与环境建设不协调是南部地区面临的主要问题。具体到本研究的三个样本省广东、云南、海南，其面临的问题又各有特点。政策优势逐步丧失、劳动力成本增高、环境成本增高和自然资源稀缺，已成为当前广东发展的瓶颈，而海南则面临居民科学素质水平低、工业化水平低、产业不发达等爬坡问题，相对收入低下问题、毒品问题、宗教问题等成为云南社会发展的不安因素。第二，资源社会建设与经济发展的矛盾问题。如在国家开展"西电东送"战略及能源资源配置升级和能源结构战略变革的引导下，云南 95% 以上的县（区）把开发水电和开采地下矿产资源相融合的产业变为发展的核心，然而，地下资源的数量会不断减少，区域经济将可能失去其他更多的发展机遇。有研究表明，资源型产业的比重与环境污染、生态破坏呈正相关的关系（王磊、

---

① 《云南旅游业发展现状》，http://www.yxarm.net/shehui/201703/140776.html。

② 《昆明 3·1 严重暴力恐怖事件》，http://www.baike.com/wiki/。

③ 《用钢铁意志铁拳行动严厉打击暴力恐怖犯罪活动》，http://opinion.people.com.cn/n/2014/0302/c1003-24502974.html。

④ 《云南省人民检察院工作报告（2014）》，https://www.yndaily.com/html/2015/yaowenyunnan_0203/17941.html。

李黎，2016；张国兴、马玲飞，2018；林建华、李琳，2019）。第三，创新发展能力有待提升。珠三角地区在我国是最早开放的，引进了许多的港澳台劳动密集型产业，但是仅引进了整个产业链中的制造环节，并没有将产品设计、原料采购、物流仓储、终端销售等部分整体地引进，这造成了珠三角地区许多 OEM 企业产生，这种企业虽然能利用如避开风险、降低投入等优点，然而仅掌控生产环节一般会遇到人的限制，缺少自主创新的动力。

（四）北部地区的导向与偏离：服务提升与改革深化

本研究北部地区样本包括吉林、黑龙江以及内蒙古。结合"服务－推进""服务－发展－社会""创新－发展－建设""社会－保障－建设"这四条语义线索以及政策文本中的高频词可以看出，北部地区的政策更倾向于做好社会服务，用深化改革来推动社会和经济的发展，在其政策文本中"服务""创新""社会"出现频率最高。精细化社会治理需要服务能力的提升，位于我国最北部的黑龙江省出台的《黑龙江省民办社会工作服务机构建设规范》是我国首个民办社工服务机构设立的地方性准则，民办社工服务机构建设有了制度保障。该政策的出台为加速和规范化社会工作标准起到了引导、推进的作用。

北部地区多为工业城市，东北地区曾是占有中国 90% 重工业的基地。但是随着全球化发展，受全球资源和制造业市场的影响，东北老工业基地的优势逐渐减弱，单一化发展的方式反而成为前进的桎梏，市场萎缩，资金利用率降低。2003 年，中共中央、国务院明确提出了东北振兴战略，在东北振兴战略及相关政策实施后，东北地区的经济社会发展取得了一定成效。2016 年，国务院进一步出台了《关于深入推进实施新一轮东北振兴战略加快推动东北地区经济企稳向好若干重要举措的意见》，国家发展和改革委员会制定了《东北振兴"十三五"规划》，通过采取更加有力的政策措施来稳定东北地区的发展，创新机制，增加就业，完善社会保障体系，实现东北的真正振兴。但是 2014 年以来东北地区的经济增速出现了明显的下降，在全国经济增速排名中显著靠后，陷入了新的困境（魏后凯，2017）。

结合北部地区的政策大数据语义网络关系呈现与近年来的相关研究，我们将北部地区的实际发展和政策导向之间的偏离归纳为以下几个方面。第一，改革推进和创新发展悖论问题。东北地区经济总的来说依然是依赖自然资源、集中在产业链上游的要素驱动型经济，而不是效率驱动型和创新驱动型经济，主要特点是政府干预的程度深、国企占据的比重大，近两年东北地区经济断崖式下滑引起了各界的重视，学者们对东北振兴战略及相关政策的绩效究竟如何产生了诸多争议，林毅夫等多位学者对东北地区经济提出治理方案。从要素驱动向效率驱动和创新驱动转变是一个经济体向发达经济体转变必须走的道路，而东北振兴的关键就是提高创新能力，否则可持续发展就无从谈起。第二，企业发展和社会保障不足问题。目前东北地区社会保障制度参保面和受益面不甚理想，城镇养老保险没有达到应保尽保，新型农村养老保险在推进之中，失业、工伤等保险的覆盖率不高，究其原因，主要分为两种情况：一种情况是生活困难群体无力参保，包括困难企业职工、处于低保边缘的群体和除政策性破产企业之外的近百万退休人员等，这些群体有些是仍未解决的历史遗留问题，有些是在改革中新出现的问题，解决起来难度很大（孙少岩，2004；张洪艳，2008；邵汉明、贾丽萍，2011）；另一种情况是健康状况差、年龄大的人参保意愿最强烈，而年富力强的居民参保积极性不高。东北地区老龄化程度深，这就使社会保障制度面临"逆向选择"的风险，即投保者向健康风险高的人群集中，保险人承担的风险高于平均风险，从而对保险基金的可持续性造成不利影响，严重时会导致收不抵支。其中有制度推进的速度和成熟程度的原因，也和改革深入难度增加以及居民对社会保险的认识有关。第三，经济发展和服务建设未达到应有的效果。东北地区经济有良好的农业基础、生态环境好、人文底蕴深、资源成本小、装备制造强等，这都是东北地区发展的优点，高品质农产品、现代医药健康、红色生态旅游、人工智能制造等都有非常可观的前景。但是，如果制度软环境不良，服务建设不配套，现存的优势或许也没有办法转变成具有差异的竞争优点。东北地区发展应该配合"一带一路"建设，以"深度融合"推动"弯道超车"，实现国际传播跨越式发展。

（五）中部地区的导向与偏离：信息公开与就业创业

本研究中部地区样本包括山东省、安徽省和河南省。中部地区主要语义线索有"社会-资源-建设""社会-保障-建设""发展-服务-机构""发展-建设-项目、工程"，其中"政府-公开"和"就业-创业"在语义网络图中处于游离状态。结合政策文本，中部地区在发展中更倾向于社会资源和社会保障建设，此外，该区域对政府信息公开和就业创业两个方面做了单独的政策安排，"院校""院长""院所""院士"这些高频词的较多出现，突出了教育在该区域的重要地位。

政府信息公开是公众参与社会治理的重要方式。政府官方网站已经成为公众与政府互动的主要场域，其信息公开程度和回应效率已成为政府网站的主要评价标准。2008年5月1日实行的《中华人民共和国政府信息公开条例》中对政府网站建设提出了更加具体的要求。中部地区的一些省份也有针对性地制定了本地的对策措施，如山东省提出要拓宽信息公开的方式，建设新媒介的政务信息宣传和互动交流新方式。加强网站办事人员的业务培训，对他们的办事内容及效率开展督查指导。用微博、微信等一系列新媒介方式，实时宣传最新的政务信息，特别是公众关注度高的政策及相关法律法规，要做到及时与群众互动、交流。此外，不同政务微博、政务微信之间，要做到一起协同配合，共同引导社会舆论的正确方向。

中部地区样本山东、安徽、河南，均为人口大省，每年都有大量人员流动到其他地区就业，而本地的就业形势也不容乐观。就业问题，尤其是高校毕业生、农民工和就业有障碍人员的择业问题一直是该区域的难题。中部地区农业基础好，有较大的发展空间，近年来农产品加工业发展迅速，还开展了大量的休闲农业和旅游业，不仅拓展了本地的就业空间，还带动了本地农民就地就近就业。此外，中部很多省份出台了支持自主创业的政策，以创业带动就业发展。以安徽省为例，2017年印发的《安徽省人民政府关于进一步促进当前和今后一段时期就业创业工作的通知》，着重强调的内容主要有：其一，用补贴吸引高校毕业生进入微小企业，给予在企业稳定工作一年以上的人员补贴；其二，支持新兴择业形式企业发展，新兴择业形式企业录用工作困难人员、高校毕业生的，给予企业部分社会保险补贴，积极参加岗前培训的就业人员，给予培训补贴；其三，以创业促就业，对于毕业两年以内的高校毕业生、就业有困难的人员，首次创办微小企业并创办六个月以上的，给予不少于五千元的创业支持补贴，运用劳动者或微小企业信用信息妥善进行"社保贷"的试点工作，完善落实校园招聘会补助政策，激励并扶持各地对符合条件的高校毕业生给予适当住房补贴或提供相关的住宿公寓、公租房等福利保障，让更多高校毕业生愿意在安徽生活与工作。

结合中部地区的政策大数据语义网络关系呈现与近年来的相关研究，我们将中部地区的实际发展和政策导向之间的偏离归纳为以下几个方面。

第一，中部地区崛起可持续性与改革推进方向的迷茫。自 2004 年中央提出促进中部地区崛起以来，2006 年中共中央、国务院发布了《关于促进中部地区崛起的若干意见》（中发〔2006〕10 号），2009 年国务院通过了《促进中部地区崛起规划》，2012 年公布了《国务院关于大力实施促进中部地区崛起战略的若干意见》（国发〔2012〕43 号），中部地区到了加快崛起的至关重要的时期。这些年，中部地区的发展环境改进是显而易见的，整体经济实力有了很大程度的提升，重要的经济指标有了良好的发展趋势。但依旧存在很多不合理之处，如产业结构、发展方式粗放，严重依赖自然环境，体制机制存在很多障碍，科技发展对经济的促进作用不大、推动力弱等，各个省份在技术发展建设方面各自为政，缺乏有效的交流合作机制。中部地区崛起战略之一城市群发展虽然提高了区域竞争力，但也形成了以邻为壑转移环境负外部性的现象，跨界污染加深了整个中部地区的环境污染程度。十余年间中部地区进出口增长速度很快，但走出去战略成效并不显著，2016 年对外投资只有 5.21%（曹文炼，2018），如何增加开放度，如何参与国际合作，这些问题都是对中部地区崛起可持续性和改革推进方向的迷茫。第二，社会资源不足与社会保障劣势相依。中部地区人口密集，城镇化水平不高，收入相对低下人口多，社会保障参保覆盖率在全国处于中下游水平。另外，国家对中部地区的产业分工要求是粮食基地，中部地区 6 个省份中 5 个为主要粮食生产基地，生产粮食的附加值低，粮食大省（县）往往是经济小省（县）、财政穷省（县），由此带来社保资源的不足。从区域财政社会保障支出增量占增加值的比重（社保占比）来看，东部和西部地区获得的财政社会保障资源较多，社保占比较高，具有优势地位，而中部和东北地区获得的财政社会保障资源相对少，社保占比也低，处于劣势地位。第三，社会发展治理中的社会建设短板问题。中部地区长期以来存在重经济发展、轻社会建设的倾向，其公共服务供给及配置相对短缺低效。由于偏重经济增长，各级政府重视经济领域的改革创新，而在社会发展和社会管理方面未给予足够重视。

（六）直辖市导向与偏离：社会管理与创新服务

本研究直辖市样本包括上海市、北京市和重庆市。结合"资源－建设""部门－单位、安全－管理－建设""企业、社会－保障－服务－创新"等几条语义网络线索及政策文本中的高频词分析可以看出，直辖市政府政策的制定更注重社会管理、服务以及创新，通过社会管理和服务创新推动经济和教育发展。我国四大直辖市总人口占全国总人口的 6% 左右，生产总值为全国总量的 12% 左右，对其邻近区域发展发挥了重要作用。直辖市的政策优势推动了大数据在社会治理中的快速应用。2016 年 8 月，重庆市江北区智慧城管平台正式上线，该平台以大数据、云计算与全业务的融合为系统引擎，实时受理转办群众对城市管理工作的投诉和建议，对辖区城管执法、环境卫生、市政设施等业务信息系统进行综合管理。创新服务是创造和发现人类自身价值，提升和改善生存条件，改进社会生态环境的活动。创新服务是为了让服务更贴近人们的需求，在这方面直辖市政府不断改进，社会治理服务政策进一步得到完善。如重庆市渝中区在大力发展城市居家养老时提出的"区级 + 街道 + 社区"、"居委会 + 社工"和"养老 + 医疗 + 健康"等联动体制，以及"普惠性 + 个性化"建设养老服务项目就是服务理念创新的体现。

　　结合直辖市的政策大数据语义网络关系呈现与近年来的相关研究，我们将直辖市的实际发展和政策导向之间的偏离归纳为以下几个方面。第一，围绕服务产业的成本与服务管理的完善问题。自 20 世纪 90 年代以来直辖市居民的服务性消费支出一直处于上升趋势，当服务费用让人们无法完全负担得起时，会导致服务提供的家庭化与非市场化，以及服务质量降低，对服务业自身发展也会产生负面的影响。以教育、医疗和居住为主的服务价格的不断升高，已经发展成为该地区尖锐的社会问题，如目前北京、上海等大城市家庭特别是城市低收入家庭面临的"住房难"、"就医难"、"照顾难"、"入托难"和"上学难"问题。有专家指出服务业的发展应该建立在由收入水平提高引起的服务消费需求增加上。直辖市政府需要进一步推动服务业体制、机制与政策创新，防止由此引发的通货膨胀与财政拖累。第二，资源/环境建设和安全管理压力有增无减。直辖市是我国城市化的带头人和重要代表，在教育、医疗、绿化等方面大大优先于国内其他城市，但人口的过度聚集导致城市在经济、社会、生态方面超过其承载力，2014 年 12 月 31 日的上海外滩踩踏事件就是城市过载的急剧放大，给城市安全管理敲响了警钟。刘姗姗等（2016）以经济发展、社会生活和生态环境为适度人口规模指标测算出北京的人口适度规模在1980 万 ~2140 万人，上海人口适度规模在 1940 万 ~2070 万人，重庆人口适度规模在 1990 万 ~2320 万人，而当前直辖市常住人口规模均超越了该测算区间。第三，机构服务有待完善机制。政府在人力、财力、物力等方面拥有的资源是相对有限的，为了向社会提供高质、高效的公共服务，政府把公共服务供给主体回归给社会，利用全社会资源来提供公共服务，而政府则成为公共服务的购买方。政府购买公共服务是对政府公共管理的一种创新，在我国起步较晚，近几年在许多地方，尤其是直辖市取得了一定的成果，如北京的"1+3+N"政府购买服务制度体系、上海的招投标流程和评估指标体系、重庆的公共卫生服务券制度等，但和欧美等发达国家相比，我国政府购买服务普遍存在法律法规、相关制度不健全、范围狭窄、程序与流程不完善等问题。

四 我国政府治理政策的未来空间分析

随着互联网与大数据技术的发展，近年来政府治理政策在导向上也一直处于调整与变化之中。综合上面对东部、西部、南部、北部、中部和直辖市分地域政策文本的内容分析，近五年政府治理政策变化主要体现在以下几个方面。第一，政府政务信息散播方式、政府与群众之间互动交流的方式不断改变，微博、微信、政府信息公开平台等变成人们表达自己想法以及与政府之间沟通的重要方式，这方面的改变不仅提升了居民参与社会治理的积极性，也让政策的制定更加民主，更加有利于政策出台后的执行。第二，政府工作信息更加公开透明，不仅便于公众监督，还让政府的工作效率有更快的提升。第三，各地政府之间的信息不再孤立，互相借鉴优秀的模式和成果，制定出更加符合当地发展的政策已成为新时期各地政府治理的重要参考。第四，大数据分析辅助决策初露端倪，直辖市和东部发达地区政府已经开始借助大数据辅助决策，以期制定出更加科学合理的政策，推进当地的经济、文化、政治等快速平稳地发展。

但是，在大数据及政府政策信息公开方面始终存在两个方面的问题。其一，缺少健全的法律法规对信息进行监督及保护。目前我国没有出台一部专门适用于大数据应用与发展的法律，很难有指导方案对大数据的开发与利用以及大数据与政府治理的结合进行指导及数据监管、调整。其二，大数据人才不足。我国大数据的开发与发展比较晚，大数据应用方面的专业人才比较缺乏，各地既了解大数据如何运用，又了解政府治理的人才更是寥寥无几，这就严重影响到大数据与政府治理的结合与发展。

从社会管理到社会治理，是我国政治民主以及社会不断取得进步的重要表现。党的十九大召开后，各地就社会治理提出了更新更高的准则，中国经济社会发展步入了又一个历史转折阶段，对社会建设的要求也更高。结合目前我国社会治理的情况，以及上文中对政府治理政策的内容分析，本研究认为未来政府治理在政策导向上存在以下几方面的改善空间。

第一，强化政府在公共责任和民生改善方面的责任担当。党的十八大报告指出"加强社会建设，必须以保障和改善民生为重点……持续取得新进展，努力让人民过上更好生活"；党的十九大报告又一次强调"必须始终把人民利益摆在至高无上的地位，让改革发展成果更多更公平惠及全体人民，朝着实现全体人民共同富裕不断迈进"。国家层面对民众生活发展的重视需要各地政府在政策方面的落实与具体操作。

第二，加强信息规范立法建设，在保障个人信息安全前提下实现信息共享。要做好社会规范建设，就必须在加强法制建设的同时，发扬社会主义核心价值观。同时，积极完善信访制度，保持群众和政府之间信息畅通，保障政府治理政策内容的合理性、有效性。推进政府治理法制化建设必须坚持做到下面几个方面。首先，建立法律观念。其次，通过宣传让公众了解政府治理法制化的相关任务及准则。最后，要创造出政府治理法制化的良好环境，强化民众的合作意识，而并非一味管控。充分运用政府治理对法治社会的推进，提升政府治理政策的时效性与科学性。

第三，加强公共安全及突发事件的应急处理能力，有效应对突发事件，及时纾解社会矛盾。政府运用大数据分析可以帮助民众预防根据趋势等预测出来的各种风险灾难，从而制定相应的应对政策，增强应急处理能力。例如，美国联邦应急管理局中网络站点的设置就是为美国民众提供一些自然灾害的重要信息，为受到灾害影响的民众提供热线帮助。这种网络站点将美国各个州及地方的应急管理部门连在一起，使其成为一个系统体系，更有效地帮助民众一起应对突发事件的发生及处理，完美地保障了社会的安全与和谐，维护了民众的利益，促进了突发事件应急处理能力的提升。

第二节　就业政策的大数据分析

一　就业风险与职业选择

（一）就业风险

就业风险是影响就业水平和未来发展趋势的一个重要因素，短期来看具有灵活多变和难以把控的特点，但在一段时空范围内又具有一定的稳定性和延续性。根据就业的分类，就业风险也可以分为不同的层次。如以来源划分可以分为国际和国内两种因素形成的就业风险；以产业划分可以分为第一产业、第二产业和第三产业就业风险；以经济发展中各组成部分的波动变化划分又可以将就业风险划分为生产型就业风险、投资型就业风险、消费型就业风险和贸易型就业风险等。就当前中国就业所面临的风险来说，学者黄波（2012）认为主要有国外经济政策变动影响对华贸易而产生的国内就业风险，城镇化快速推进导致非农劳动力专业化产生的就业风险，经济结构、产业结构失衡而形成的就业风险，产业结构调整滞后和产业就业弹性下降形成的就业风险，消费、投资、贸易受挫而产生的就业风险，宏观经济政策变动而产生的就业风险，等等。结合前文所述，我们可以看出当前我国就业领域面临的风险因素是多方面且复杂的，既有国内的也有国外的，既有长期存在的也有短期发生的，既有短期内可以化解的也有长期伴随性风险。此外，多种就业风险因素之间还存在交互作用，如产业结构调整滞后与消费和贸易波动相互作用导致的失业，又如劳动力人口转移和产业就业弹性下降所导致的无业可就。中国当前的产业发展正处于转型期，是由低端产业向中高端产业迈进的阶段，产业结构的优化升级必然要求从业者能力的优化升级。由于我国当前的大部分产业还属于劳动密集型产业，从业者普遍受教育程度不高，这些劳动者在教育迅猛推进、人口快速流动和竞争日趋强化的大背景下不可避免地要承担转型带来的就业风险，而沦为就业中的弱势群体。随着信息技术的快速发展和产业转型升级，以及新型产业的出现，当前的很多职业开始丧失了原有的稳定性。信息技术的发展已经打破了原有的固定时空下的工作概念，同时产业细分也将各职业的职能范围界定得更为明晰，可供灵活掌握的范围在不断缩小，传统就业观念不断受到冲击。当前无论是劳动者、企业、政府还是社会都在适应就业趋势变化，开拓就业领域，做出对就业增加有利的决策。为此，一方面要动态提升劳动者素质，转变劳动者的就业观念，树立劳动者的就业风险意识；另一方面要完善就业援助制度，建立城乡统一的就业系统。

不论是就业风险的产生过程还是风险实际作用的发生，都是一个动态的此消彼长的博弈过程。博弈可能产生于促进就业的积极因素与阻碍就业的消极因素之间，也可能在两种阻碍就业的消极因素之间，即使在某一时间节点或空间范围内，就业风险也是多因素共同作用的，而且在经济、政治、社会、思想文化等多个领域具有滞后性，多重滞后性的叠加正是就业风险复杂化的原因。因此，决策部门需要做出新尝试，运用大数据决策的科学性，降低风险滞后性带来的消极影响。

（二）职业选择

职业选择是以个体为决定因素、以环境为影响变量的价值判断行为，是就业者从自身需求和条件出发结合市场需求和供给能力的选择。有学者认为影响个人职业选择的因素是多样的，而且各因素之间还存在交互作用。从内因和外因两个层面，我们将当前职业选择的研究分为两类，即以个人为中心的影响因素和以环境为中心的条件性因素。

在家庭方面，代际流动和职业的代际流动的就业观对于劳动者的职业选择影响很大，父辈的职业经验往往影响就业者的职业取向，原生家庭的民主氛围、尊卑关系、性别观念和风险偏好对于就业者的影响也各有偏重。在朋辈群体方面，我们发现从同一群体中走出的人，他们的职业选择往往具有一定的相似性，虽然并不绝对，但我们还是可以发现在同一专业学习的大多数学生其未来的职业选择和职业规划往往趋向特定，职业发展道路大致相同，群体内个体间的互动交流，也为个人行为刻上了群体烙印。在组织方面，个体权利与组织义务结合的精神内核亦会对个人的职业选择产生影响，例如，在纪律和集体主义影响下的士兵在退伍后工作之中的自律性。从社会层面来看，个人面临选择的职业是政治、经济、文化、社会生活在庞大时间场域下的博弈，是全体社会成员的职业认同。它包含对就业者的一般期望和约定，还包括该职业具有的权利义务划定。

二 大数据与就业

从目前来看，将大数据与就业相结合的相关研究成果还不多，其中又多集中于毕业生就业中大数据的应用，或以地方就业大数据应用为案例来阐释大数据在就业领域的几种可能，基于实践的研究较少。可见，大数据在就业领域应用的研究与实践是一个尚需开拓的领域。

当前相关研究成果在对大数据与就业关系的看法上基本可以划分为两类，一类是大数据可以推进和促进就业，另一类是大数据产业的发展本身就能够带来就业，其研究也基本是从这两方面展开的。这两种观点的不同也折射出不同研究者对于大数据的不同看法，有些研究者着眼于大数据庞大数据量下的资源、机会、趋势、判断，用大数据技术引导就业，增加当前就业市场与就业者更好弥合的可能性。另一些研究者认识到大数据发展与应用的过程实际上也是一个产业的发展过程。数据收集、存储、分析、利用的整个过程都需要大量的人力，大数据不仅能够促进当前就业状况的向好转变，实现就业水平的动态稳定，还能够以直接的方式带来新型就业。

（一）与就业相关的公共数据资源

大数据的存在和发展并不能改变就业活动的内容，只是拓展了就业活动的形式，即从原有的具体的时空限制中脱离出来，扩大了就业供需之间的接触面，使二者能够更好地衔接。在就业的供需匹配上，可以通过建立人力资源和企业数据库，通过掌握信息、核查信息和落实信息掌握地区的就业状况，确定就业目标人群。通过引入市场服务模式实现就业供需精准对接，提供线上线下招聘求职、培训创业及办事等服务、业务经办与数据监控、档案一体化、智能分析预警等服务。就业目标达成也并不意味着就业活动的终止，市场预期、国家政策、企业运营和个人发展状态的变化都体现在数据之中，在突遇变数时，多方就业活动主体也会相机而动。

为了实现更好的就业，应充分发挥社保、人才、审计、教育、税务、公安等部门所掌握的信息的价值，通过这些信息归总出人力资源需求数据、人力资源存量数据、新增人力资源数据、行业景气数据、劳动安全和满意度数据、职业生涯发展数据和人力资源供求紧缺度数据。以政府及其下属管理部门的数据资源为切入点，搭建一个主体框架，在此基础上多方融入市场信息、个人信息、政策信息，完成由信息传递到目标达成及后续跟进的一整套系统，实现大数据在就业促进上的作为。

（二）就业服务模式的创新

在就业服务模式创新上，大数据对于信息具有溯源能力，个体的信息还存在一些共有的属性，信息众多又有潜藏的规律，多个点状信息的共有属性使其相互串联形成了一个特定时空范围内的可能性选择，跳出人找工作和工作找人的传统模式，晋级为合适的工作匹配合适的人。

目前我国就业需求呈现多样化、个性化的特征，就业指导受到新时期网络平台的挑战，对就业指导者的综合素质提出了更高的要求。个人的职业参与和职业发展都离不开个人能力的建设与发挥，它贯穿整个就业活动的始终，从能力积累期、指导实践期到后续跟进期，需要具有时代与环境相适应的表现。每个人都应该有自己的职业规划，原有的职业介绍、培训、教育工作很难实现个性化的需求对接，形成了诸多职业规划障碍。在大数据时代，新型职业不断涌现，将个人数据与公共数据相结合，在尊重个体化差异和数据隐私的前提下，给予个人更多的就业选择机会和资源，将更加有助于个人的职业规划和发展。

（三）大数据的就业促进作用

大数据就业促进是在学校、企业与个人三者构建起来的关联性网络之中，找到就业群体的需求，实现资源的有效供给与利用，进而达成预期的就业目标。在残疾人就业方面，徐东海、张亚艳（2018）认为，可以利用大数据的分析特性和互联网的共享特性，集合网络资源，将现有的公共资源最大化地为残疾人利用，以提高残疾人的就业水平与就业质量。

大数据的发展本身就是就业，正如 Gartner 高级副总裁兼全球研究负责人 Peter Sondergaard 所言："大数据将为全球带来 440 万个 IT 岗位，其中 190 万个 IT 岗位在美国。"2020 年人力资源和社会保障部中国就业培训技术指导中心联合阿里巴巴钉钉发布的报告显示，包括云计算工程技术人员、物联网安装调试员、电子竞技员、数字化管理师等在内的大数据相关专业岗位人才缺口超千万人。[①] 通过利用来自内部和外部资源的信息流，当今企业拥有无数的新机会，如改变决策、发现新洞察、优化业务并革新它们的行业。大数据创造了一个将信息或数据转化为收入的新的经济层，将加速全球经济的增长并创造就业机会。与可以引发生产方式变革的其他技术飞跃一样，大数据发展在未来将会影响和改变每个产业的内外部结构、生产经营方式和发展目标，这些领域的变化势必要求从业者由思想到能力的全面转型，既改变了旧部门的职能，又催生出很多新部门，进而带动了就业结构的调整和就业岗位的增加。

大数据在就业领域的作为是一个系统化、整体化的过程，既需要庞大的网络信息基础设施建设，又需要可靠的数据挖掘与分析方式，潜力无限，但还在探索，如在就业不同时空维度、结构领域的可行方法。

---

① 《首份新职业在线学习平台发展报告发布：新职业呈现供需两旺局面》，http://www.mohrss. gov.cn/SYrlzyhshbzb/dongtaixinwen/buneiyaowen/202007/t20200723_380359.html。

三 就业政策的大数据内容分析

对全国 18 个省级政府机关部门官方网站所发布的 18000 条与就业创业有关的信息进行文本收集、筛选、降噪等处理后，通过文本分析软件 ROST Content Mining 进行内容分析后得出的语义网络图如图 2 - 2 和图 2 - 3 所示。在图 2 - 2 中，关键词按紧密程度进行排序，由右到左关键词间的关系由紧密到稀疏，以关键词间联系的紧密程度进行划分，图 2 - 2 由右至左划分为三个部分六个层级，建构起由具体到宏观的关联体系。第一层级的关键词是"就业"，第二层级的关键词有五个，分别是"服务"、"企业"、"社会"、"政策"和"创业"，第三层级的关键词是"人力"、"资源"、"保障"和"政府"，第四层级的关键词是"公共"、"职业"、"组织"、"人员"、"管理"、"平台"、"改革"和"项目"，第五层级的关键词是"高校"、"毕业生"、"单位"、"人才"、"培训"、"部门"、"基础"、"机构"、"技术"和"投资"，第六层级的关键词是"体系"、"能力"、"岗位"、"失业"、"困难"、"技能"、"基地"、"水平"、"设施"、"措施"、"科技"、"经济"、"制度"和"资金"。从关键词间的联系来看，前四层级关键词的联系最为紧密。图 2 - 2 显示出几条具有代表性的关联性线索，如以服务为中心节点的关联"人力 - 服务 - 就业"、"资源 - 服务 - 就业"和"公共 - 服务 - 就业"，以企业为中心节点的关联"政策 - 企业 - 就业"、"保障 - 企业 - 就业"和"资源 - 企业 - 就业"，以创业为中心节点的关联"资源 - 创业 - 就业"、"高校 - 创业 - 就业"和"平台 - 创业 - 就业"，以社会为中心节点的关联"保障 - 社会 - 就业"、"资源 - 社会 - 就业"和"人力 - 社会 - 就业"，以政策为中心节点的关联"政府 - 政策 - 就业"、"保障 - 政策 - 就业"和"管理 - 政策 - 就业"。研究发现"服务"、"创业"、"社会"、"政策"和"企业"五个第二层级关键词与就业之间存在一定的因果联系。第一层级关键词组成了图 2 - 2 中宏观架构的内容，第三至第六层级的关键词组成了微观架构的内容，起桥接作用的是第二层级的关键词，由此形成"微观 - 桥接 - 宏观"关键词链接形式的具体化。如"毕业生 - 高校 - 人力 - 资源 - 就业"一方面反映了政府对于高校毕业生就业工作的重视，另一方面也表现了作为一种人力资源对于改善当前就业状况的作用。但若单纯用上述链接方式对所有关键词进行逐条分析会导致结果的复杂混乱和不明晰，因此需要从所有关键词中挑选词频占比较高、表现领域独特、与其他关键词联系广泛的关联词作为重点，与政策文本相结合展开分析。

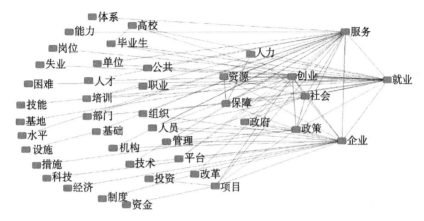

图 2-2　全国层面就业政策的语义网络分析

　　我们对高频词进行中心向度排序后可以发现，"服务"、"企业"、"创业"、"社会"和"政策"五个高频词与"就业"联系最为紧密，且与外部微观词汇间存在密切联系，让语义网络串联起来。如前所述，各层级高频词与更高层级的高频词间存在一定的递进关系，图 2-3 中外围高频词向内传递，构成与中间层级高频词的联系，以显示就业促进、满足、改善和发展的关系。

　　对语义网络图所展现出的互构关系高频词进行层级划分发现，外层高频词与中间层级高频词之间构成递进关系。为了使研究更具体系化和方向性，本研究选取"创业"、"服务"、"企业"、"社会"和"政策"五个核心词，结合政策文本分析其促进、满足、改善、发展就业的条件和能力，构建了图 2-4 至图 2-8 五张语义网络图。

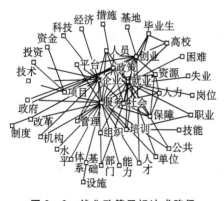

图 2-3　就业政策目标达成路径

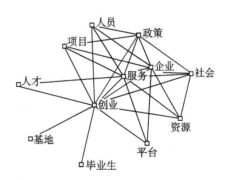

图 2-4　以创业为核心

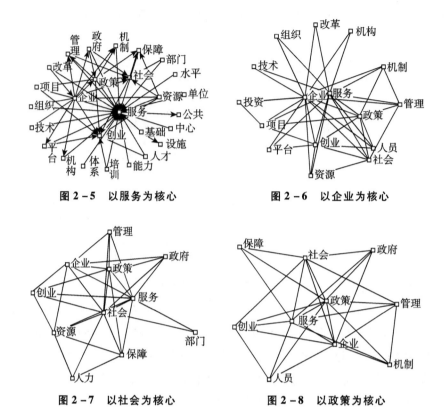

图 2-5　以服务为核心　　　　　　图 2-6　以企业为核心

图 2-7　以社会为核心　　　　　　图 2-8　以政策为核心

如图 2-4 所示，与创业相连接的高频词有 11 个，分别为"项目"、"人才"、"基地"、"毕业生"、"平台"、"资源"、"社会"、"企业"、"服务"、"政策"和"人员"。其所构建起的关键词线索分别是"项目-创业-就业"、"人才-创业-就业"、"基地-创业-就业"、"毕业生-创业-就业"、"平台-创业-就业"和"资源-创业-就业"等 11 条语义联结。结合政策文本对所有语义线索中具有相关性和重复性的内容进行整理，可以总结出环境建设、资源输送两个语义线索组群。

环境建设语义线索组包括"平台-创业-就业"、"基地-创业-就业"、"项目-创业-就业"和"政策-创业-就业"四条语义线索。这四条语义线索都希望通过营造适合创业的产业环境、政策环境和社会环境来支持个人、组织、群体进行创业活动，并以此来实现就业优化的目标，包括打造对创业者具有支持作用的基地和平台，为创业者营造创业环境，以项目为依托来推动创业者的创业进展，以及以政策为导向引导创业者的创业方向，建立起从创业引导、创业支持到创业推动的整体创业环境建设，优化当前的就业状况。

资源输送语义线索组包括"企业 - 资源 - 创业 - 就业"、"人才 - 资源 - 创业 - 就业"、"社会 - 资源 - 创业 - 就业"和"服务 - 资源 - 创业 - 就业"四条语义线索。这四条语义线索希望为创业者提供企业资源、人力资源、社会资源和服务资源，通过企业合作、人才注入、信息供给和服务培训提升创业者的创业能力，为创业活动提供资源保障，推动创业行为，增加创业成功的可能性。

如图 2 - 5 所示，与服务有关联的关键词有"项目"、"组织"、"技术"、"平台"、"机构"和"体系"等 26 个高频词，组成了"管理 - 政策 - 服务 - 就业""机制 - 服务 - 就业""社会 - 保障 - 服务 - 就业""基础 - 设施 - 服务 - 就业""机构 - 服务 - 就业"等语义线索。结合政策文本对多条语义线索进行筛选整理，从服务性质划分角度筛选出基础设施服务、技术教育服务、政策制度服务、组织管理服务四个语义线索组群。

基础设施服务语义线索组包括"平台 - 服务 - 就业""中心 - 服务 - 就业""项目 - 服务 - 就业""基础 - 设施 - 服务 - 就业"四条语义线索。通过服务方面的搭建可以为就业提供就业服务平台、就业服务中心、就业项目孵化机构和其他与就业有关的基础设施，为区域内群体的就业提供服务保障，以精细化就业的服务内容。

技术教育服务语义线索组包括"创业 - 培训 - 服务 - 就业""技术 - 服务 - 就业""能力 - 服务 - 就业""人才 - 服务 - 就业"四条语义线索。通过培训支持和技术支持服务，从就业者个体出发，通过提升其就业能力中的一般能力和专业技术水平，增加就业资本，提高可雇佣性，进而促进整体就业水平的提高和就业结构的优化。

政策制度服务语义线索组包括"机制 - 服务 - 就业""政府 - 政策 - 服务 - 就业""保障 - 政策 - 服务 - 就业""社会 - 部门 - 服务 - 就业""企业 - 政策 - 服务 - 就业"五条语义线索。这五条语义线索一方面反映了政策对于就业发展的引导作用，另一方面也体现了就业水平的整体提升与具有内在联系的各领域的相互协调，发挥企业、政府、社会、个人各方力量协调起来形成合力共同作用，政府政策提供方向指引，社会保障政策提供就业托底，企业政策调整供需结构。

组织管理服务语义线索组包括"政府 - 管理 - 服务 - 就业""社会 - 管理 - 服务 - 就业""企业 - 管理 - 服务 - 就业""组织 - 服务 - 就业"

四条语义线索。这四条语义线索反映了政府、社会、企业从不同的视角组织资源，对就业市场环境、就业信息整合、就业人员培训和就业基本形势供给展开组织管理服务，稳定就业秩序。

如图 2-6 所示，与企业有关联的关键词分别是"组织"、"改革"、"技术"、"机构"和"投资"等 15 个高频词，构成了"改革-企业-就业""投资-企业-就业""技术-企业-就业""人员-企业-就业""管理-企业-就业"等语义线索。经过对这些语义线索的筛选、合并与整合，与政策文本相结合，可划分为企业运营管理、企业与政策、企业资源应用、企业与服务四个语义线索组群。

企业运营管理语义线索组包括"投资-项目-企业-就业"、"管理-机制-企业-就业"、"组织-企业-就业"和"改革-企业-就业"四条语义线索。这四条语义线索反映了企业发挥就业促进作用的三种可能途径，即通过企业项目投资来创造就业，通过建立完备的管理机制来整合与稳定就业，通过企业自身的组织改革来优化就业结构，在企业微观自我整合的基础上推动宏观产业结构调整和就业结构优化。

企业与政策语义线索组包括"人员-政策-企业-就业"、"社会-政策-企业-就业"、"管理-政策-企业-就业"和"创业-政策-企业-就业"四条语义线索。这四条语义线索反映了人员、社会、管理和创业四个方面的就业促进作用，通过政策引导实现就业需求与企业就业岗位供给之间的有效对接，通过政策协调来稳定就业局势实现就业活动在不同层级不同领域间的动态平衡，通过政策倾斜扩大企业的就业容纳能力、就业稳定能力和结构优化能力，通过政策的有效执行来把握就业者和企业的相关信息，并依据实际需要进行相应的组织协调工作。

企业资源应用语义线索组包括"社会-资源-企业-就业"、"服务-资源-企业-就业"和"创业-资源-企业-就业"三条语义线索。这三条语义线索反映出企业对于社会资源、服务资源和创业资源的利用，通过寻找未来发展与总体经济发展的契合点，为就业提供物质保障、信息资源协调，以服务资源优化来提升企业员工的能力素质，优化就业人员的素质结构，利用创业资源提升创新能力和产业结构调整的适应力，促进企业技术革新，提升企业竞争力，优化企业内部的就业结构。

企业与服务语义线索组包括"政策-服务-企业-就业"、"人员-服务-企业-就业"、"社会-服务-企业-就业"、"创业-服务-企业-就业"、"管理－服务－企业－就业"、"机制－服务－企业－就业"和"组织－服务－企业－就业"七条语义线索。这七条语义线索反映出以企业促进就业的服务供给方式，可分为外向型和内向型两类，即以社会和政府为主体的管理组织服务和以企业为主体的自组织服务。这些服务都是以企业为中心点展开，以实现个体和总体的就业为优化目标。

如图2－7所示，与社会有关联的关键词包括"政策"、"服务"、"企业"、"资源"和"保障"等10个高频词，组成了"社会－管理－就业"、"社会－创业－就业"、"社会－保障－就业"和"社会－服务－就业"等语义线索。结合政策文本，我们将这些语义线索分为社会政策与管理、社会服务与保障、社会资源利用与倡导三个语义线索组群。

社会政策与管理语义线索组包括"社会－管理－就业""社会－政府－政策－就业"两条语义线索。作为对就业有重要影响的变量，社会对于就业形势稳定与就业的持续发展有两方面的作用，一方面通过政策制定与执行引导就业，另一方面发挥社会对就业的协调作用，保证就业合理有序。通过了解当前就业市场的供需关系、整体经济发展方向和产业结构转型方向，协调供需关系，制定有利于经济社会发展的就业政策，发挥社会组织部门的资源优势和组织能力对就业活动进行调节和监管。

社会服务与保障语义线索组包括"社会－服务－企业－就业"、"社会－保障－就业"、"社会－服务－政府－就业"、"社会－部门－服务－就业"和"社会－人力－保障－就业"五条语义线索，反映了就业促进的服务作用和保障作用。发挥社会中政府、企业和社会组织的主体作用，把控和引导就业的整体局面，吸纳和稳定企业的就业，组织协调就业活动中个人与政府、个人与企业、政府与企业之间的关系。另外，为就业失败或遭遇生活风险的就业者提供基础保障和发展性保障，使其生活不陷入危机，能够尽快地再次参与就业活动。

社会资源利用与倡导语义线索组包括"社会－创业－资源－就业"、"社会－人力－资源－就业"、"社会－保障－资源－就业"、"社会－服务－资源－就业"和"社会－企业－资源－就业"五条语义线索。这五条语义线索反映了社会对于就业促进的两方面作用：一方面是对就业活动的参与主体进行资源供给，另一方面是社会对具有时代适应性的新型就业模式的引导作用。在资源供给方面，增加创业资源、人力资源、保障资源、服务资源和企业资源，扩大社会就业供给量，满足就业市场需求，提升就业质量与水平，从总体上降低就业风险。在社会就业引导方面，根据当前经济发展和产业革新的趋势，以现有资源为依托鼓励创业创新，根据产业结构转型和就业弹性变化推动灵活就业。

如图 2-8 所示，综合来看，不同针对性的就业政策语义线索组群中，与政策相关的高频词有 9 个，分别为服务、企业、社会、政府、管理、保障、创业、人员、机制，组成了"企业-政策-就业"、"社会-保障-政策-就业"、"创业-服务-政策-就业"和"人员-服务-政策-就业"等数条语义线索。通过分类筛选并结合政策文本，可以将这些语义线索划分为针对个人的语义线索组、针对企业的语义线索组、针对社会的语义线索组和针对制度的语义线索组。

针对个人的语义线索组包括"人员-服务-政策-就业""人员-创业-服务-政策-就业"两条语义线索。这两条语义线索反映了在针对个人的政策领域，决策部门通过制定社会政策来鼓励个人就业创业，提供就业创业的相关服务，为创业行为提供制度化保障，并以辅助方式提升创业者创业成功的可能性，政策服务产生的实际效能对于就业创业工作具有多方面、多层面、多方向的推进价值和作用。

针对企业的语义线索组包括"企业-服务-政策-就业""企业-创业-服务-政策-就业""企业-管理-政策-就业"三条语义线索。这三条语义线索反映了在针对企业的政策领域，政府以企业就业服务政策、创业服务政策和管理政策来为企业就业容纳力提升、科技创新和产业结构优化调整提供政策动力和支撑。针对企业的政策对于企业就业促进作用的影响主要体现在两方面：一是面向当前就业问题的化解和现状的改善，二是面向未来企业就业促进的可持续发展。

针对社会的语义线索组包括"社会-服务-政策-就业""社会-保障-政策-就业""社会-管理-政策-就业"三条语义线索。这三条语义线索反映了在针对社会的政策领域，决策部门通过社会政策来为全社会就业者提供就业服务、就业保障和就业管理，托底就业，降低失业率和失业产生的社会风险；增加中间层次的服务型就业岗位，缩短失业者失业时长，同时提升劳动者的总体就业能力和水平，降低摩擦性失业风险；以最高层次的就业管理来实现对区域和整体就业活动的宏观把握，依据市场需求对整个就业活动进行结构上、组织上、资源上的总体协调。

针对制度的语义线索组包括"机制-政策-就业""管理-政策-就

业"两条语义线索。这两条语义线索反映了政策对于就业相关制度和机制建立的重要价值，即以多个政策的推行来实现整体就业协调、管理、组织机制的搭建，集信息资源、人力资源、保障资源以及市场供需条件于一体的综合性就业促进机制。在就业促进机制下协调政策，组织资源，以提升就业的科学性和系统性。

第三节　教育政策的大数据分析

通过对国外大数据社会治理案例的整理发现，儿童与教育领域的社会治理"主要涉及为儿童成长和教育提供支持，主要关注点是通过大数据更有效地分配教育资源或定位困难学生帮助其完成学业等"。为了实现这一目标，更好地发挥大数据在儿童与教育领域的作用，国内外学者对大数据如何运用到儿童与教育领域做了很多研究，本研究在整理、分析国内外学者的相关研究基础上，对教育领域的大数据政策文本展开内容分析。

一　教育大数据的概念

教育大数据是大数据在科技领域的概念延伸，包括教育过程中采集到的所有数据，这些数据能够在教育中共享使用，是能够创造出人文价值、社会价值和经济价值的数据。《中国基础教育大数据发展蓝皮书（2015）》（以下简称《蓝皮书》）中对教育大数据的定义为：整个教育活动中所产生的以及根据教育需要采集到的，一切用于教育发展并可创造巨大潜在价值的数据集合。教育大数据要能服务教育发展，具有教育目的性，而非盲目地囊括一切数据。[①]

基于以上研究，我们把教育大数据定义为：面向教育全过程时空的多种类型的全样本的数据集合。教育大数据不仅仅是建设教育大数据中心，分析全过程学习数据，更多的是一种共享的生态思想。

二　大数据应用于教育领域的优势分析与挑战

《蓝皮书》中提到教育大数据能够破解传统教育面临的六大难题：一是破解教育发展不均衡难题实现教育普惠化，二是破解教育信息隐形化难

---

① 《中国基础教育大数据发展蓝皮书（2015）》，http://www.docin.com/p-1908669007.html。

题促进教育可量化，三是破解教育决策粗放化难题提升决策科学化，四是破解教育方式单调化难题助推教育个性化，五是破解教育就业盲目化难题指导择业理性化，六是破解教育择校感性化难题推进选择理性化。大数据对教育行业产生了重大的影响。基于大数据的精准学情诊断、个性化学习分析和智能决策支持，大大提升了教育品质，促进了教育公平，提高了教育质量，优化了教育治理，并成为实现教育现代化必不可少的重要支撑。杨宗凯（2017）认为，大数据有利于促进个性化学习，实现差异化教学，实施精细化管理，以及提供智能化教育服务；潘晨聪（2016）认为，教育大数据有助于减轻重复性课余负担，提升学习效能。

不同学者对教育大数据的作用提法以及侧重点不同，为了清楚地梳理不同学者的观点，笔者从以下几个角度展开。

（一）教育大数据的优势

1. 学生和教师角度

如何运用大数据是大数据的根本，海量数据需要加以合理地运用和分析，才能实现以空间换时间的高能作用。大数据可以精确刻画学生的特点、洞察学生的需求、引导学生的学习过程、诊断学生的学习结果，提高学习效率减轻学业负担。通过对学生背景和过程相关的各种数据的测量、收集和分析，从海量数据中归纳分析各自的学习风格和学习行为，不仅可以提高学习成绩，还减少了无意义的重复，为学生提供更科学的学习支持。

依托大数据可以在保证教育规模的情况下实现差异化教学，记录学生对教师授课方式及内容的反馈，有利于教师倾听学生内心最真实的想法，提高自身的专业水平。一方面，可以因材施教，教师可以根据学生的不同需求推荐合适的学习资源；另一方面，可以达成更大的教育规模，如慕课（MOOC）平台，突破了传统教育中实体教室的限制，课程受众面广，能同时满足数十万学习者的学习需求。同时在教学过程中，平台可以依托大数据构建学习者体验模型，对其线上课程进行评估，进行线上课程的再设计，改变课程学习结构，优化教学策略，为每个学习者提供不同的教学服务，从而实现规模化下的多样化、个性化教学。

2. 学校及管理者角度

在传统教育环境下，教育管理部门或决策制定者依据的数据是受限的、静态的、局部的、零散的，多是过滤加工后的数据，很多时候是凭经验做管理决策。大数据可以采集分析管理者、家长、教师、学生的各方面记录，根据社会各方面的综合数据来源，实现实时精确观察和分析，对于全面提升服务质量，为学习者、教师、家长等提供更好的服务，对于推进教育管理从经验型、粗放型、封闭型向精细化、智能化、可视化转变具有重要意义。

教育大数据易于构建更为系统化的教育发展模型，既可以刻画和剖析微观层面，又可以全面透视宏观领域，推动国家教育政策制定与调整的科学化。教育大数据还可以推动教育均衡化发展，不仅可以作为制定政策的科学依据，还可以成为检验政策科学性的依据，以改变我国目前的教育发展不公平、教育资源分布不均衡的状况。

（二）教育大数据面临的挑战

教育大数据在实际应用方面存在很多技术瓶颈，例如，数据采集时数据的挖掘和学习分析；面对海量教育数据，数据的存储、处理和分析。从全局考虑，我国的教育大数据系统应遵循顶层设计原则，由教育部对数据格式、数据存储等问题制定统一规范，下级企业、学校按照统一规范去设计自己的系统，这带来了新的技术挑战。

在伦理道德方面，教育大数据面临数据安全与保护隐私的挑战。教育大数据不仅是一种宝贵的教育收益，而且有关学习者和教育工作者的隐私，其潜在的安全和隐私风险很难评估，也无法独立评估。如果产生严重的安全漏洞，不仅会影响学习者个人，也会影响教育政策的执行。

数据的权属问题不是传统的财产、知识产权等可以涵盖的，而是一种无形资产，成为国家间争夺的资源。大数据技术挖掘出教育领域的巨大数据价值，决策部门应当保障教育大数据的合理使用和共享开放，发挥其公益价值。

三　教育政策的大数据内容分析

对全国 18 个省、自治区和直辖市政府网站发布的有关儿童与教育领域的 16785 条相关政策文件进行文本收集，对收集到的文本进行高频词统计，结合政策文本分析高频词间的语义网络关系。

图 2 - 9 是对上述文本信息进行整理和筛选后，形成的全国层面儿童与教育政策语义网络图，图中的核心词主要包括"教育"、"加强"、"落实"、"社会"、"开展"、"推进"和"提高"。我们把关键词"教育"作

为整个语义网络图的中心，向外拓展出三层关键词：第一层关键词包括"教育"、"加强"、"落实"、"社会"、"开展"、"推进"和"提高"；第二层关键词包括"完善"、"建立"、"服务"、"水平"、"全面"和"改革"；第三层关键词包括"机构"、"公共"、"制度"、"机制"和"体系"。

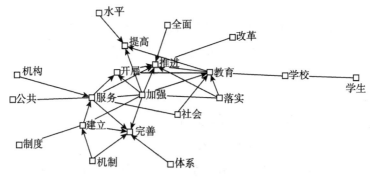

图 2 - 9 全国层面儿童与教育政策语义网络

"提供更加丰富的优质教育"是 2020 年我国教育要实现的战略目标，通过"提高 - 教育""推进 - 教育""落实 - 教育""提高 - 教育 - 水平""开展 - 教育 - 服务"这些高频词之间的语义连接，可以看出改革发展的成效是儿童与教育政策领域的核心关注点。

基础教育在各地发展的不均衡，导致它一直是教育发展和改革的主要阵地。当前各地区在政治、经济发展方面的不均衡状况，也没有办法给出一个通用的教育发展模式，这就需要结合自身情况提出适合本地的教育发展方向。本研究将全国分为四个地区，图 2 - 10 中（a）至（d）是四个地区教育政策文件中关于儿童与教育领域的高频词及语义关联。

在东部地区（包括江苏、福建、辽宁）和南部地区（包括广东、云南、海南）政府网站发布的与儿童与教育相关政策文件中，经筛选得到如图 2 - 10（a）所示的高频词与关键词语义网络图。以"教育"为中心形成了两层关键词，以"学校""开展""推进""加强""建设"为第一层关键词；以"重点""创新""管理""服务""改革"为第二层关键词。结合政策文本对关键词之间关系的梳理发现，我国东南部地区偏重强调"建设 - 教育"、"加强 - 教育"、"推进 - 教育"和"教育 - 资源 - 建设"几条语义线索。东部、南部地区的经济发展一直处于我国前列，教育发展具有明显的优势，更多的是在探索符合自己特色的教育改革和发展道路，如对于教育发展的尝试，是基础教育方面文件中出现较多的一类。

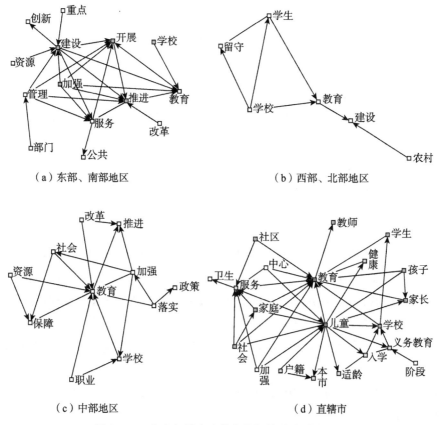

（a）东部、南部地区　　　　（b）西部、北部地区

（c）中部地区　　　　　　（d）直辖市

图 2-10　儿童与教育政策大数据的地域对比分析

图 2-10（b）为西部地区（包括四川、甘肃、青海）以及北部地区（包括吉林、内蒙古、黑龙江）政府网站中发布的有关儿童与教育政策文件的高频词及语义网络关系。可以看出，"建设""学校""学生"构成与教育相关的第一层关键词，"农村""留守"构成第二层关键词。结合政策文本和关键词之间的联系，显示出如下两条语义线索。

（1）留守儿童的教育。从"留守-学校-教育""留守-学生-教育"两条语义线索可见西、北部地区政策制定中对留守学生教育的关注，这与我国西、北部地区的发展现状和特点是分不开的。

近些年留守儿童行为失范、越轨甚至犯罪率升高现象，已经引起社会公众和政府管理部门的关注和重视。我国西、北部地区经济发展相对欠发达，外出务工的人比较多，导致该地区留守儿童问题突出。由家长在外务工导致的长时间亲子分离，使得留守儿童得不到父母的时刻关爱和教育，在成长过程中难免会遇到诸多问题。这些问题包括日常行为缺乏自律、成绩下降以及心理健康问题等。

（2）农村地区的教育建设。如图 2 - 10（b）所示，"教育 - 建设 - 农村"这一语义线索体现了我国西、北部地区教育政策对农村教育建设的关注。我国西、北部地区经济发展相对滞后，与南方经济发达地区的农村无法相提并论，农村学校存在差距大、管理措施不力、缺乏有效的监督执行等诸多问题。随着对留守儿童关注度的提高，这些问题也得到了决策部门的重视。

图 2 - 10（c）是中部地区（包括山东、安徽、河南）三省政府网站中关于儿童与教育政策文件的高频词及语义网络关系。图 2 - 10（c）中"改革"、"推进"、"加强"、"学校"、"职业"、"保障"和"社会"构成与教育相关的第一层关键词，"资源""落实"构成与教育相关的第二层关键词，"政策"为延伸的关键词。梳理关键词之间的语义关系可以看出，中部地区的政策较为关注儿童与教育领域教育资源的分配和改革的推进。

（1）教育资源的分配。我国中部地区如河南、山东都是人口大省，人口基数大，教育资源紧张。"教育 - 资源"是中部地区语义网络图中的关键线索，结合我国中部地区基础教育的现状对关键词进行梳理发现，更有效地分配教育资源是我国中部地区教育政策关注的重点，也是实现教育公平的关键。

（2）推进教育改革。"推进 - 教育 - 改革""加强 - 教育""落实 - 教育 - 政策"表明我国中部地区政府管理部门对儿童教育发展及改革的关注，中部地区各教育机构差异化较大，缩小差距，落实改革措施，是推进中部地区教育全面发展的重点。

图 2 - 10（d）是直辖市（包括重庆、北京、上海）政府网站中关于儿童与教育的相关政策文件的高频词及语义网络关系。图 2 - 10（d）所示的语义网络图关键词分成三个层次，"儿童""教育"为核心构成了第一层关键词，"社区"、"家庭"、"社会"、"教师"、"学生"、"孩子"、"家长"和"学校"为核心构成了第二层关键词，"健康"、"服务"、"户籍"、"本市"、"适龄"、"入学"和"义务教育"为核心构成了第三层关键词。结合直辖市的教育现状，我们总结该地区的教育关注点如下。

（1）儿童教育服务与心理健康。"家庭 - 教育""社区 - 教育""社会 - 教育""学生 - 教育""家长 - 教育""学校 - 教育"等语义线索代表直辖市对儿童与教育领域政策的关注要素，不仅包括学生、教师、学校这样的教学直接群体，还关注家庭、社区等对儿童教育有间接影响的因素。

"儿童－服务""教育－服务""儿童－服务－中心""教育－中心－儿童"这些语义线索都表明了直辖市的教育是以为儿童服务为中心的，强调儿童的健康教育，走在我国素质教育的前沿。直辖市以北京、上海为例，都是我国经济、政治、文化高度发达的地区，对于儿童的基础教育培育的方向不仅仅是以分数为导向，更加关注为儿童服务，关注儿童的心理健康。

（2）户籍与外来人口。"儿童－户籍""本市－户籍"也是直辖市语义网络图显示的关注方向。我国的户籍制度由来已久，为管理带来了便利和规范，但是由此带来的弊端也是近年来人们探讨的焦点。以北京和上海为例，作为中国的首都和经济发展中心，机会多、发展空间大，吸引了很多外来人口，但是出现了入籍困难以及不同程度的教育、医疗问题。由于没有当地的户口，外来人口子女的入学问题已成为关乎社会发展的突出问题。

综上所述，全国18个省区市的政策文本中对儿童与教育领域政策的关注焦点是教育发展与建设的政策方向。总体来说，直辖市最为深入和全面，不仅关注儿童的教育也关注儿童的成长；东部、南部地区较为宏观，但是对学校微观层面的关注较少；西部和北部地区关注焦点只有建设和发展；中部地区较为关注教育资源的分配和推进教育改革。

第四节　开放数据接口政策的大数据分析

一　开放数据的政策问题

John Carlo Bertot（2014）指出，当前美国信息政策框架在数据可获取和发布、隐私、安全、准确性和归档方面存在潜在差距，并给出了弥合这些差距的建议。在美国的带动下，英国、澳大利亚、日本等国近两年密集出台大数据研发支持政策，主要从数据开放、技术研发和法律调整三个方面积极应对大数据带来的挑战。

（一）科学数据开放问题

科学数据的开放获取日益成为科学交流的新趋势。在2009年开始实施的《中华人民共和国刑法修正案（七）》中明确规定了"非法获取居民个人信息罪"。阿伦·韦斯廷最早将信息社会的隐私权定义为个人控制、编辑、管理和删除关于自己的信息，并决定何时何地、以何种方式公开这种信息的权利。在美国，隐私权经历了从 19 世纪以"住宅"为重心，20 世纪以"人"为重心，到 21 世纪以"数据"为重心的转变。20 世纪 70 年代美国颁布了《信息自由法》、《阳光下的政府法》和《隐私法》，对数据开放中的个人隐私进行法律保护。

（二）共享与数据安全问题

在大数据时代，为了适应新的挑战，增强从海量数据中获取信息和知识的能力，需要发展新的核心技术和人才，制定出切实可行的科技数据资源开放共享政策，以共享平台建设推动国内科技数据资源的集成融合和开放共享。从我国的开放数据政策及其发展现状来看，有一个亟待解决且至关重要的问题——数据安全。数据安全被视为数据开放的一大难题，取决于数据开放与数据安全之间的平衡。

二　国内外开放数据政策研究的比较

总体来看，目前我国对于开放数据问题，基本处于参考国外政策实例的阶段。2009 年 1 月，奥巴马签署《透明和开放政府备忘录》，体现了美国政府对开放数据的重视。2009 年 12 月，美国发出开放政府令，指示各机构打开大门为美国民众提供数据，同年开通 Data. gov 网站，开放数据运动由此展开并波及全球许多国家。2013 年 6 月，八国集团首脑在北爱尔兰峰会上签署《开放数据宪章》，目前已有 45 个国家、163 个地区开展政府数据开放，按计划有序公开重要的政府公共数据。

国内外对开放数据政策框架和体系的研究以美国和英国的政策实践为主，这与美英两国始终走在开放数据运动的前列是分不开的。从 1789 年的《管家法》（Housekeeping Act）开始，美国联邦政府就已经在开放数据政策法规体系建设方面做出了示范，提供了较为完善的参考模板。

相较于国家层面的开放数据政策研究，国内外对具体专业领域的开放数据政策研究相对较多。例如，英国伦敦自 2009 年起就做数据开放，伦敦交通局开放了汽车、地铁实时到站数据，结果是一年的时间，有 5000 多位开发者以这些数据为基础开发了不同的应用。这些应用服务了 4000 多万名伦敦市民和游客，间接创造了 6000 多万英镑的经济价值。

国外的研究中对开放数据过程中涉及的居民基本权利的保障与维护等方面的探讨已经有了一定数量的积累。目前，我国对开放数据过程中涉及的各种侵权现象及潜在侵权危害的研究关注不多，部分文献在谈到推动开放数据政策制定时，也并没有过多地强调对居民的隐私权、知识产权、名誉权、数据权等相关权利的保护，而国外相关研究已经为开放数据过程中涉及的隐私和敏感数据相关的政策制定了新的原则和指导方针，这些研究成果对我国在这方面的探究有一定的启发与借鉴意义。对比国内外开放数据政策研究的现状可以看出，国内相关研究主要存在以下不足。

（1）研究起步较晚，尚处于引进国外先进技术阶段，同时受限于我国相关政策法规体系的不健全，并未有国家层面的开放数据政策法规颁布实施，导致相关政策研究缺乏实证分析。

（2）介绍国外先进技术实践及经验时，未对国内相关政策的环境和现状进行系统的调研与分析，因此也就缺乏适应性方面的探讨，本土化研究相对匮乏。

（3）对开放科学数据政策和管理机制的研究远不及国外广泛而深入。科学数据的开放获取和共享运动要早于开放数据运动，检索过程中发现我国也有一些研究开放科学数据的文献，但对相关政策体系的研究相对欠缺。

（4）对开放数据政策框架和体系的研究不足。国外的相关文献构建和分析了政策框架本身，并对框架进行了应用性检验，国内尚缺乏实质性的探讨。

习近平总书记在2016年4月19日网信工作座谈会上指出，从世界范围看，网络安全威胁和风险日益突出，并日益向政治、经济、文化、社会、生态、国防等领域传导渗透。① 因此，要想实现更为安全的数据开放模式，首先要保障的是网络安全。

三 开放数据政策的大数据内容分析

在我国大部分数据是在政府网站第一时间公开，以便于民众浏览及下载。图2-11是对全国18个省区市政府网站15608条40229234字开放数

---

① 《习近平总书记在网络安全和信息化工作座谈会上的讲话》，http://www.cac.gov.cn/2016-04/25/c_1118731366.htm。

据政策的文本分析。

由图 2 - 11 可见，"政府"一词单线指向"公开"，说明政府网站是信息公开的最大载体，也是数据开放最有力的传播媒介。搜索政府网站开放数据的最高频率关联词是"服务"，说明基于开放数据的应用功能日益增多，相关数据管理、数据开发和各种服务类 App 不断涌现，开放数据的社会价值取得了显著效果。服务人民群众便是开放政府数据最为重要的价值之一。以"服务"为中心，与"服务"关系较强的有"企业""社会"，可以说明企业网站（交通系统、税务系统、医疗系统等）、社会媒体（微博、知乎、论坛等）都是数据开放的重要组成部分，企业、社会媒体直接对政府原始数据进行开发利用，其开放程度会大大超出所有数据仅由政府机构掌控的模式，有利于促进我国的开放数据工作，提高开放数据有效利用率，更加全方位地服务民众。

图 2 - 11 的另一个高频词是"建设"，相对而言，我国一直在数据建设中，开放较晚，各地政府网站数据开放程度差距较大，如上海市政府网站与吉林省政府网站相比，上海市政府网站开放数据相对全面，在网站首页就有数据开放大标题的接口，点进去便进入上海市政府数据服务网，这个网站里有你想要了解的各种开放数据信息、资源，可以自由地选择需要的服务接口，如社会保险、学校教育与终身教育、医疗服务、就业保障等。而吉林省政府网站首页仅有数据一词，点进去是政府信息公开和各企业网站的接口，相对于上海市政府网站数据开放的便民程度，稍显落后。在建设外围分布的分别是"发展"、"加快"、"提高"、"重点"和"项目"，可以反映出开放数据已被列入重点建设项目，加快发展开放型政府，提高数据的有效利用率。与"建设"和"服务"两大高频词呈现三角核心

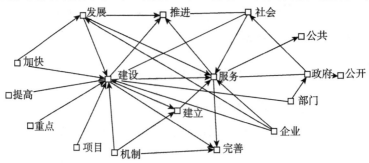

图 2 - 11　全国层面开放数据政策的语义网络

区的是"推进"、"建立"、"机制"和"完善",这反映了现阶段我国政府大力推进的服务完善机制,也符合政府大力推动数据开放的核心内容和目的。

图 2 – 12(a)是对包括吉林、黑龙江以及内蒙古在内的北部地区政府网站 2400 条 4232298 字开放数据政策文本的内容分析。与全国地区的数据内容相比,北部地区多了"发展"和"推进"两个高频词。我国还处在发展阶段,当前首要任务仍然是发展,开放数据也为了发展,北部地区多为工业城市,是发展相对缓慢的地区。当前北部地区经济形势不容乐观,面临重大的发展难题,但是,只要将开放数据政策继续向前推进,北部地区是有能力贯彻落实中长期发展战略的。任何一个宏观战略的提出都离不开微观层面的支持,"推进"作为另一个重要的高频词,东北振兴的关键就是提高各种信息资源的开放程度,开放数据政策需要北部地区的坚持推进,而"开展"、"加强"、"管理"、"完善"和"落实"等词语,说明北部地区需要在加强行为监督、管理体制变革、完善行政执法的基础上,保证和落实各项政策,确保发展战略的执行。

本研究的东部地区包括江苏省、福建省和辽宁省,对江苏省、福建省和辽宁省政府网站 3000 条 12332870 字开放数据政策文本的内容分析参见图 2 – 12(b)。东部地区的政策焦点是"建设"和"完善",说明当前东部地区开放数据政策需要建设和完善,江苏省、福建省和辽宁省的信息公开和民主监督政策虽已获得称赞,但仍达不到多元治理的要求,民众可以通过政府网站及时获取各项公开信息,但仍然缺乏主动接收公开数据的意识,很多开放数据仅有几百条浏览记录。可见,东部地区仍然需要将"建设"执行到底。东部地区开放数据政策的建设要求与北部地区不同,如江苏省政府网站与吉林省政府网站相比,不需要进行大规模的数据接口和 UI 方面的改进,仅需要修补和"完善"。与北部地区大数据内容相比,东部地区"发展"和"服务"的频率稍低,数据在"发展"和"服务"方面的政策准备已完成,但仍需进一步落实到位。东部地区作为我国政策优势地区,下一步的任务就是建立和完善开放的数据制度。

本研究的南部地区包括广东省、云南省和海南省,对广东省、云南省和海南省政府网站 2987 条 5340264 字开放数据政策文本的内容分析参见图 2 – 12(c)。观察南部地区的语义网络图可知,地区经济发展的不平衡导致南部地区的关注点较为分散,这个区域既包含发展速度较慢的省份如云南，也有发达省份如广东，不同省份的经济差异也影响了数据开放政策的落实情况。发展速度较慢的省份各地贫富差距较大，信息的开放程度也不一致，总体而言，这些地区仍然需要进一步将开放数据政策落实到位。对于发达省份而言，他们的开放数据政策任务是创新和完善，让开放数据政策真正服务于民众。在图2-12（c）中还可以看到"项目""投标"等关

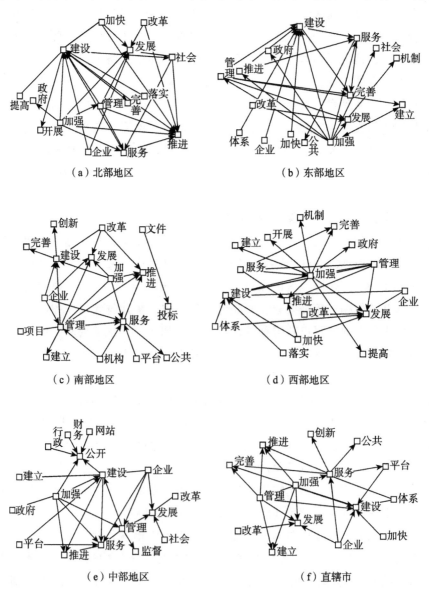

（a）北部地区　　　　　　　　　（b）东部地区

（c）南部地区　　　　　　　　　（d）西部地区

（e）中部地区　　　　　　　　　（f）直辖市

图2-12　开放数据政策大数据的地域对比分析

键词，利用互联网公司深厚的技术优势，将数据平台开发项目承包给互联网公司，充分保证开放数据政策的高效率执行，这也是开放数据的新方式。

本研究的西部地区包括四川、甘肃、青海三个省。对西部地区四川、甘肃、青海三个省政府网站 2249 条 5956978 字开放数据政策文本的内容分析参见图 2 - 12（d）。在图 2 - 12（d）中可以看到，西部地区开放数据政策初步落实，从"加强""完善""建立"等关键词看，未来需要西部地区将开放数据政策执行到位。"发展""建设""提高""落实"等关键词显示，西部地区经济的落后影响了数据的开放进程，部分偏远和欠发达地区由于资源匮乏、信息落后和技术不成熟已导致政策偏离。"加强"一词处在各个分支的中心，可见国家对于西部地区开放数据的关注和支持，有了信息、技术的支持，西部地区的开放数据政策才能真正高效率地落实到位。

本研究的中部地区包括山东、安徽、河南三个省。对山东、安徽、河南三个省的政府网站 1972 条 5773028 字开放数据政策文本的内容分析参见图 2 - 12（e）。中部地区三个省份人口密集，政府分支机构多，对于开放数据政策的执行存在一定难度。在图 2 - 12（e）中可以看到"公开"是频率最高的关键词，中部地区三个省份都是人口大省，信息公开程度不仅影响政府的办事效率，也影响民众与政府的沟通程度，管理部门需要将信息传达给民众，一旦存在工作疏忽，让广大群众的利益受损，就会大大降低政策在民众心中的公信力，产生与开放数据政策初衷相背离的结果。"加强"一词处在各个分支的中心，与西部地区表现一致，西部地区需要加强的原因是政策的特殊性，而中部地区需要加强的原因主要是人口。在图 2 - 12（e）中还可以看到"建设""管理""发展""服务"等关键词构成的语义线索组，也与其他地区的表现形成印证，开放数据政策需要管理部门将微观层面上的工作落实到位，加大开放数据政策的执行力度，让每项决策都能严格执行，避免因人口多、信息开放不及时而影响办事效率的情况发生。

本研究的直辖市包括上海、北京、重庆三个地方。对上海、北京、重庆三个直辖市政府网站 3000 条 6593796 字开放数据政策文本的内容分析参见图 2 - 12（f）。图中"服务""建设""发展"是高频关键词，相对于其他地区对"发展""建设"的倚重，直辖市增加了"服务"一词的比重，说明直辖市政府更倾向于通过服务推动数据开放的发展。上海市政务网站是全国数据开放的第一个平台，"管理－加强－服务－平台"这条语义线索说明直辖市政府对于数据开放服务平台的重视。指向"建设"的"管理""加快""体系""企业"等关键词构成一组语义线索，说明即使是发达地区，数据开放也在建设中，但相对于其他地区有更完善的发展体系规划。

第五节　环境与可持续发展政策的大数据分析

可持续发展的观念近年来有一个显著变化，即把环境问题的解决转向经济发展战略、宏观政策环境和行为激励结构方面，这种变化的具体体现就是环境政策的不断调整和转型，以及政策体系的建立和完善。

在经济发展的不同时期，管理部门制定的环境政策也会不同。在不同地区，以及在同一地区的不同时期，不同的环境政策对生态资源和经济可持续发展有着不同的影响。由于环境物品的"公共"属性，无论是市场机制的建立、环境经济手段的采用还是环境管制的实施，对于可持续发展战略的实施都具有十分重要的意义。

一　可持续发展与环境政策评价

关于环境与发展关系的研究，目前代表性的研究观点有：（1）以效率为中心，追求效率的最优配置，其理论来源于环境污染外部性的经济理论；（2）以环境承载能力为主，环境具有一定的承载能力，这种承载能力被称为环境容盘，认识并使发展限于此容许范围，是可持续发展的客观要求；（3）以公平为主，可持续发展战略的伦理出发点是代际公平，它强调的是包括人造资本和自然资本在内的社会总财富在代际利用的公平性；（4）以市场控制为主，其代表方法是通过经济效用与环境可持续发展的函数关系辨识，应用控制论方法，探讨环境可持续发展的市场调控原理（王强、王浣尘，1997）。

可持续发展已被各决策机构认同为可接受的发展模式。目前，关于可持续发展的研究已开始从定性探讨转向如何实施和操作的应用领域。但是，作为理念的可持续发展同操作层次的可持续发展之间依然存在很大的距离。

二　中国可持续发展政策的进展

现代意义的环境保护制度起源于"联合国人类环境会议"之后（1973年）。1979年，《环境保护法（试行）》问世，把环境保护确立为一项基本国策是在20世纪80年代初，制定了一系列政策和法律法规。进入90年代，中国相继制定了《中国关于环境与发展问题的十大对策》和《中国21世纪议程》，可持续发展被定为基本发展战略。经过20多年的不懈努力，中国可持续发展的进展令人瞩目，张坤民等（1998）将这些进展的主要表现归纳为以下几个方面。

第一，颁布了《环境保护法》等6部环境法律和9部同环境密切相关的资源法律，制定了一系列配套法规和地方性法规。1997年，新修订的《刑法》设立了"破坏环境与资源保护罪"。现在，环境法体系框架已初步形成，环保工作基本有法可依。

第二，执法力度不断加大，表现在以下三个方面。一是执法必严。1996年6月，在水污染严重的淮河流域关闭了1100余家生产能力在5000吨以下的小造纸厂；1996年8月至1997年6月，全国依法取缔和关闭了15种工艺落后和污染严重的小型企业65000多家。二是违法必究。根据1992年以来对14个省、自治区和直辖市的统计，环保部门对违法行为实施行政处罚63000多件。三是加强对进口废物的监督管理。依法查处了多起非法进口危险废物和生活垃圾的事件。

第三，结合产业结构调整和经济增长方式转变，通过技术改造和推广清洁生产，淘汰了一批能源资源消耗大、污染严重的工艺和设备，完成了一批污染限期治理项目。据统计，1996年中国县级以上工业企业废水处理率达81.6%，工业废气除尘率达90.0%，工业固体废物综合利用率为43.0%，每万元国内生产总值（GDP）的能耗由5年前的5.3吨标准煤下降到3.9吨标准煤。

第四，加强了基础设施建设和环境综合整治。1996年底，城市居民燃气普及率达73.3%，城市供水普及率为95%，城市建成区绿化覆盖率达24.4%，城市污水集中处理率近20%；国家对47座重点城市的环境综合整治工作进行考核，省级政府考核的有510座城市。1997年，张家港、大连、深圳、厦门、珠海和威海6座城市获得"国家环境保护模范城市"称号。

第五，建立各类自然保护区 799 处，占国土面积的 7.19%，建立珍稀濒危物种繁育基地 200 多处，大熊猫等 60 多种珍稀濒危野生动物人工繁殖成功；全国森林覆盖率达 13.9%，综合治理水土流失面积 6700 万公顷；建立生态农业试点 2000 多处，50 个生态农业试点县取得明显的综合效益，江苏省姜堰区河横村等 7 处生态农业试点被联合国环境规划署授予"全球 500 佳"称号；各地开发无污染的"绿色食品"近 600 种。

第六，中国签署和加入《保护臭氧层维也纳公约》、《关于消耗臭氧层物质的蒙特利尔议定书》、《联合国气候变化框架公约》和《生物多样性公约》等 10 余项国际公约，并认真履行相应的责任；同 20 多个国家签署了环境领域双边合作协议。

三 生态环境方面的大数据建设

环境领域的大数据不仅能够显示污染源状况、环境质量现状及其变化趋势，还能监测潜在的环境风险。综合来看，环境大数据在污染治理、减缓气候变化以及改善生态退化方面具有如下优势。第一，可提供权威的决策支持服务，提供突发事件水汽模型的推演结果和及时的信息资源（如水文和气象等信息资源），实现跨层级、跨区域、跨流域的数据资源共享，还能为重大突发事件的预防和处置提供大数据支撑。第二，环境大数据能够为制定完善我国环境保护宏观决策提供信息支持。第三，环境大数据能够提供污染排放趋势分析、污染排放动向、污染排放特征、污染排放空间分布等数据，为我国污染减排和污染防治工作提供重要的支撑。

大数据能够帮助我们破解目前环境管理和生态修复所面临的问题，带动环境管理模式的转型和管理效率的提升。这些问题包括：大气污染、水污染、水土流失起源的关键点在哪儿？直接影响污染的因素是什么？谁会对水环境治理起到直接调控作用？直接调控下谁又能起到关键作用？这些问题的解决也是加快生态文明建设和环境治理发展的必由之路。生态环境大数据建设可以为管理部门提供科学决策的依据，让民众更直接地了解环境信息，让环境治理和管理工作更加科学有效。

在全球化进程中，很多地区追求快速的经济增长，但往往忽略了生态环境问题。环境数据是复杂的、大量的和动态的，具有多面性的特点，通常用体积、品种、准确性、速度和价值维度来描述。欧美等国家的信息化程度相对较高，大数据基础较好，环境大数据发展速度也较快。如美国国家环境保护局，其环境大数据已被应用于数据共享、网络监测以及公共服务。在我国，环境大数据处于初创阶段，对环境大数据的理解运用依然存在很多问题。环境生态系统各要素之间的连通性很少被了解，需要集成它们的链接元素和过程，并管理数据的种类和数量，然而对生态系统及其边界了解的匮乏妨碍了环境大数据方面的研究。人口增长、空气污染、林地消失、水污染、资源枯竭、土壤侵蚀、能源危机、城市地区的环境恶化和二氧化碳排放等影响物种可持续性因素都是环境管理需要重视的问题。然而，对这些影响因素的内部关联性认识不够彻底也不够清晰，导致现在的环境治理过于泛化，缺乏针对性，无法达成精细化治理的目标。

时代发展的同时伴随着环境破坏和资源的衰减，甚至阻碍了人们正常的生活。"环境保护与可持续发展"是中国的基本国策，也是全人类面临的共同问题。随着大数据在多领域的发展，大量数据信息被系统地收集、整理和储存。生态数据的收集、处理和运用，为生态环境的动态监测、生态系统的资源管理以及生态环境评价提供了智能化、专业化和多样化的数据服务。

四　环境与可持续发展政策的大数据内容分析

在各省、自治区、直辖市政府门户网站上对"环境与可持续发展"相关主题的政策文件进行搜集。本研究中有效信息的筛选条件如下。①时间条件：2012年7月至2017年7月；②内容条件：按分段原则选取这个时间段各省级政府网站中与"环境与可持续发展"词条有关的政策信息。去掉文本中一些无关的图片信息，共得到文本信息1000条。根据研究对象将各个地区和全国综合两部分政策的有效文本信息进行整理，通过软件进行分词处理，做出如图2-13和图2-14（a）至（f）所示的语义网络图，图中线条越密集说明高频词间的联系越密切。

图2-13是全国层面"环境与可持续发展"政策文本的内容分析。政策文本和语义网络图中"环境-执法""环境-监察""综合治理-环境""环境-长效-整治-方案""防治-污染-环境-确保-稳定"等语义线索表明，近五年环境政策的关注点在于执法部门的环境监督力度，以及对制定合理长效环境整治方案的努力。优化生态环境质量，需要制定合理的环境保护方案，尤其是对水质、采石等地区资源的合理开发。具体措施包括：①构建全面合理的环境保护网格化管理机制，扩大环保监管的范围；

②围绕大气、水环境质量改善和危废污染源监管要求，日常监管以"双随机"抽查与网格化监管相结合，从严依法行政，从严治理环境违法行为；③强化部门联动，构建联动监管、统筹协调、从严执法的监管态势；④加强应急能力建设，加大应急培训和演练工作力度，开展环境安全隐患排查与整治，切实保障辖区环境安全。①综合来看，管理部门对环境治理的政策倾向在于可持续发展、防治/预防生态环境破坏等方面，促进生态环境的稳定，避免出现生态环境紊乱，期望通过制订科学的发展方案，维持并稳定生态环境向好的发展方向。2017年政府工作报告提出，我国可持续发展的内在需求是提升防护治理能力，不断加速改善生态环境，全面促进污染源治理，重点污染行业重点治理，应用全天候在线监控，保证可再生能源发电上网，处理机制和技术等核心问题，避免弃水、弃风、弃光情况的发生。科学面对重污染天气，加强对雾霾产生原因的研究，提升生态环境问题处理的科学性和精准性。强化环境执法和督查问责效度，从严管制，根据不同种类制定发展相关的治理模式。推动节能低碳环保的发展模式，提高城乡生态环境综合治理能力。

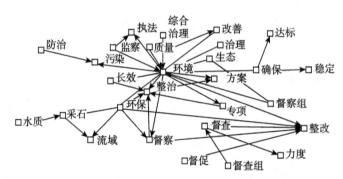

图2-13 全国层面环境与可持续发展政策语义网络

图2-14（a）是西部地区"环境与可持续发展"政策文本的内容分析。结合政策文本和"绿色-发展""资源-发展""创新-发展""文明-生态-环境-发展""经济-发展""技术-发展"等关联词组可以看出，西部地区对于环境与可持续发展政策倾向于资源的开发与利用，而且在开发的同时，非常希望可以拥有利用创新发展先进科学技术的能力。2016年，甘肃省省长刘伟平在省市党政主要领导干部研讨班上，针对"把

---

① 《昌平区多举措实施环境高压监管》，http://zfxxgk.beijing.gov.cn/。

创新视为引导发展的第一动力，全力促进经济发展的质量和效益"的专题做了相关说明。说明指出，要用革新的方法创造优秀的创新空间，重点促进五个方面：第一是加强行政管理体制改革，提升服务创新的能力；第二是加快产生推动创新前进的政策支持；第三是在已存在创新条件的方面进行努力，提升政府网站在信息交流、知识产权共享、利益关系协调等服务领域的连接水平，激活甘肃省各个科研院所和企业的潜在创新力；第四是在创新型人才队伍的扩大上实现跨越，依照产业发展的需要，培育出一批稀缺的拥有技术的人员，将创新带入模式，发展具备战略头脑的企业人员；第五是加大创新投入，加快创新改革高效前进脚步，推动生态环境保护。环境政策在推动西部地区生态文明建设之余，加强环境保护设施的建设，开发先进技术并合理利用，护理开采资源，达到保护西部地区环境和各类资源可持续利用的目的。

图 2 - 14（b）是北部地区"环境与可持续发展"政策文本的内容分析。结合政策文本和几组关联词线索可以看出，北部地区政策的关注重点为环境创新以及关于环境的管理机制和服务建设。从"发展 - 生态 - 创新"这一线索来看，北部地区在社会发展与环境保护中一直坚持创新和绿色发展，加强科技的作用，在加强污染防治和生态保护中，"推进 - 生态 - 环境 - 发展"，推进经济绿色转型，使社会经济发展与环境保护协调、人与自然和谐发展，"推进 - 服务 - 建设"和生态文明制度建设，把污染治理纳入法治化轨道，"完善 - 政策 - 建设"，做到从源头防范，严格执行生态环境法，设定环境保护措施，加大环境监管执法力度，"加强 - 管理"，预防环境风险。

图 2 - 14（c）是东部地区"环境与可持续发展"政策文本的内容分析。结合政策文本图中的关联词线索可以看出，东部地区注重环境与可持续发展的创新治理。创新型国家是党中央、国务院做出的事关社会主义现代化建设全局的重大战略决策。东部地区把生态改善看作该地区发展的重中之重，通过"环境 - 发展 - 创新"，积极构建生态环境的绿色循环系统，实现"生态 - 环境 - 发展 - 技术 - 提升"。努力开展"蓝天工程"。运用"生态 - 建设 - 设施"提升资源的合理利用水平和污染物的控制水平，加强城市与乡村之间的综合治理。加强已经破坏的生态环境的修复，利用现有的先进技术进行生态环境重建，"推进 - 发展 - 环境 - 创新 - 建设"。大力发展生态经济，促进生态经济核心科技的创新，开发低碳技术和低碳产

品，提高天然气、风能、太阳能等新能源在能源耗费中的比例，提高对高耗能企业的管理和监督水平，加强对重要能源消耗企业的管理。

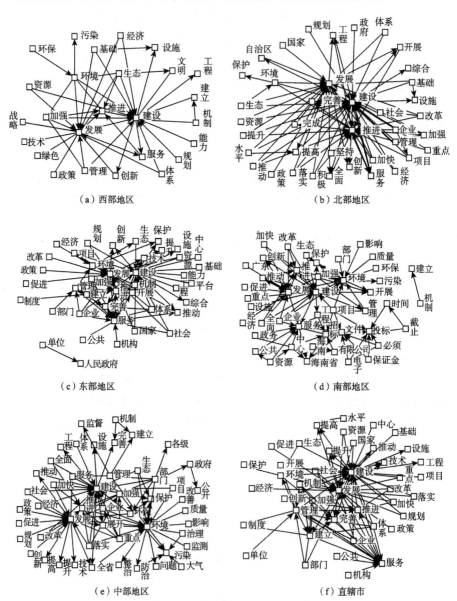

图 2-14　环境与可持续发展政策大数据的地域对比分析

图 2-14（d）是南部地区"环境与可持续发展"政策文本的内容分析。除了"建立-机制"关联词组游离在语义网络图之外，几条语义线索

均显示出对环境机制建设的政策支持。结合"开展 – 环境 – 生态 – 建设"和"建设 – 环境 – 项目"这些关联词组和政策文本可以看出，南部地区在生态环境机制的构建方面，以因地制宜的保护措施为主。近年来，南部地区积极开展环境综合整治示范试点，不断加强生态环境基础设施、民族生态文化保护等10大工程建设，取得了明显成效。根据相关政策的指导，管理部门职责明确，加大了监管力度，对于推进南部地区的生态文明建设起到了促进作用。

图2 – 14（e）是根据中部地区各省政府门户网站"环境与可持续发展"词条相关政策文本分析整理出的语义网络图。结合"推进 – 建设 – 管理""建设 – 管理 – 监督""建设 – 管理 – 机制""监测 – 环境 – 污染""监测 – 环境 – 防治"等关联词组和政策文本可以看出，中部地区期望通过各种适合当地发展的方式去面对目前人们所面临的自然资源短缺、环境污染等问题，以促进中部地区的可持续发展。政策文本显示，为不断扩大环境资源的监管范围，在环境资源的监管、监测过程中，中部地区重视各个执行部门的节约资源和保护环境政策、专项资金的管理使用情况，关注耗能产业节能减排情况，以及相关企业建设、生产、运转等情况，从加快经济发展、促进生产方式不断优化升级、加强对外开放交流学习等几个方面考察政策的发展方向，以促进生态环境资源优化和经济可持续发展。

图2 – 14（f）是根据直辖市政府门户网站"环境与可持续发展"词条相关政策文本分析整理出的语义网络图。结合"创新 – 管理 – 环境""促进 – 发展 – 技术""建设 – 完善 – 服务 – 体系""创新 – 发展 – 资源"等关联词组和政策文本可以看出，直辖市更注重环境保护层面的技术创新、合理规划和管理制度的完善，不断加强清洁能源技术的创新，对高耗能产业进行有效的监管控制，控制建筑、交通、农业等不同产业、不同领域的污染物排放。积极开展环境保护策略的国际交流，充分利用有限资源建立完善的服务体系，推出管理模式创新，控制与减少温室气体排放，宣传绿色可持续发展理念。提高公众参与能力，开展环境污染防治能力提升和方法创新活动，共同促进直辖市环境保护、环保科技和管理模式的智慧化发展。

结合政策文本和语义网络图分析发现，当前环境与可持续发展相关政策中存在的不足主要体现在以下两个方面。

第一，对于发展绿色经济的远期目标过于倚重。西部地区推崇的环境保护与科学技术创新也是着眼于将来，缺少符合当前发展的环境利用与保护的监察监督方案，对当前的欠缺也未能在政策上补漏。这将会导致一些个体因循利益最大化的本能，寻找政策漏洞，长期发展下来，不但不能有效治理现存的生态环境问题，还会引发新的生态环境与收入低下问题，如此反复循环，终至无解的地步。

第二，恶化地区生态环境治理路径缺陷。从政策文本来看，利用当地条件促进未来地区生态发展仍然是政策的重点。对于现在生态环境已经变坏或正被破坏地区，未展现出修复生态环境的治理手段，如果不从源头解决问题，任由其恶性发展，这些地区将会永久失去使用价值，尤其是荒漠化严重的地区，会加剧土地的荒废速度，导致荒漠地区相对收入低下的民众只能不断地迁移，陷入荒废—迁移—再荒废—再迁移的恶性循环之中，地区发展严重受限。

随着社会的变迁与发展，以及社会治理精细化的不断推进，可持续发展之路也需要精细化推进，形成经济与环境并进的发展模式，让民众拥有更多获得感、幸福感和成就感。综合环境与可持续发展政策文本和语义内容分析，本研究提出以下几点建议。

（1）跨地区环境资源综合治理。面对各地区日益严峻的生态环境问题，非常有必要跨部门合作开展环境资源的综合治理，对当地的生产生活方式进行深入了解，完善区域发展政策，实现人类和空间环境的和谐相处。

（2）生态环境系统的恢复与重建。需要不断学习掌握国内外先进的环境治理技术，不仅要预防生态环境恶化，而且要对当前恶化地区进行治理，如结合各个地区的生态环境特点，设立实验室及实验基地，在科学研究的过程中，积累适合各地生态环境资源保护的经验，制定出科学的发展政策和关键合理的发展模式，帮助各个地区实现可持续发展。

（3）强化各地区各种资源的整合能力。不断加大政策规划的执行力度，实现经济发展与生态环境利用同步，增强管理部门在生态环境可持续发展过程中的指导能力。增强合作能力，不断改进工作方式，把环境保护的政策规划放在发展的首位，科学合理地制定发展目标，跨地区合作制定生态环境保护措施，加大对环境破坏的约束力。强化各地区各种资源的整合，积极配合生态环境整治工作。同时，加强监督监察，建立健全环境法规政策，加大恶化地区生态环境建设资金支持力度，保障各种有利于其生态环境可持续发展的建设需求。

（4）强化生态示范区建设，发挥生态示范区的激励作用。生态示范区既是对各地区生态环境发展的示范引导，也是一种环境标准。进一步累积生态示范区建设的宝贵经验，有助于环境治理的推进。

（5）鼓励公众参与环境保护。随着生活质量的不断提升，人们对于生态环境问题越发关注。公众的积极参与已成为促进生态环境保护的核心力量，一些有代表性的环保组织一直在表达对于生态环境治理以及资源合理利用的想法和需求。作为科技发展产物的大数据让政策执行的透明度得到提升，有力地保障了民众表达意愿通道的畅通，也增加了民众参与生态环境保护的途径。

第六节　女性与健康政策的大数据分析

健康的公正、公平和平等性是半个世纪以来我国学者一直关注的问题。健康公平的性别差异体现在整个生命周期的方方面面，如出生性别比及女婴和女童死亡水平的持续偏高、男女获得营养和保健服务的差异、在计划生育责任承担方面的性别差异、在疾病包括性病/艾滋病方面的性别差异、在健康自我评价和心理健康方面的差异等。社会学家帕森斯将健康解释为已社会化的个人完成角色和任务的能力处于最适当的状态。按照帕森斯的观点，健康不仅与个人是社会人的本质有关，而且与个人在社会中的"状况"，即角色的不同类型（如性别、年龄、受教育程度等）和相应的任务结构有关。男女在生理机能上存在性别差异，必然导致女性的健康关注点有别于男性。在影响妇女健康的诸多因素中，由于多数妇女拥有的社会经济资源有限，她们在获得医疗保险、保健及预防性健康服务等方面与男性相比均处于劣势地位。

一　女性角色冲突

是作为传统型的贤妻良母生活着，还是以平等独立的社会成员身份立足于世？是满足于丈夫的成功来体现自己的存在，还是以自身的主体性来实现自己的价值？这些拷问是中国亿万职业女性不得不面对，也无法回避的现实问题。由于传统观念的阻力、社会支持的缺乏以及自身角色调适的不足，当代中国职业妇女处在角色冲突的困扰中，承受着工作角色和家庭角色的双重压力。

城市化在为女性带来机遇的同时也使获得就业权利的职业女性普遍面临角色冲突，这种冲突已成为影响职业女性进一步发展的障碍。虽然经济层面上妇女在收入待遇和福利等方面有所提高，与男性的社会地位差距逐渐缩小，但传统文化和男权的话语仍然束缚着妇女的发展，人们对妇女的家庭角色期待远高于社会角色，妇女仍承担着家庭绝大部分功能。林胜男（2012）和陈晓暾、葛雅利（2020）等认为家庭与社会双重角色冲突的实质是新旧价值观的冲突，是一种在职业女性中萌发的追求新的解放的意识。

学界关于女性角色冲突原因的分析观点众说纷纭，虽然角度不同，具体的论述也有差异，但基本达成了一些共识，即冲突的本质是现代女性广泛就业形成的男女两性关系的改变，与几千年历史形成的，男性文化体系中男女两性传统观念的固化所产生的张力。冲突本身是以女性个体具体生活状态的描述来反映女性群体解放的程度、条件、趋势以及性别平等的发展状况，只有与妇女整体解放和男女两性平等的制度联系起来，才能在把握女性角色冲突本质的深度上认识与解决问题。

二 女性自我健康管理与认识

近三十年来，国家社会经济平稳发展，人们的生活水平显著提高，和谐社会的构建，新型合作医疗的普及，社会保障制度的逐步健全，都为女性健康发展提供了条件。医疗卫生水平和服务水平有了显著提高，女性的保健状况明显改善，生殖健康水平大幅提升，在预防保健、孕产检查和分娩接生方面均有显著提高。虽然女性的健康水平有了较大提高，但我们也不能忽视女性健康面对的严峻挑战，如女性的心理健康问题，以及女性健康与保健服务利用中存在的城乡、性别和地区差异。

现代科技的发展与多变的现实生活，不断干扰和左右着女性对健康的认知，同时也左右了女性的生活方式。在信息社会，了解健康信息渠道的非专业性让正确的健康认知很难付诸行动，这些与主流文化的左右、审美的异化以及大数据滥用有很大关系，但更多源于职业女性自身对健康认知的局限，女性健康受经济、社会、环境变化及文化、人们行为变迁的影响，面临严峻的冲击与挑战。

随着生活水平的提高，职业女性对自身健康越来越重视，但女性特殊的生理特点和社会环境让很多职业女性产生了心理健康问题。消除心理健康问题不仅需要社会环境的支持，还需要女性自身的调节，提高女性自身素质，培养女性的健康技能，形成积极向上的心理态度，好的心理状态对于健康有着重要影响。此外，充分发挥政府、市场、非营利性社会组织等各种社会主体的积极作用，建立合作，形成良性互动，共同促进女性健康管理的优化。

三　影响女性健康的其他重要因素

两性真正平等的发展还有漫长的路程，推进两性社会平等事业的发展，需要完善相关法律、法规等社会支持系统。从学者们的研究来看，当今社会在健康资源分配上仍然存在性别不平等，应该积极推进公共健康服务体系的社会性别主流化，在医疗、医药机构、疾病控制和计划生育服务机构的重新定位和增加中，应该特别强调社会性别公平性，保护女性在健康方面的需要。在第三期中国妇女社会地位调查研究中，我们发现以下几方面因素对女性健康也起着重要的作用。

（1）家庭资源的占有能力对女性健康的影响大于男性。家庭决策能力关系到家庭资源的分配，家庭决策能力较强的女性在家庭资源分配中更具优势，因而家庭决策能力对女性身心健康影响较大。家庭资源在男性健康资源中的比重不大，因而不能成为影响男性健康的主要方面。

（2）男女两性的共同问题是心理健康和自感健康。女性主要受与环境有关的变量影响——生活环境和工作环境；而男性主要受与工作有关的变量影响——工作满意度和工作环境。可以说，工作和生活环境越安全，女性的消极情绪越少，对健康的自我评价越高。

（3）环境越安全，女性生育健康越能得到保障。生育健康是身体健康的一部分，我们在女性健康因素中增加了对于生育健康的关注，分析显示，无论是工作环境还是生活环境，都会对女性生育健康产生影响，而男性身体健康主要受生活方面的环境影响。

（4）工作满意程度对女性的影响不如男性。关于生活方式的调查研究显示，总体上女性生活的重心不在工作方面，受工作的影响较少，而男性往往把工作视为资源，受工作影响较大，因而对工作越不满意的男性，其情绪越消极，对自己的健康评价越低。

四 女性与健康政策的内容分析

通过对全国 18 个省区市政府官方网站以"女性与健康"为关键词进行搜索，对所发布的同女性与健康有关的政策信息文本进行收集、筛选后，得到 16448 条有效文本，通过 ROST Content Mining 软件进行内容分析后得出如图 2-15 和图 2-16（a）至（f）的全国及各地区政策关键词的语义网络图。

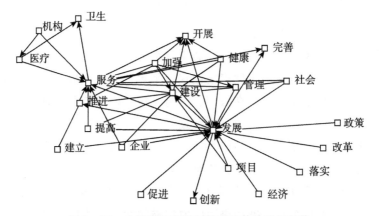

图 2-15 全国层面女性与健康政策的语义网络

在图 2-15 中，以"发展""建设""服务"为核心词，以"推进""加强""管理"等词为扩展，可以清晰地看出女性与健康内涵与外延的紧密关联程度。在与直辖市的对比中不难发现，全国层面对于女性与健康的政策焦点不如直辖市那么明朗。结合政策文本发现，"服务-机构-医疗""推进-服务-卫生""服务-开展-健康"这几条语义线索涉及管理部门在女性与健康社会服务方面的开展；"发展-项目-创新""社会-建设-经济""完善-发展-落实""健康-发展-改革"这几条语义线索涉及管理部门对女性与健康未来发展的规划；"服务-加强-管理""服务-管理-社会""建设-健康-开展"这几条语义线索涉及管理部门在女性与健康体系完善方面的建设。

在图 2-16（a）中，东部地区女性与健康政策的语义网络图以"服务""发展""建设"为核心词，以"完善""组织""推进"等词为扩展向外分布。结合政策文本和"服务-开展""服务-建设""服务-完善"三条语义线索分析，我们发现东部地区的政策导向是女性与健康服务在开展、完善与建设方面的协调发展。当前东部地区女性与健康政策希望通过服务体系管理的完善化与系统化，发挥管理部门在女性与健康领域的领导作用，通过改革完善服务模式，建设有效的服务平台，最大限度地发挥组织效能，提升女性与健康的服务水平，促进本地区女性与健康的发展。东部地区的江苏、福建和辽宁三省经济发展较好，资源丰富，科技水平领先，人口享受较多优惠政策。

结合政策文本和"开展－组织－妇女""建设－开展－妇联"语义网络图所呈现的语义线索我们可以发现，管理部门的工作重点和方向，即推动构建以妇联组织为核心、以各类女性社会组织为依托的枢纽型妇女组织模式，动员各类女性社会组织力量，共同参与社会治理、服务妇女儿童，努力实现妇女工作的最大覆盖和组织活力的最大释放，妇联组织的服务力、凝聚力和影响力进一步增强。同时出台相应政策，搭建推动女性与健康的服务平台和载体。

结合政策文本和"服务－建设－推动""完善－服务－管理""提升－服务－体系"语义网络图所呈现的语义线索，可以发现管理部门在大力推动女性与健康方面的服务建设。福建省作为海峡两岸互通的省份，在优化女性健康发展上成效较好。福建省首家台商独资妇产专科医院在厦门落户，致力于打造两岸合作先行区，将两岸先进的医疗水平互通，为广大女性健康谋福利。此外，"服务－组织－妇联""开展－妇女－妇联""推进－发展－妇女"呈现的是管理部门在大力组织妇联开展妇女发展方面的相关工作，如"巾帼关爱行动"、"母亲健康1＋1"公益募捐活动、"温暖社区"行动、"关爱残疾女性"走访慰问活动，以及"健康与我同行"关爱活动和相关健身、登山、舞蹈活动，推动女性科学健身活动深入开展。在女性宣传教育方面，开办"女性健康大讲坛"等活动，营造女性健康、文明、科学生活方式的氛围并加强理论学习和研究，举办营养膳食与女性健康知识讲座，向女同胞普及健康生活方式。为了增强妇女对重大疾病的预防意识，辽宁省妇联联合医院办义诊，让更多的女性在义诊中获益。

在图2－16（b）中，西部地区女性与健康政策的语义网络图以"发展""建设"为核心词，以"提高""推进""推动"等词为扩展向外分布。通过"发展－加快""发展－建设""建设－推进"语义网络图所呈现的语义线索和政策文本中的高频词分析，我们发现西部地区以加快并推进女性与健康发展为当前政策导向，围绕第一层核心词"发展"，第二层

"经济""基础""管理""提高""推动""资源"等词语展开。从"推进-建设-服务-卫生""发展-管理-健康-卫生"两条语义线索中我们可以看出，通过提升卫生健康领域的服务水平和质量，制定女性与健康服务实施的方案和操作规程，为实现女性与健康创造条件。西部地区一方面希望提升本地区健康水平，来为本地区女性与健康发展营造良好的发展前提；另一方面也希望为女性与健康提供一定的发展条件。四川省的政策文件中就提出妇女是推动社会发展和进步的重要力量，要维护妇女儿童合法权益，制定确保各项目标任务完成的具体举措，促进妇女儿童事业与经济社会同步发展。其中特别强调，健康是妇女儿童全面发展的基础，为提升妇女儿童的健康水平，尤其是民族地区、相对收入低下地区，要加强妇幼保健机构、乡（镇）卫生院、社区卫生服务中心建设。支持医院项目建设，加强民族地区医疗资源配备整合工作，提升片区中心医院的医疗技术水平。采取分类指导、精准扶贫的方式，针对经济恶化地区的女性弱势群体开展免费健康体检服务。西部的部分地区，因人口稀少，受自然环境和社会经济等因素的制约，在医疗卫生和科技方面发展缓慢，经济和技术能力较其他地区落后。女性与健康体制不健全，保障力较弱，覆盖范围小，因病致贫/返贫现象严重。西部地区一方面希望通过加强地区基础设施建设来发展本地区经济，为本地区女性与健康发展营造良好的经济发展前提；另一方面也希望通过加强基础设置建设，为女性与健康发展提供更好的条件。另外，西部地区少数民族较多，女性受教育程度不高，社会参与程度与能力较低，身心健康水平均需提升，正如图中所示，在本地区管理部门"发展"的需求下，以"市场""资源""经济""基础""企业"为条件，在重点医疗保障领域方面有明确的西部指向。结合政策文本和"发展-服务-管理-卫生""推进-建设-健康-卫生"几条语义线索可以看出，为加强医疗保障、健康服务体系建设，积极实施女性人口参保专项资助政策，落实相对收入低下人口重大疾病门诊救助、住院救助、重特大疾病救助，扎实推进健康扶贫工作，实施"多重医疗保障"，提供"健康保"女性险。女性身心健康的发展不仅关系到西部地区每个女性的个体发展，而且关系到西部地区每个家庭的幸福，同时也关系到西部地区和谐社会的构建。因此，管理部门要结合西部地区的实际情况，致力于加快提升和改善本地区女性的健康水平和卫生条件，确保本地区女性与健康的和谐发展。"精神-发展-提高"和"健康-服务-管理"呈现的是管理部门希望在开展精神文明建设的同时，完善服务质量体系，利用完善良好的管理服务推动和引导广大女性健康水平的合理提升。

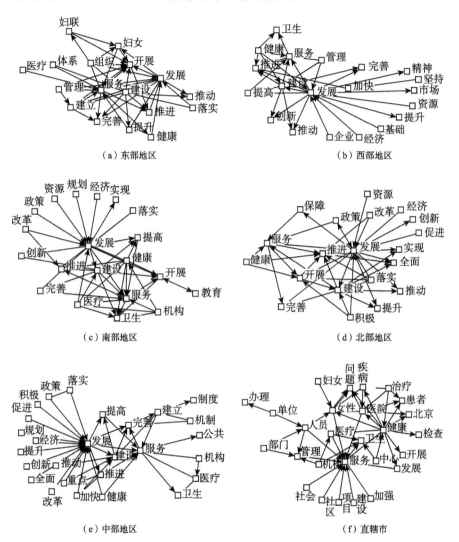

图 2 - 16　女性与健康政策大数据的地域对比分析

图 2 - 16（c）南部地区女性与健康政策的语义网络图以"发展""服务"为核心词，"提高""卫生""医疗"等词以核心词为基础向外分布。结合"发展－提高""健康－卫生""服务－开展""健康－提高"四条语义线索和政策文本中的高频词分析，我们发现南部地区在政策制定中更加注重健康卫生与服务机构的发展。"卫生"、"机构"与"医疗"、"服务"

和"教育"构成的互动关系体现了多个层级主体在自上而下有效贯彻女性与健康政策方面的作用，在多个具体阶段实现政策目标。结合政策文本和"发展－资源－创新""建设－健康－服务""发展－医疗－卫生""建设－推进－创新"几条语义线索发现，南部地区女性与健康政策主要通过发挥"服务""卫生""医疗""机构"的作用来提升本地区女性与健康的服务水平。其中"医疗""创新"代表的是女性与健康服务的基础理念，而"教育""卫生""机构"是具体执行的基层组织架构。结合政策文本和"卫生－服务－健康－提高""提高－健康－开展－教育"两条语义线索可以看出，南部地区在健康卫生教育领域有着不错的发展，并据此提高女性健康的教育水平。2018年，京东数据研究院首次发布《2018女性健康消费报告》①，报告显示，广东省的女性健康消费金额增速在全国排名第十三，在全国35个大中城市中，广州女性健康消费能力排名第三，深圳排名第五。作为南部地区的一线省份，广东省女性对自身健康的关注度和认知度相较全国其他地区女性遥遥领先。结合政策文本和"发展－资源－建设""发展－创新－改革""发展－资源－规划"几条语义线索可以看出，南部女性与健康政策的重心是创新和改革。以海南省为例，自决定建设自由贸易试验区后，海南省明确了健康产业建设的发展思路，将海南省打造成全国健康产业先行试验区、健康产业高质量融合集聚发展示范区、健康"一带一路"重要战略支点和全球健康医疗旅游目的地，为探索中国特色自由港建设做出积极贡献。

图2－16（d）北部地区女性与健康政策的语义网络图以"发展""推进"为核心词，以"落实""服务"等词为扩展向外分布。结合"发展－推进""服务－开展""建设－完善"三条语义线索和政策文本中的高频词分析，我们发现北部地区女性与健康政策的导向在于健康推进和服务开展，在其政策文本中"发展""推进""建设"出现频率最高。当前我国仍处于发展中国家行列，国家的首要任务是"发展"，北部地区各省份多为老工业基地，发展相对缓慢，"发展"一直是北方地区的政策重点。结合"推进－开展－健康""推进－服务－保障""建设－完善－落实"几条语义线索和政策文本，可以看出北部地区在健康保障和服务推进方面所

①《2018女性健康消费报告》，https：//research. jd. com/content/contentDetail/toDetail？content-Code＝135。

做的努力。随着经济的发展和社会文明程度的提高，人们对健康也越来越重视，选择体育锻炼提高身体素质的人越来越多。女性健康水平有了很大提高，各类重大疾病得到很好的控制，统计显示，2014 年吉林省妇女宫颈癌死亡率、乳腺癌死亡率、妇女梅毒年报告发病率分别为 4.59/10 万、6.95/10 万、26.33/10 万。吉林省经常参加体育锻炼的女性占比由 2013 年的 29.8% 提高到了 31.2%，增加了 1.4 个百分点。妇女人均预期寿命达到79.8 岁，比 2010 年人口普查时提高了 1.36 岁。[①] 在分析"提升 - 建设 - 开展 - 健康""发展 - 保障 - 服务 - 健康""推动 - 发展 - 改革 - 创新"几条语义线索和政策文本时发现，北部地区在女性健康服务和社会治理方面存在一定的地区特征。北方地区心血管疾病发病率较高，老龄化严重，老工业基地下岗群体和低保边缘群体较多，加之本地区经济发展滞后，积累了一些区域性的治理难题，北方地区政府为解决这些难题做了积极的努力，如开展女性健康温暖工程建设，深化精准扶贫主题，为相对收入低下女性及其家庭筑起一道健康"防火墙"，等等。

图 2 - 16（e）中部地区女性与健康政策的语义网络图以"发展""服务"为核心词形成两个分支。第一个分支是以"发展"为核心，形成"发展 - 推进 - 健康""发展 - 创新""发展 - 政策 - 落实""发展 - 重点""发展 - 经济""发展 - 促进""发展 - 提升""发展 - 建设 - 完善""发展 - 改革""发展 - 建设 - 积极"几条语义线索，内容分析认为，"经济发展"和"健康发展"是这一分支的政策重点；第二个分支以"服务"为核心词，形成"服务 - 建立 - 制度""服务 - 卫生""服务 - 医疗""服务 - 机构""服务 - 建立 - 机制""服务 - 公共"等关系的语义线索，可以看出，这一分支偏重健康服务建设，由"制度"、"卫生"、"医疗"、"机构"、"机制"和"公共"共同构成健康服务的核心内容，监督完善公共服务机构。综合来看，中部地区政府希望通过"发展"和"服务"的协同作用，发挥政策的辐射作用，推动中部地区女性与健康的全面发展。

从图 2 - 16（f）直辖市女性与健康政策文本的高频词间的关系可见，直辖市的女性与健康政策以"服务""卫生""健康""医院"为中心核心词，以"管理""医疗""患者""女性""疾病""治疗"等词为外围核

---

① 《2014 年吉林省妇女事业发展喜中有忧》，http://www.jl.gov.cn/sj/sjyw/tjgb/201510/t20151008_6605238.html。

心词，形成几条关联性语义线索组，共同构成了北京市、上海市和重庆市三个直辖市女性与健康政策的焦点分布，较为清晰地展现出三个直辖市政府管理部门在女性与健康领域的决策重点，有针对性地从"医院""管理""患者"等方面开展政策规划。直辖市多为一线城市，生活压力较大，白领女性压力大，再加上久坐不动、常吃外卖食品等原因，亚健康比例逐年增高，从"服务－社区""医院－疾病""卫生－健康－治疗""健康－检查""机构－医疗""开展－女性－健康－治疗"几条语义线索可以看出，直辖市政府管理部门更注重健康发展方面的社会服务和卫生医疗水平的稳定与提升，注重拓展社区等机构的健康保障能力，并提供经济层面的基础动力。我们在研究中还发现，直辖市的政策内容不仅作用于本地区，对于全国其他地区制定相关政策的示范作用也很显著。综合前述研究，我们发现，同女性与健康联系较紧密的词汇并未成为语义网络图的核心，而是"发展""建设"等词成为高频关键词，反映出在女性与健康领域的未来实践中，仍然以建设发展为中心，致力于相关政策的发展和完善。

（一）女性与健康的社会服务方面

作为现代女性，不仅受到来自家庭的压力，同时也受到来自工作等的多重社会压力。目前我国大部分女性对自身的健康状况不够重视，且我国对女性健康知识的普及度比较低，所以导致了我国女性大部分处于亚健康状态。为解决这一社会问题，管理部门要做好基本医疗层次的服务，即建立或与社会多种类医疗服务机构合作，不仅要让需要医疗服务的女性免除病痛生活健康，还要改善女性健康服务的硬件条件，如大数据技术、设备更新、服务效果等，更要增加健康大数据辅助措施，如在健康知识的普及宣传、健康咨询、特色及个性化保障等方面的大数据服务等。

（二）女性健康保障的未来发展规划方面

随着经济和社会的发展，妇女的生存、保护和发展状况会不断得到改善，但经济社会的发展不能自然而然地给妇女带来各方面发展。在推进大数据社会治理精细化的过程中，要充分发挥各级政府在加强女性健康保障中的宏观调控职能，在健康保障资源配置上，要坚持数据决策、平等参与、共同发展、共同受益的原则，把大数据女性健康保障纳入政府工作的各项决策中，强化政府在实施女性健康发展规划中的职能作用，切实制定有利于经济社会发展与女性健康发展相协调的政策。

(三) 系统建设和农村女性的健康保障方面

从女性与健康政策的语义网络图可以看出，围绕女性健康系统建设的关键词，管理部门工作的侧重点在于加强、管理、开展等制度建设活动。一个完整体系需要多方面的建设，要深化各类机构建设和技术资源的整合，加快数据基础设施建设，推进服务资源整合，需要全社会的共识，更需要大数据专家学者的研究及管理的规划，同时需要培养专业的人才。整体来看，农村妇女的经济、教育、健康、社会参与等状况尚处于偏低的水平。改善她们的生存、保护和发展条件，提高她们的健康保障水平，是大数据社会治理精细化推进的重要任务。

第七节 社会保障政策的大数据分析

社会保障制度是由国家或社会依法建立的、社会化的、具有经济福利性质的国民生活保障体系，是社会保险、医疗保障、社会救助、社会福利、社会服务和各种政府或企业补贴、社会互助等措施的总称。大数据快速发展对人们的社会生活产生了深刻影响，大数据时代的社会保障也以新面貌带来机遇与挑战并存的新体验。长期以来，城乡二元化的社会保障发展状况，导致更多的农村人口涌向城市，大城市的流动人口占比一直较高，不利于流出地的社会发展，同时也制约了大城市社会保障的公平性发展。本研究从经济发展、政策指引、技术支撑和实践应用等多个角度出发，分析大数据社会保障发展的机遇；从发展差异、需求差异、制度建设和工作方式变革四个方面出发，分析大数据时代社会保障发展需要应对的挑战，为实现大数据时代社会保障发展的转型与变革提出相应建议。

一 大数据时代社会保障发展的机遇

当前我们正处于新一轮技术革命的浪潮之中，这场技术革命将会引导我们进入一个全新的时代，以至于我们当前所处的经济、政治、文化、社会生活各方面的环境和条件都会发生翻天覆地的变化，大数据的发展就是此次技术革命的最突出表现之一。大数据的发展是趋势使然，是技术发展到一定程度的必然产物，亦是技术应用的衍生品不断累积的必然结果。具体而言，大数据的发展是互联网技术与信息技术及其应用领域不断拓展所导致的技术基础搭建和数据的爆炸性增长。一方面，意味着我们已经生活在一个被数据包裹的时代，要在纷繁复杂的社会生活中做出优化决策就要学会掌握和利用数据；另一方面，伴随数据收集、存储、整理、挖掘能力的提升，我们能够寻找到数据中潜藏的更多价值，推动人类的思维方式、行为方式、组织方式、制度建构等方面由微观领域向宏观领域全面变革（迈尔－舍恩伯格、库克耶，2013）。大数据时代社会保障发展的机遇主要体现在四个方面，包括良好的经济发展状况、国家政策的鼓励与支持、大数据基础设施与应用平台的建设推进、大数据相关技术的不断发展和数据价值的领域性展现。

（一）经济发展为社会保障发展提供外部环境和物质基础

近年来我国经济发展受到国际方面后金融危机时代经济复苏缓慢，各国经济增长乏力和国内产业结构转型，经济发展驱动力调整的双重影响，面临下行压力加大，增长动能不足，不协调不均衡状况进一步凸显等问题，并逐渐步入经济发展新常态。但即便如此，由于我国经济体量巨大，由原有的高速增长转为中高速增长所带来的发展成果依旧十分可观，在创新驱动发展战略的指引下，产业结构优化升级的步伐进一步加快，经济结构也日趋合理，经济增长的驱动力更为多元。对国家统计局相关统计数据整理发现，2012～2017 年我国 GDP 的平均增速为 7.25%，且 2017 年较 2016 年有所提高。近五年第三产业所占比重平均以每年 1.5% 的速度增长，2016 年占比达 51.6%。[1] 这意味着当前我国经济发展稳中向好，产业结构转型稳步推进。经济的稳定与发展给社会保障事业的发展提供了和谐的外部环境，2012～2016 年，国家财政用于社会保障与就业方面的支出年均增长率约为 14%，2016 年达到 21591.5 亿元，表明我国社会保障发展有着坚实的物质基础。良好的外部环境与物质基础给了大数据社会保障事业发展以现实的可能，在社会保障适应时代需要做出相应调整时，可以避免出现转向动力不足的情况，能够有效化解发展过程中的潜在风险。发展大数据时代下的社会保障事业需要加强大数据基础设施建设、大数据社会保障平台建设和大数据技术研发等方面的投入，需要以良好的经济发展状况以及稳定的社会保障投入为基础。当前我们拥有发展大数据社会保障的环境与物质条件，但也应避免陷入"中等收入陷阱"和"福利困境"。

---

[1] 国家统计局，http://www.stats.gov.cn/。

（二）大数据发展战略为社会保障拓宽发展路径

应用大数据的内在价值推动经济社会发展，是现阶段和未来几十年的趋势。大数据时代的社会保障发展应是在综合考量我国经济发展状况与相关政策倾向的基础上，结合大数据科技研发、基础设施建设、应用平台建设以及具体实践探索等多种因素的良性互动和促进。在互联网信息产业快速发展和大数据 4V（Volume 大量、Velocity 高速、Variety 多样、Value 价值）特点不断显现的条件下，从个人、组织到国家都意识到政治、经济、文化和社会生活与大数据结合的迫切需要（涂子沛，2014）。能否用好大数据，在未来将直接关系到经济能否健康平稳发展，社会能否实现有效治理、政治能否保持和谐稳定。在充分认识到大数据发展的必然趋势及其对中国未来发展的重要影响后，国务院于 2015 年 9 月明确指出，要加快数据开放共享，推动资源整合，提升治理能力（国发〔2015〕50 号）。① 大数据的发展已经从潜在趋势上升为显在意志，这也为未来大数据在社会保障领域的延伸提供了基本的制度支持和政策保证。在社会保障领域发挥大数据处理相应问题时的强大决策力、洞察力和资源优化配给能力，可以有效地推进社会保障的科学化、智能化和精细化，使社会保障在政策制定上更为科学，在资源调配上更为合理，在需求满足上更具适应性。进而为社会保障拓宽发展路径，提供发展机遇，增添发展动力。

大数据在社会保障领域作用的不断深化，也开启了人们对社会保障的数字化新界定，对社会保障资源调配与服务供给方式的数字化思考，对社会保障相关组织部门工作的数字化调整，对社会保障相关政策法规内容的数字化建构。大数据在社会保障领域引起的巨大变革，让社会保障更具环境适应性、对象针对性、资源集约力和需求满足力。当前大数据与社会保障的结合尚属初步，不仅要从技术和实践角度出发，也要从经济发展、政策导向、组织变革和思维变革等方面入手分析大数据时代给社会保障发展带来的影响。为实现大数据社会保障的合理调整与有效变革，就要把握住大数据时代的发展机遇，充分认识并直面发展过程中的挑战，维护社会的和谐稳定，促进经济健康与可持续发展，更好地满足人民群众的需求。

---

① 《国务院关于印发促进大数据发展行动纲要的通知》，http://www.gov.cn/zhengce/content/2015 - 09/05/content_10137. htm。

（三）大数据基础建设构建社会保障设施支持平台

"工欲善其事，必先利其器"，大数据在社会生活各个领域发挥作用的前提是大数据基础设施和应用平台建设。工信部、中央网信办和国家发展改革委联合印发的《公共信息资源开放试点工作方案》，明确指出在试点城市要建立信用服务、医疗卫生、社保就业、公共安全等多个领域的数据开放共享平台，来保障数据开放的有效推进。① 2017 年内蒙古自治区和贵州省分别提出了"云上北疆"和"云上贵州"的一整套大数据基础设施与平台建设方案，具体涉及大型数据中心服务器部署、直通光缆修建、水电交通网络智能化和具体部门网络数据服务平台等多个方面。② 这一系列举措使得在社会生活多个领域实现数据实时收集、立体分析、智能决策成为可能。大数据基础设施与应用平台的搭建给社会保障事业发展带来了良好的机遇，能够让管理人员实时掌握地区社会保障发展情况，发现地区社会保障发展问题，在数据分析的基础上调整相关政策、协调保障资源、满足民众需求，不断提高地区社会保障覆盖率与公平性，推动社会保障的科学、协调与可持续发展。

大数据社会治理是大数据在多领域的创新性思考和实践。大数据在多领域的应用并不是单一技术的展现，而是多种技术的融合。在 2017 年 9 月 15 日召开的百度云智峰会上，百度总裁张亚勤指出 ABC 技术（A：AI；B：Big data；C：Cloud computing）融合发展将成为未来推动社会各行各业智能化变革与发展的主要路径。北京继 2017 年推出"北京通 – 民政一卡通"之后又于 2018 年 5 月推出"北京通"虚拟卡，为北京市民提供涵盖交通出行、社会保障、医疗卫生、日常消费等多方面的服务，健全大数据、云计算与人工智能三位一体的技术支撑模式，依照民众需求供给便捷高效、精准动态的个体化服务。③ 由此可以看出 ABC 技术的协同运用可以给大数据时代的社会保障发展提供有效的技术支撑，提高数据的信息价值，将数据转化为可被理解的内容和能够指导实践的知识。ABC 技术在社会保障领

---

① 《公共信息资源开放试点工作方案》，http://www.cac.gov.cn/2018 – 01/05/c_1122215495.htm。

② 《内蒙古推动"云上北疆"建设 利企便民》，http://news.cnr.cn/native/city/20170708/t20170708_523840044.shtml；《云上贵州：打破数据壁垒 实现互联互通》，http://gz.cnr.cn/jr/20181119/t20181119_524419859.shtml。

③ 《"北京通 – 民政一卡通"新闻发布会举行》，http://mzj.beijing.gov.cn/art/2017/7/18/art_281_476926.html。

域的突出价值，是能够让民众和社会保障相关部门在更大空间实现信息交互、需求交互、资源交互和行政交互。各相关管理部门通过互动和协调，架构起社会公众、用户家庭和群体组织的社会保障支持网络，对多元信息进行统合性整合、分析和利用，为群体性社会保障问题精准化解决提供技术支持。

（四）数据价值推动社会保障服务管理水平提升

随着互联网信息技术的发展，涉及社会多个领域的数据在存储、传递、交互与应用等层面的数字化、智能化水平有了不同程度的提高，一个越发庞大并具有深层次价值的数据实体不断形成，对于数据价值的充分发挥则可以在某种程度上推动社会的良性运行与协调发展。这同时也对社会保障服务管理水平的提升具有间接的推动作用。2018 年，福州市人社局发挥数据价值推进社保登记、社保缴费、养老金查询、养老金资格刷脸认证、社保关系转移等社保业务的线上拓展。① 2018 年，上海建立了医保控费监控体系，通过对医保报销数据的智能化审核，减少过度医疗和提升医保基金管理的科学性与合理性。② 当前数据价值在社会保障领域的应用还只是小试牛刀，在平台建设、技术研发和具体实践基础上数据的深度挖掘对于社会保障发展具有更为深刻的意义。对社会需求的即时性动态把握，可以使政策得到有效调整并能够提升社会民众对于社会保障相关服务的满意度，同时其可以更大限度地拓展社会保障服务的外延与内涵并使其能够应时而变。基于对社会保障参与主体实时的数据监控，可以对不同主体社会保障参与情况进行把握，进而根据相关情况进行社会保障资金征缴、待遇发放、基金运营、权益跟踪等方面的管理工作，保证社会保障政策能够落到实处。

二　大数据时代社会保障发展的挑战

大数据时代社会保障的发展既是一个实践产生认识的过程，亦是一个由实践总结引发再认识再实践的过程，难免会受到内外部多方面的挑战，

---

① 《福州将推出社保综合应用服务云平台 个人业务可用手机办》，http://zx. fuzhou. gov. cn/zz/csfz/tpxw/201802/t20180228_2020288. htm。

② 《医保监管体系建设，从上海的"五个一"谈起》，https://www. sohu. com/a/302118957_439958。

主要体现在：地区经济社会发展不均的抑制作用；个体化保障需求差异凸显影响服务供给；顶层设计不完善，缺乏制度法律保障，现有社会保障工作对接大数据发展的能力不足。在对全国 32 个省级行政区的 4324 份调查问卷的分析中我们发现，民众对于大数据社会保障存在多种期待，期待在未来具有推动政策制定、满足民众需求、维护社会公平、缩小城乡差异、保障服务供给和拓展信息交互等方面的价值。

（一）地区经济社会发展不均的抑制作用

在经济发展的体量和速度上发展较好的城市能够为社会保障提供更多的资金支持，包括大数据基础设施建设、服务平台建设和技术研发工作等。多数情况下，社会保障的发展以地区经济发展为前提，不同经济发展水平地区在科技、教育、医疗、就业等社会生活方面的发展水平也不同，经济发展水平较高地区的社会保障服务也更全面。经济社会发展不均意味着资源分配的不均，发展基础、条件和机会的不均，可能会导致社会矛盾激化，不利于社会的稳定发展。大数据社会保障目前在经济和科技条件相对较好的大城市推进较为顺利，在技术支撑、基础建设和人才队伍建设上都能有序开展，但在中小城市和农村地区的推动还面临诸多困难。如果不及时解决当前的不均衡问题，各种弊病经过长时间的累积，会使得未来社会保障政策落实和改革的成本增加，改革的难度增大，差距较大地区的社会保障水平将更难提升，也将会降低民众对政策的信任度。

（二）个体化保障需求差异凸显影响服务供给

大数据下的社会保障发展过程实际上是以数据为依托的问题发现与解决过程。随着数据采集面的扩大与分析能力的增强，数量更大、内容更加多元的社会保障需求以及更加复杂的保障问题将会不断凸显，为当前社会保障体制改革与服务供给内容、方式提供调整方向，也为满足民众在家庭环境、职业环境和社会环境变化中产生的个体化社会保障需求提供手段（陈潭等，2015）。当前社会保障体制以社会救助、社会保险、社会福利和社会优抚为主要内容，在现有的保障体制下，每个人都会依照自己的情况与预期提出不同的需求。目前这些需求处于一种被动适应的状态，但在大数据环境下，这些需求有可能集中爆发，群体性、职业性、代际性、际遇性社会保障需求能够更清楚地呈现，在服务方式和供给内容上更加个性化，不能如以往一刀切式地应用。新方式带来的挑战对当前"保底线、保基本、保发展和保特殊"的服务供给系统势必造成剧烈冲击。有调查显示，当前国内很多90后都不愿意缴纳社会保险，相比他们父辈对于生活稳定的重视，90后对社会保险的价值认同感不高，这也是代际社会保障需求发生变化的一个突出表现。在职业病防治社会保障方面也需要调整，随着产业结构变化和新兴职业的出现，新型职业病不断产生，现有的职业病防治范围和措施无法满足不断增长的职业病防治新需求，故而在大数据推进的个体化社会保障需求条件下，当前的职业病社会保障服务供给方式与内容都面临重大的变革。

（三）顶层设计不完善，缺乏制度法律保障

虽然当前我国已经制定了大数据发展战略，但是在顶层设计与制度建构上还处于初步阶段，尚不能给大数据发展提供充分的制度法律保障，如缺少数据开放相关法律法规所导致的社会保障数据开放的地区性差异和随意性增强，并由此带来数据保守主义、数据孤岛和跨区域数据分析能力弱等问题。顶层设计不完善会影响到由开放数据到数据效能发挥的全过程，具体涉及哪些数据属于公共数据，哪些数据是可以开放的，数据应该以何种形式开放，是否应该有统一的数据标准等诸多问题。顶层设计不完善还会给区域乃至整个社会释放出模糊信号，导致大数据发展的方向性缺失。缺少统一数据开放规范而盲目开放数据亦会造成对个人隐私的侵犯，甚至对社会安全的危害。缺少统一的格式标准则会导致各地区开放数据在形式和内容上缺乏统一性，给下一步的分析与决策工作带来障碍。这些问题在当前的一些大数据开放试点城市中已经有所显现，北京、上海、浙江、福建和贵州五个省级试点地区就普遍存在数据开放领域不同、深度不同、标准不同等问题，随着问题的深入还有可能转化为更加难以掌握的发散性问题。

（四）现有社会保障工作对接大数据发展的能力不足

对于普通民众而言，大数据在未来不仅意味着能够发现那些潜在的需求和问题，也意味着数量上日渐增多，内容和形式上日趋复杂的工作方式的适应。在社会保障领域，当前的工作方式尚未就顺应这一发展趋势做出相应调整，大数据在社会保障领域应用的深入，将有可能导致需求问题的发现力与解决力较弱以及能力不对等，或社会保障工作总体效能不及预期等情况。这种工作方式的不适应在未来将从不同方面给大数据社会保障的发展带来挑战，尤其是在档案信息管理、组织管理和工作能力培养方面。在档案信息管理方面，总体上当前各地区居民的社会保障信息还处于当地人力资源与社会保障部门碎片化保存和单独利用的状况下，地区间社会保障信息沟通水平不高、整合利用能力不强，进而无法在覆盖总体范围更广的数据下发现和认识时下存在的社会保障需求与问题；在组织管理方面，当前各级人力资源和社会保障部门的内部组织结构实际上处于一种条块分割的状况，将社会保障工作以其历史的发展过程和社会的不同要求划分为具体几个方面，围绕工作的具体内容来建构其组织结构，面对原有的狭窄体量数据反映出的问题与需求尚有解决之力，但对于大数据下问题与需求的集中表现和不断演化则可能无法招架；在工作能力培养方面，当前不论是工作人员意识养成还是工作培训，都停留在以相对稳定的工作内容为中心的框架内，这与大数据下社会保障工作内容的灵活性与多变性是不相适应的，在工作中没有以大数据意识为指导的数据价值发现与应用能力，就不可能洞悉问题的深层因素，进而也就无法达成社会保障问题解决与发展促进的预期目标。

三 大数据时代社会保障发展的未来道路

大数据时代下的社会保障发展具有双重性，既有良好的经济运行态势、发展战略导向、基础设施建设、有效技术支撑与数据价值展现对社会保障发展的积极影响，又有地区经济社会发展不均、保障需求差异化应对力弱、顶层设计与制度建构不完善和现有工作方式的不适应对社会保障发展的消极影响。大数据时代社会保障发展应把握住时代发展机遇，发挥积极因素对社会保障发展的促进作用，同时亦应直面现实挑战，以具体实践探索降低消极因素对社会保障发展不利影响的道路。总体来说，未来大数据时代的社会保障发展应注重以下两个方面。

大数据基础设施与应用平台的协同建设。在经济社会发展领域，总体性良好与地区间不平衡的状况一直并存，如何弥补地区间的发展差距需要在大数据基础设施规划中加以考虑。在决策层面，可以通过政策倾斜为相对落后地区提供大数据基础设施建设与应用平台建设的资金支持、设备支持；在基层协同层面，可以鼓励发展较好的地区为发展水平低的地区提供大数据基础设施建设和应用平台建设的技术支持和经验支持，为大数据社会保障协同发展奠定良好基础。

　　大数据社会保障工作方式的适应性变革。大数据社会保障工作会产生新的需求与问题，社会治理过程中需要根据变化做出相应调整，这些变化主要包括档案信息管理、部门职能结构和人员队伍建设三个方面。在档案信息管理方面，要逐步实现信息管理的数字化、网络化与智能化，为数据价值的发挥创造条件；在部门职能结构方面，要提高其对于不断变化的社会保障需求与问题的灵活适应性，推进大数据下社会保障部门职能建设的进一步完善；在人员队伍建设方面，首先要培养其大数据观念的形成，之后要针对其应用大数据解决社会保障领域的工作问题展开相关培训，从而逐步提升其问题认识能力与解决能力。

四　社会保障政策的内容分析

　　在对 18 个省级政府机关部门官方网站所发布的 18000 条与社会保障有关的政策信息进行文本收集、筛选、降噪等处理后，通过文本分析软件 ROST Content Mining 进行内容分析后得出的语义网络如图 2 – 17 和图 2 – 18 所示，其中图 2 – 17 是全国各地所有政策文本的语义分析，图 2 – 18 是分地区的语义网络。

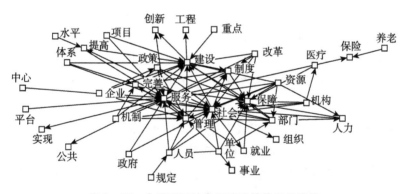

图 2 – 17　全国层面社会保障政策的语义网络

　　从图 2 – 17 可以发现，"建设""制度""管理""资源""政策""服务"等关键词紧密围绕在"社会""保障"周围，是贡献率较高的核心词，与其他处于边缘的关键词具有一定的承接关系。从多地的发展实践来看，基于现实需求的社会保障体系调整和改革需要完善社会保障项目工程的建设，结合政策文本和"创新–建设–社会–保障""工程–建设–社会–保障""重点–建设–社会–保障""项目–建设–社会–保障""体系–建设–社会－保障""改革－建设－社会－保障"几条语义线索，可以看出社会保障政策中对于重点项目运营与管理方式创新的重视。从"管理－制度－社会－保障""服务－制度－社会－保障""改革－制度－社会－保障""完善－制度－社会－保障"几条语义线索中可以看出，社会保障服务的完善有赖于管理和制度的保障，而"人员－管理－社会－保障""单位－管理－社会－保障""事业－管理－社会－保障""机制－管理－社会－保障""企业－管理－社会－保障"语义线索则显示出单位在社会保障管理过程中的作用。

结合政策文本和图2－18（a）的语义线索发现，东部地区的社会保障政策呈现"体系－服务－社会－保障""政府－服务－社会－保障""改革－服务－社会－保障""创新－服务－社会－保障""平台－服务－社会－保障""资源－服务－社会－保障"的关注倾向。这几条语义线索反映出当前东部地区希望通过体系变革实现社会保障的完善化与系统化，发挥决策部门在社会保障领域的领导作用，通过改革和创新社会保障的供给方式，建设有效的社会保障信息沟通协调平台，最大限度地发挥社会保障有关资源的效能，提升社会保障的服务水平，促进本地区社会保障的发展。

东部地区的社会保障政策对于医疗与就业领域有特别的关注。从"医疗－社会－保障""就业－社会－保障"两条语义线索中可以发现，东部地区的社会保障政策特别重视医疗与就业领域的社会保障情况。这说明医疗保障状况和就业保障状况的好坏，直接关系到民生福祉，从某种层面上看也对社会稳定状况产生一定影响。尤其是东部地区作为我国吸收就业人口的主要省份，每年均有大批人口流入，若是不能有效地稳定就业，势必会对整个地区的经济与社会发展产生非常大的不利影响。

东部地区的社会保障政策很重视政策的灵活性和调适性。从"政策－社会－保障""组织－社会－保障""企业－社会－保障"这三条语义线索中可以发现，东部地区在促进社会保障发展的过程中，重视政策本身的引导作用、社会组织的补充作用以及企业的主体作用，发挥了经济发展之于社会保障发展的先导性效能，即社会保障的发展以经济发展为前提，以就业广泛而普遍的合理状态为基础，通过有效发挥市场在资源配置中的灵活性以及政策在协调社会各方利益中的调适性，共同促进当前东部地区社会保障的发展。

结合政策文本和图2－18（b）发现，西部地区的社会保障政策偏重于通过基础设施的建设来提高民众的保障感知程度。从"工程－建设－社会－保障""基础－建设－社会－保障""重点－建设－社会－保障""设施－建设－社会－保障""项目－建设－社会－保障"几条语义线索中可以发现，受制于地区经济发展相对滞后的状况，西部地区一方面希望通过发展本地区经济来加强地区的基础设施建设，为本地区的社会保障提供更加有力的支撑；另一方面希望通过加强基础设施建设来提高当地民众对社会保障的感知程度。

西部地区的社会保障政策倾向于服务机制的改善。从"提升－服务－社会－保障""体系－服务－社会－保障""机制－服务－社会－保障""公共－服务－社会－保障"几条语义线索中我们可以发现，通过改善社会保障服务的机制，可以最大限度地为群众提供服务，减少群众在办理社会保障相关事务时的时间成本，通过建立相应的服务机制，打破工作时间限制，提升社会保障服务的供给效率。同时为了进一步提升社会保障的服务水平，各地区社会保障有关部门还需深入其他省市、周边区县实地调研，并结合地区实际情况，制定社会保障服务实施的方案和操作规程，完成工作人员培训，立体地为实现社会保障水平的提升创造条件。

西部地区的社会保障政策在重点保障领域的认识上有明确的指向。从"就业－社会－保障""养老－社会－保障""医疗－社会－保障"三条语义线索中我们可以看出，西部地区将"就业""养老""医疗"三个分支领域的社会保障水平提升作为改善当前西部地区整体社会保障水平现状的重要抓手。通过保障特殊生命阶段的人的基本权利，使人能够有所为、有所养和有所医，进而实现社会保障水平提升和维护社会正义的目的。

结合政策文本和图 2－18（c）发现，南部地区的社会保障政策更重视多主体参与作用。从"事业－单位－服务－社会－保障""机关－单位－服务－社会－保障""组织－社会－保障""政府－社会－保障""机构－社会－保障""企业－服务－社会－保障"这几条语义线索中可以发现，在南部地区的社会保障政策中重视发挥"事业单位"、"机关单位"、"社会组织"、"政府"和"企业"几个主体的作用。其中"事业单位"、"机关单位"以及"政府"是地区社会保障政策的制定者和关键执行者，"社会组织"和"企业"是社会保障政策的基础执行者和辅助者。那么重视多个层级主体的作用，就能够自上而下地有效贯彻社会保障政策，进而实现在多个具体阶段的政策目标。

南部地区的社会保障政策在具体服务供给上倾向于制度层面的设计。从"管理－服务－社会－保障""机制－完善－服务－社会－保障""建设－服务－社会－保障""制度－服务－社会－保障""企业－服务－社会－保障"
"机构－服务－社会－保障"几条语义线索中我们可以发现，在南部地区的
社会保障政策中主要通过发挥"管理""机制－完善""建设""制度""企
业""机构"的作用来提升地区的社会保障服务水平。其中的"管理""机
制－完善""建设""制度"代表的是社会保障服务水平提升过程中的指示
性与体系化的顶层架构，而"企业""机构"则是社会保障服务水平提升过
程中具体执行的基层组织，将两者间的关系协调相统一，才能在最大限度上
实现地区社会保障服务水平的提升。

结合政策文本和图 2－18（d）发现，北部地区的社会保障政策在重点
保障领域的关注上具有一定的地区特性。从"卫生－医疗－社会－保障"
"养老－保险－社会－保障""就业－社会－保障"三条语义线索中可以看
出北部地区重视医疗、养老和就业三个社会保障具体领域的重要作用，以
此来发挥社会保障在社会生活中的稳定器作用，进而有效地维护社会
公平。

北部地区的社会保障政策在重点保障群体的关注上体现出"单位制"
的一些特点。从"居民－城乡－保障""职工－企业－保障"两条语义中
可以看出社会保障的重点群体侧重主要存在于两个方面，即"居民"和
"职工"在保障其生活和工作的稳定状态的前提下，谋求整个地区社会保
障整体状况的发展。

从政策文本和图 2－18（e）显示的语义网络中可以发现，中部地区的
社会保障政策在社会保障服务上强调重点和创新的服务特色。从"公共－
服务－建设－社会－保障""提高－服务－建设－社会－保障""重点－服
务－建设－社会－保障""水平－服务－建设－社会－保障""创新－服
务－建设－社会－保障""政府－服务－建设－社会－保障"这几条语义
线索中我们可以发现，"公共服务"、"重点服务"和"创新服务"是提升
中部地区社会保障总体服务管理水平的重要手段，即通过拓展公共服务的
覆盖范围，加强重点需要服务的供给，创新服务内容和供给方式来提升整
体社会保障服务水平。

中部地区的社会保障政策在社会保障管理方面偏重协同性。从"制
度－管理－社会－保障""监督－管理－社会－保障""组织－管理－社
会－保障"这三条语义线索中可以发现，当前中部地区的社会保障政策在
管理方面重视"制度"、"监督"和"组织"作用的发挥，即重视相关制

度建设，监督管理机制完善和组织管理体系的效能发挥。希望通过这三个方面的协同作用，来实现地区社会保障管理水平的提升。

从政策文本和图2－18（f）显示的语义网络中可以发现，直辖市的社会保障政策在重点影响因素上倾向于关注对人才的吸引。从"人力－资源－社会－保障""就业－社会－保障""事业－人员－社会－保障""岗位－人员－社会－保障""单位－人员－社会－保障"这几条语义线索中我们可以发现，直辖市重视就业稳定之于社会保障水平稳定和提升的价值和作用，通过拓展和稳定地区工作岗位吸引人才，利用优势给社会保障的水平提升提供经济发展的动力。

直辖市的社会保障政策在促进社会保障总体水平提升的过程中更重视资金的投入和利用。从"增加－支出－社会－保障""项目－支出－社会－保障"两条语义线索中我们可以发现在促进社会保障总体水平提升的过程中，资金以及资金的有效利用发挥了重要作用，一方面直辖市的社会

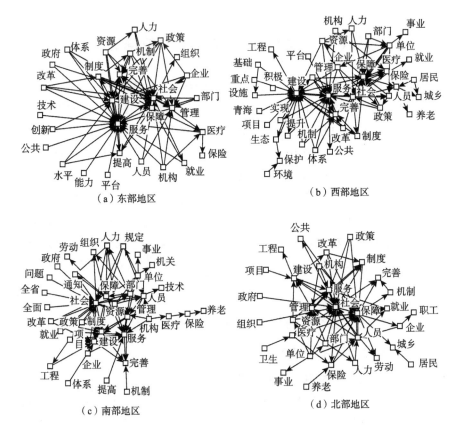

（a）东部地区　　　　　　　　　　（b）西部地区

（c）南部地区　　　　　　　　　　（d）北部地区

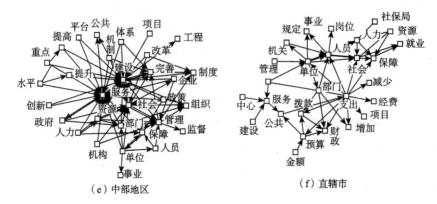

（e）中部地区　　　　　　　　（f）直辖市

图 2 - 18　社会保障政策大数据的地域对比分析

保障资金压力较大，需要拓宽资金供给渠道进而为社会保障水平的提升提供更加充足的物质基础，另一方面需要改善社会保障资金的利用方法，以提升社会保障资金的利用效能。

第八节　社会安全政策的大数据分析

改革开放四十多年来，我国综合国力增强，人民生活水平显著提高。与此同时，随着全球化和网络新媒体的发展，国内外环境、突发事件对社会稳定发展的影响也越来越大，社会安全被提升到了战略高度。安全作为人们追求的一种价值，与效率、自由、创新发展、人权等伴随性发展，对安全的追求也是对发展的追求，关键是把握内在的变化规律。社会安全不仅是国家安全的一个重要方面，也是经济社会发展的重要保障。一个社会的安全程度取决于人口素质、社会经济发展程度、社会公平程度、政治体制、历史文化等。我们关注社会安全问题，也关注社会安全风险及其防范，大数据为社会安全治理提供了新手段，也为治理能力提升奠定了基础。

一　社会安全政策的核心议题

（一）网络信息安全问题

谁掌握了信息，控制了网络，谁就将拥有整个世界（Toffler & Alvin，1980）。在网络信息化迅速发展的时代，网络社会治理已经成为世界各国政府面临的新问题和新挑战。近年来，我国政府高度重视互联网的建设、管理和使用，网络社会治理成为关系国家战略和执政党治理能力的重要问题，净化网络环境、提高公共管理水平也是我国各级管理部门的共识。2011 年 2 月，胡锦涛总书记在中共中央党校的讲话中指出："进一步加强和完善信息网络管理，提高对虚拟社会的管理水平，健全网上舆论引导机制。"① 党的十八大报告进一步提出："加强网络社会管理，推进网络依法规范有序运行。"

网络社会治理也是学界的热点议题，众多研究者从不同视角出发探讨新形势下的网络安全建设问题。王伟军等（2000）建议制定网络信息管理政策，包括对信息污染的控制、电脑病毒的防治、网络犯罪的打击、信息攻击的防御和知识产权的保护、信息主权的维护、民族文化的发扬光大等七个方面。他提出确立信息自由的适度原则，即个人的信息自由不能建立在妨害公共信息自由、公民隐私权和国家信息安全的基础之上，为了保障公众和国家的信息利益与安全，限制一些个人信息自由是必要的，在此原则下，政府有权采取必要的有限度的手段将信息网络置于有效的控制之下，尤其是要从战略的高度规划好本国的信息资源建设，弘扬民族文化。陈明（2015）探讨了信息安全、网络安全、网络空间安全等相关概念，以时间为线索，从立法、司法、行政、国防、人才培养五个方面梳理了美国主要的信息安全管理框架、重要政策法规及做法，归纳出美国网络空间安全战略对我国相关领域的启示。

（二）突发性社会安全问题

随着现代社会的发展，城市化进程加速，社会复杂性和流动性急剧增加，突发事件增多，公共安全形势日益严峻。对突发事件应急安全信息管理的研究，是关系到国计民生和人民群众生命财产的重要研究领域。从"十五"到"十一五"期间，我国在公共安全领域保持着政策的持续性和一贯性。2005 年和 2006 年，国务院相继审议通过了《国家突发公共事件总体应急预案》和《国务院关于全面加强应急管理工作的意见》，提出建立国家应急平台体系，确立了国家层面应对突发公共安全事件的总原则和运行机制。党的十九届五中全会强调推进我国应急管理体系与能力建设，

---

① 《胡锦涛在省部级主要领导干部社会管理及其创新专题研讨班开班式上发表重要讲话》，http：//www. npc. gov. cn/zgrdw/npc/xinwen/syxw/2011 – 02/20/content _1621269. htmhttp：//www. npc. gov. cn/zgrdw/npc/xinwen/syxw/2011 – 02/20/content_1621269. htm。

提出"统筹发展和安全，建设更高水平的平安中国。坚持总体国家安全观，实施国家安全战略，维护和塑造国家安全，统筹传统安全和非传统安全，把安全发展贯穿国家发展各领域和全过程，防范和化解影响我国现代化进程的各种风险，筑牢国家安全屏障"。

周毅、孙帅（2012）认为应对突发事件的信息制度存在系统性与功能性缺陷以及制度执行不力是造成应对突发事件不力的根本原因之一。他从应对突发事件的信息响应能力提升与制度需求、应对突发事件的信息制度内容及其创新、应对突发事件的信息制度执行及其责任等方面提出了应对突发事件的信息制度建设思路，并对应对突发事件的信息制度内容进行了结构设计。汤敏轩（2004）认为一个有效的危机管理体制是政府成功管理危机的关键，在很大程度上取决于能否进行良好的信息沟通，而良好的信息沟通机制又必须以适度的组织整合为基础。他认为政府组织整合失灵就意味着政府各部门之间以及部门内部各机构之间要么缺乏有效的约束，以致过于松散（欠整合），要么既定的规则对它们限制得太死，以致失去了能动性（过度整合），这两种情况都导致政府组织形成不了应有的合力。应急管理是一种超前性管理、预防性管理、系统性管理和动态性管理，也是一种风险性管理、危机性管理和灾难性管理，属于安全管理的范畴。建立完善应急管理体系是应对突发事件的重要手段，可以将突发事件应对相关的领导体制、价值目标、制度规范、资源保障、技术方法、运行环境等要素在这一体系下进行整合，形成关联性和协同性相统一的整体。我国全面开展应急管理体系建设的时间短、基础弱、底子薄，特别是在新时期突发事件增多、复合性增强、破坏程度增大，现有体系开始暴露出机构定位不清、协调机制不畅、资源与技术不足等问题后，亟须进行前瞻性、战略性和整体化的顶层设计和模式重构。

（三）学生安全教育问题

校园安全问题一直是社会各界关注的热点问题。长期以来，国内外学者对安全教育的范围和标准划分不尽相同，多数研究集中在两个层面：一是单纯从安全教育的内容层面来思考具体实施策略；二是仅关注某一年龄段学生的安全教育影响因素，较少以跨学段学生群体为研究对象，从整体构建学校安全教育体系的角度来探索具体实施策略（徐扬，2019）。李新萍和朱光亮（2008）提出要在课堂系统教育中结合现场实际演练。实际演练的方式有利于学生将安全教育牢记心中，学校定期进行实际演练能增强学生的安全防范意识。于子贻（2008）提出建立普法和安全教育专题网站，组织学生参与校园安全管理，实施管理育人的教育机制。从培养学生的法律意识开始，认真落实每条法律法规、校纪校规，同时让学生参与到校园管理中去，从被管理者到管理者的转变让学生更加理解安全教育的意义。董新良、闫领楠（2019）认为学校应当考虑教育机制的长效性，建立健全的安全机制才能够使学校有良好的应对措施。

政策方面，全国人大、国务院和教育部等相继出台了一系列专门法律、行政法规和部门规章，为学校依法开展各项安全工作提供了有力的法律依据和政策支持。随着科技的发展，寻找提升学校安全能力的路径和方法，改善学校安全状况，是各级各类学校全面落实国家学校安全政策法规的基础。对此，徐扬（2019）建议针对社会实际与学生需求与时俱进更新安全教育课程内容。学校可以借助物联网技术，不断提升日常教学中学生的安全防护水平，尊重学生身心发展规律，系统设计"递进式"课程体系。管理部门要制定和完善相关法律法规，使实施过程有法可依，如开展家校合作，推动安全教育的有效实施，凝聚多方力量，辅助做好学校安全管理。

（四）旅游安全问题

旅游产业已经在商品经济运行中表现出利益最大化发展，是一种提高地区经济增长的重要带动点。2019 年我国实现旅游总收入 6.63 万亿元，旅游业综合贡献占 GDP 总量的比重达到 11.05%。[①] 随着国内旅游业的迅猛发展，旅游安全研究逐渐成为学术研究的热点问题，学者们主要从旅游安全管理、紧急救援、安全保障体系等方面进行了探讨。

旅游安全工作的展开，需要有效的管理。张进福（2001）认为，从中国旅游安全管理的现状来看，中国在旅游宏观管理法规、管理机构、管理配套设施、管理范围、管理者认知几个方面存在很多不足，针对这些不足他提出了相应的管理对策。

旅游紧急救援是旅游安全中必不可少的一环，这项业务在中国尚处于起步阶段，理论研究更少。王晓华、郑红霞（2000）从解释紧急救援服务的含义出发，对现有的国际救援机构在我国的业务开展状况和国内紧急救

---

① 《2019 年旅游市场基本情况》，https://www.mct.gov.cn/whzx/whyw/202003/t20200310_851786.htm。

援服务的发展状况进行了介绍。

从预防角度出发的旅游安全保障体系研究是旅游产业发展到一定阶段的产物。郑向敏、卢昌崇（2003）在暴发 SARS 危机之后提出了构建旅游安全保障体系的建议，将旅游安全保障工作纳入一个更全面、更有序的运作系统之下。他们认为一个完整的保障体系应当具有事前预防功能、事中监管和营救功能以及事后补偿和改善功能。他们构建的旅游安全保障体系是一个由旅游安全政策法规系统、旅游安全预警系统、旅游安全控制系统、旅游安全救援系统和旅游保险体系五个子系统组成的开放性的系统。

二 大数据社会安全治理

大数据的广泛运用不仅是一场技术变革，更是一场社会变革，正深刻影响着社会治理领域。通过对海量数据进行提取、分析、处理，可以快速获得所需的信息并做出决策，让精准治理成为可能。

2015 年 9 月，国务院印发《促进大数据发展行动纲要》，提出通过高效采集、有效整合、深化应用政府数据和社会数据，利用大数据提升决策部门治理能力的新方式。2016 年 4 月，促进大数据发展部际联席会议召开第一次会议，审议通过《促进大数据发展三年工作方案（2016—2018）》《政务信息资源共享管理暂行办法》等文件，提出要深入发掘数据要素潜力，将大数据引入政府治理，实施数据决策，努力打造政府治理新手段。2017 年 1 月，工业和信息化部发布《大数据产业发展规划（2016—2020年）》，指出将大数据广泛应用于社会治理和公共服务中，促进大数据与各行业领域的相互融合。党的十八届五中全会审议通过了《中共中央关于制定国民经济和社会发展第十三个五年规划的建议》，首次提出实施国家大数据战略和网络强国战略，强调要创新社会治理方式，尽快构建全民共建共享的社会治理格局。

现代社会的发展与信息技术的革新密切相关。大数据为社会治理、经济发展提供了良好的基础，但同时也带来诸多难以预料的风险，使得社会治理在逐步走向精细化的过程中面临严峻的安全问题考验，如数据管理存在漏洞、信息泄露形势严峻、恶意攻击日趋严重和舆情走向难以把控等。对此，应从完善数据管理顶层设计、建立数据安全评价指标体系、深化信息安全技术革新、形成良好的数据文化氛围四个方面来解决其中存在的安全问题，赋予社会治理新的内涵，推动精细化社会治理不断向前发展。

社会安全问题的复杂性在于它与国家安全其他领域的诸多方面息息相关，上到经济、政治、文化、科技等领域，中到环境污染、贫富分化、贪污腐败等领域，下到衣食住行、医疗卫生、置业住房等领域。随着我国改革开放和世界性的冷战结束，以往被政治严重挤压的社会开始复苏和强大起来，政界和学界也越来越关注社会安全问题。

三　社会安全政策的内容分析

建设平安中国，是中国特色社会主义进入新时代的全局规划中的重要内容，也是以总体国家安全观为指导，加强和创新社会治理的重要目标。党的十九大报告提出，要建设平安中国，加强和创新社会治理，维护社会和谐稳定，确保国家长治久安、人民安居乐业。实现这一目标，不仅要把"社会安全"话语置于新时代的背景下，置于总体国家安全观的政策指导和创新社会治理的学术探讨下，还应在实际操作中探讨社会安全的实现途径。

在江苏、福建、辽宁、山东、安徽、河南、四川、甘肃、青海、广东、云南、海南、吉林、内蒙古、黑龙江、上海、北京、重庆等18个省区市政府网站上，以"社会安全"为关键词进行数据采集，在结果中选取18000篇文本进行内容分析，运用ROST Content Mining软件分析关键词间的网络语义关系，如图2-19所示。

图2-19是全国层面社会安全政策的语义网络图。全国层面社会安全政策的语义网络核心词是"安全"和"建设"。由这两个核心词出发，延伸到其他27个高频词。其中"改革""开展""加强""提高""推进""发展""建立"这些词是管理部门在保障社会安全问题上的"进攻型"策略；"完善""保障""服务""检查""体系""监管""管理""监督""落实"则是管理部门在保障社会安全问题上的"防守型"策略；"社会""单位""企业""组织""机制""工程""部门""项目""人员""事故""食品"则是管理部门在保障社会安全问题上主要针对和涉及的关注重点。

管理部门在保障社会安全问题上的关注重点，一直着眼于单位企业的安全问题，如食品安全问题、交通事故安全问题、工程项目及其人员的安全问题等。为促进社会的安全与和谐，管理部门通过开展活动、建立规章制度、推进政策施行和改革陈旧体制等，来增强民众安全意识的措施，我们称为"进攻型"策略。管理部门为完善安全制度，保障民众利益不受

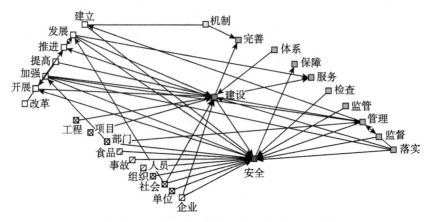

图2-19　全国层面社会安全政策的语义网络

损，采取定期检查设备、加强监督管理所属企业、高效落实上层政策等内部管理的方式，我们称为"防守型"策略。

图2-20（a）显示的是北部地区社会安全政策的语义网络高频词间的关系，与全国（见图2-19）相比，不同之处在于北部地区更突出了"经济"和"自治区"的政策导向。

从与"经济-发展"相联系的"建设""提高""服务""推进"等构成的语义线索中，可以看出北部地区在社会安全政策中更加强调经济的作用。40余年的改革开放使我国取得了举世瞩目的巨大成就，但并未达到预期的科学发展和共享发展成果的要求，还存在不少迫切需要解决而没有解决的经济社会问题。在所有经济社会问题中，经济问题总是具有基础性质，由此带来的潜在的、暗含的、蕴藏的危机是多方面的，如社会矛盾明显增加，制约科学发展的体制机制障碍依然较多等。尽管各级政府为解决这些问题已经做了很大努力，也取得一定成效，但并未显著改善，有的方面还在恶化。如果这些问题久拖不决，令其发展到更加严重的地步，势必危及社会安全和政治稳定，北部地区的吉林和黑龙江就属于这样的经济短板地区（陈文通，2012）。近20年时间，国家出台了关于东北经济振兴的一系列政策和文件，从内容上看，政策内容从初期的注重工业结构、农业优化和生态保护到中期的产业结构调整、技术创新和民生改善再到现阶段的人才为本、创新驱动、企稳向好，体现了政策制定的导向和东北经济转型过程中的特点，即以市场导向建立创新体系和体制机制，解决东北经济问题带来的社会安全隐患。

北部的吉林、内蒙古和黑龙江三个省区分布着众多少数民族，社会安全政策核心词中以"自治区-安全-保障"和"人员-安全-开展"为关联的语义线索反映出少数民族地区的政策特点。分布在内蒙古自治区的民族主要有汉族、蒙古族，以及满、回、达斡尔、鄂温克等49个民族。黑龙江省是多民族、散杂居的边疆省份，据1990年第四次全国人口普查统计，全省共有53个少数民族，人口近200万，占全省总人口的5.26%。吉林省也是多民族的边境省份，有48个少数民族，至2001年，少数民族总人口为2463613人，占全省总人口的9.03%。一些欠发达的边疆民族乡村由于投资环境不够完善，经济社会发展相对落后，资金、技术和人才资源缺乏等原因，招商引资能力相对较弱。这些民族乡村人口流动规模持续增长，流向城市甚至走出国门就业谋生的农村劳动力比例逐年上升。人口大量外流在增加劳务输出地经济收入、提高农民知识技能的同时，也引发了诸多民生问题，如农村基层组织建设遭遇"人才困境"、农业生产遭遇"用人荒"、基层民族学校教育人才缺乏、留守群体生存状况堪忧等。另外，也导致一些民族乡村社会管理松散、混乱，村内赌博成风，封建迷信活动盛行，这些问题在有些民族村尤其突出，带来的社会安全隐患问题不容忽视。

图2-20（b）是东部地区（包括江苏、福建、辽宁、浙江）社会安全政策的语义网络图。图中左上角的"发展-推进"与右上角的"安全-保障"互为掎角之势，体现了东部地区社会安全政策的稳定发展倾向。以"发展""建设""安全""服务"为中心，各自构成了相互交织的语义网络线索组，东部地区已经成为中国经济社会高速发展的增长极，该区域社会风险管理政策向"管理-安全-保障"、"管理-服务-推进"和"能力-建设-服务"方向推进。一些学者指出东部地区的社会安全风险具有特殊性，人口过度集中、交通过度拥挤、环境过度污染、资源过度开采等社会风险不断集聚，提升了该地区社会安全的脆弱性。随着近年来东部地区工业化、城镇化以及区域经济一体化进程的加快推进，该地区进入了消耗资源最多、对环境索取最大的阶段，加上区域内政府"GDP至上"的发展理念并没有得到根本转变，以及政治锦标赛体制下合作治理理念的缺失，导致该地区诱发公共危机的社会风险因素不断增多。自然灾害频发、人口骤增、财富聚集、基础设施相互依赖，导致该地区在面对同样的社会安全风险时，危害远高于全国其他区域。为降低社会安全风险，东部的长

三角地区政府开始在公共危机治理领域打破行政区划界限和行政体制束缚，通过整体性治理提升本区域的公共危机治理水平，尤其在环境保护、事故灾难、公共卫生、社会安全等公共危机治理领域。

图 2-20（c）是南部地区（包括广东、云南、海南、广西、贵州）社会安全政策的语义网络图。其中，"环境-保护"游离于以"安全"为核心的语义网络群组外，可见南部地区在经济社会快速发展的同时，也面临资源约束趋紧、环境污染严重、生态系统退化等问题。南部各地区差异较大，隶属珠三角城市群的广东省是粤港澳大湾区的重要组成部分，是亚太地区最具开放性和活力的经济区之一，长久以来一直是我国对外开放的窗口，但海南和云南、广西和贵州这些地区受自然、历史、体制、观念等多重因素的影响，2021 年以前仍是我国相对收入低下人口最集中的地区之一，也是全国少数民族相对收入低下人口最多的地区。

广东省是最早施行对外开放政策的地区，政策决定的外向型经济使得该地区快速发展，但同时区域发展过度依靠土地、矿产、水电等耗竭性资源和能源，为环境和生态带来巨大压力。结合政策文本和"改革-发展-安全""社会-安全-保障"等语义线索分析发现，作为全国流动人口聚集度最高的地区，广东省多样化的人口结构大大增加了这一地区社会环境的复杂性，在网络信息安全、公共卫生安全和社会秩序安全方面都存在隐患，过高的经济外向依赖度导致经济社会发展易受外界变化的影响，安全生产问题、长期处于过度疲劳状态的施工队伍、城中村里的非正规环境和非正规行业等，都成为珠三角地区社会安全发展的重要隐患。

结合政策文本和"社会-发展-推进""国家-安全-保障"等语义线索分析发现，南部地区因其特殊的地缘状况、历史文化、民族分布、经济特征、国际交往、卫生疾控建设，以及跨国犯罪防范能力，而呈现特殊的非传统安全形势和问题。南部地区广泛存在的喀斯特地貌等生态脆弱地区致使该地区存在大面积经济恶化。经济恶化程度深是南部地区人口收入相对低下的重要特征，以贵州为例，黔南州和黔西南州收入相对低下人口中经济极度恶化人口占 80% 以上。南部地区人口科学文化素质不高，与经济社会发展的要求不相适应，劳动力外流严重，导致留守儿童抚养、老人赡养等问题突出。此外，海南、贵州等地的人口文盲率高，少数民族妇女文盲率更高。随着南部地区与南亚、东南亚毗邻国家和地区经贸、文化、通信往来水平的日益提高，高度开放的国际交流平台日益丰富、完善和多元化，在传统的军事性和政治性之外的许多其他安全隐患逐渐浮现出来。

图 2 - 20（d）是西部地区（包括四川、甘肃、青海、陕西、新疆、宁夏、西藏）社会安全政策的语义网络图。西部地区社会安全政策中"加快 - 推进 - 加强 - 管理"线索突出，将其他关键词紧密地联系在一起，和北部地区一样，西部地区的社会安全政策同样强调"经济"，形成了以"经济 - 发展 - 建设"为主的语义线索组。2004 年《中国农村全面小康监测报告》数据显示，2004 年全国低收入人口（标准为年收入 924 元）为4977 万人，其中西部地区有 2396 万人，且西部地区的西藏、陕西、甘肃、青海、新疆等省区低收入人口占农村人口的比重均在 10% 以上。西部地区经济发展水平低、人口多、就业形势严峻、人口老龄化进程加快、小农意识深厚。2021 年以前，在西部地区农业人口中，农村绝对弱势人口、失业人员等无生活来源或者只有较少生活来源的人口比例较大，如有歉收、疾病、子女教育、务工间隙等情况，就会坠入生活困顿处境，成为西部地区社会不安全的因素之一。在西部地区的政策中就有小额救助、补贴项目等社会保障设置，可使这部分农村居民在各种变故发生后仍能维持基本生活，不影响其生产活动的延续，不至重新坠入困顿境地。

构建西部地区长远的安全战略，是消除不安全因素、维持西部地区社会安全的重要途径，有助于国家的长治久安。西部社会经济和环境恶化地区相对较多，相对收入低下人口比例高，弱势群体规模较大，因表达机制不完善而出现的非法的、过激的诉求行为，会导致更为严重的威胁社会安全的情况发生。社会转型、结构失衡、民族宗教问题及境外不稳定因素的渗透和破坏等，增加了西部地区社会的不安全因素。为弱势群体提供基本生活需要，对民族地区出现的诸如民族冲突、宗教矛盾等影响社会安全的因素进行预测、预警和监控，可以对社会安全运行起到协调和均衡作用，为此需要统筹规划，全盘考虑，整合各个方面的力量，互相配合，才能形成良好的机制，确保西部地区的安全稳定。

图 2 - 20（e）是中部地区（包括山东、安徽、河南、湖北、湖南、江西、山西）社会安全政策语义网络图。不同于全国和其他地区，中部地区社会安全政策语义关联中多了"隐患"和"问题"两个关键词，围绕"安全"这一核心词，有与"政府""组织""食品""企业""社会""人员""单位""部门"等对象型高频词的联结，也有与"加强""监督""完善""管理""落实""建立""推进"等行动型高频词的联结，并由此

形成多层面多角度的安全关注，表明中部地区在社会安全政策上更加倾向于预警机制方面，由生存型社会向发展型社会过渡，力求做到"防患于未然"。中部地区地处我国腹地，承东启西、连贯南北，位于长江、黄河、淮河等重要流域的关键区域。在经济新常态背景下，中部地区社会发展呈现一种过渡性特征，经济实现较快增长，逐渐摆脱了经济"塌陷"困境，但社会发展领域的"塌陷"现象依然比较突出，社会发展水平相对滞后；经济社会发展协调性虽整体提高，但仍存在轻度失调现象；社会发展能力较低，尚处于"低福祉增长"阶段，是我国全面建成小康社会和推进社会治理现代化的关键区域。中部地区又是我国革命老区和经济相对落后山区集中连片分布的区域，许多地区既是革命老区，也是相对落后地区，经济发展水平总体不高，社会发展相对滞后，低收入现象比较突出，收入差距大等问题明显，制约地区发展的深层次矛盾依然存在。已有研究表明，中部地区是我国四大区域中总体公共服务水平最低的区域，中部地区基本公共服务水平与东部地区差距较大，且低于全国平均水平。中国环境科学研究院李彦武研究员认为中部地区的"粮食生产安全"、"流域生态安全"和"人居环境安全"三大安全威胁和胁迫，到2030年后可能才会有真正的改善。

图2-20（f）为直辖市（包括上海、北京、重庆、天津）社会安全政策语义网络图。除"突发-应急-事件"和"行为-违法-罚款"两条语义线索游离于主线之外，其他高频词都紧密围绕在"安全"这一核心词周围，高频词关注点也分为对象型和行动型两组，其中对象型高频词有"组织""部门""单位""人员""食品""事故""企业""社会""规定"，行动型高频词包括"开展""加强""管理""落实""保障""监管""建立"等。结合政策文本和语义线索可以看出，直辖市和其他地区相比，既有相同的关注，也有政策的特殊性。

从地理位置的角度来说，北京是全国政治经济中心，尤其起着统筹全局、协调中央与地方关系的作用。上海和天津均是位于东部沿海地区的港口城市，以上海为中心的长江三角洲经济圈和以天津为中心的环渤海经济圈已见雏形，发挥着构建循环经济圈、协调各城市经济互动的作用。而重庆位于中西部地区，是典型的"大城市带动大农村"的城乡二元结构，在协调城乡建设中则发挥着不可低估的联结作用。与其他直辖市相比，重庆有以下几点不同：一是面积大、人口多；二是处于欠发达阶段，属于欠发

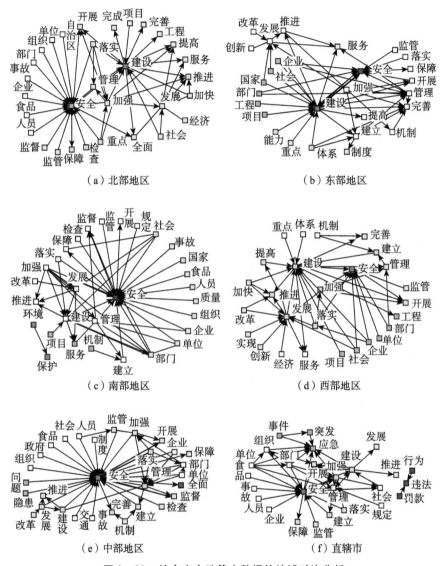

（a）北部地区　　　　　　　　　（b）东部地区

（c）南部地区　　　　　　　　　（d）西部地区

（e）中部地区　　　　　　　　　（f）直辖市

图2-20 社会安全政策大数据的地域对比分析

达地区；三是有着极为广阔的农村区域。移民、扶贫、老工业基地和生态环境保护四大任务是重庆作为直辖市的四大主要任务。

国家治理体系和治理能力现代化建设的大格局中，民主建设不可或缺，但对于如何规避民主建设过程中可能带来的社会安全风险，似乎尚未找到可靠的路径。直辖市多是由在全国政治、经济领域中具有核心地位的城市发展起来的，一方面能够有效地落实中央的宏观规划，另一方面又可以带动周边省份的自发能动性，协调各方利益关系、整合地方资源，是推动政府间区域合作的有效途径，同时也是实现跨省区经济一体化的突破口。作为直接由中央政府管辖的建制城市，直辖市在一国政治、经济和文化等方面具有重要地位，但事实表明，直辖市制度在国家治理体系中的价值尚未得到足够重视。为此，江国华（2005）建议制定"直辖市法"，在经济、文化和社会等方面先进发达的直辖市率先推行民主建设，以法治促民主，既可解决社会安全风险防控问题，也可产生头羊效应。

第三章 大数据社会治理服务现状、问题与进步

　　大数据推动着新一轮社会治理方式的变革，促进了社会经济发展，提高了社会的治理能力。在公共服务领域，如医疗、卫生、教育、信用、安防等，已经开展大数据应用示范、试点工作。然而，检验大数据社会治理的成效不仅取决于直观数据，更有赖于公众的评判。大数据社会治理服务成效如何？是否满足了民众的需求？达到何种满意程度？还有哪些方面需要改进？这些是大数据时代社会治理急需了解的问题，也是当前社会治理精细化推进亟待突破的瓶颈。因此，了解大数据时代社会治理的民众需求现状、差异性和满意度，不仅能够检验大数据社会治理的成效，及时定位民众需求，提高民众的满意度和参与度，还能从中发现大数据社会治理的客观水平及其未来走势，从而更有针对性地推进社会治理精细化，提高大数据时代的社会治理能力。

　　"大数据社会治理服务与个人需求调查问卷"由大数据社会治理课题组全程参与。本次调查开始于 2018 年 1 月 15 日，在 2019 年、2020 年和 2021 年又进行了三次补充，调查地点为全国的 23 个省及 4 个直辖市，采用网上调研和实地调研相结合的方式，共发放问卷 9000 份，回收有效问卷 8272 份，回收率为 91.91%。从地域分布来看，东部地区（包括江苏、福建、辽宁、浙江）问卷 1816 份，占有效问卷的 22.0%；中部地区（包括山东、安徽、河南、湖北、湖南、江西、山西）问卷 1576 份，占有效问卷的 19.1%；西部地区（包括四川、甘肃、青海、陕西、新疆、宁夏、西藏）问卷 1504 份，占有效问卷的 18.2%；南部地区（包括广东、云南、海南、广西、贵州）问卷 1542 份；占有效问卷的 18.6%；北部地区（包括吉林、内蒙古、黑龙江、河北）问卷 1004 份，占有效问卷的 12.1%；

直辖市（包括上海、北京、重庆、天津）问卷 830 份，占有效问卷的
10.0%。从职业分布来看，企业工作人员问卷 2190 份，占有效问卷的
26.5%；政府工作人员问卷 468 份，占有效问卷的 5.7%；教师及科研人
员问卷 600 份，占有效问卷的 7.3%；私营企业主问卷 614 份，占有效问
卷的 7.4%；个体经营者问卷 530 份，占有效问卷的 6.4%；自由职业者问
卷 596 份，占有效问卷的 7.2%；学生问卷 2514 份，占有效问卷的
30.4%；退休人员问卷 210 份，占有效问卷的 2.5%；其他职业问卷 550
份，占有效问卷的 6.6%。

本次调查问卷由大数据服务认知程度（9 个问题）、大数据服务质量量
表（24 个问题）、大数据服务需求量表（95 个问题）三个部分构成，共计
128 个问题。其中，大数据服务质量量表为矩阵式量表，包括可靠性、反
应性、保证性、关怀性四个分量表，采用 7 级累积量表测量法，测量民众
对大数据服务质量的主观评价，从 1 分到 7 分表示对问项的认同程度逐级
递增；大数据服务需求量表包括就业与创业、社会保障、儿童与教育、女
性与健康、环境与可持续发展、地区发展建设、开放数据接口、社会安全
八个分量表，采用李克特量表法，态度等级设为四级，分别为完全不同意、
不同意、同意和完全同意。陈述题中正向题从否定到肯定分别取 1、2、3、4
分，反向题则分别计 4、3、2、1 分。回收问卷后建立数据库进行问卷录入和
清理数据，并用 SPSS 软件中 Recode 模块将题项计分方式转化为一致的。

本研究用于大数据服务质量测量的量表为 1 个累积量表、1 个李克特
量表，总计 12 个分量表，用统计分析软件对问卷的可靠性和有效性进行检
验，各个层面的信度和效度检验结果如表 3 - 1 和表 3 - 2 所示。

表 3 - 1　大数据服务质量量表信度和效度分析

量表层名称	题数	信度 α				解释的变异量（%）			
大数据服务质量量表	24	0.995				77.860			
维度		可靠性	反应性	保证性	关怀性	可靠性	反应性	保证性	关怀性
感知体验	24	0.934	0.939	0.948	0.947	79.13	80.49	76.13	76.09
期望程度	24	0.932	0.936	0.946	0.949	78.78	79.69	75.50	76.66
满意程度	24	0.928	0.931	0.942	0.946	77.64	78.37	74.25	75.41
服务质量影响程度	24	0.929	0.939	0.946	0.944	77.78	80.34	75.53	74.97

表 3 - 1 显示大数据服务质量量表的信度值 α 系数为 0.995，且各个层面经过筛选后信度 α 系数均在 0.9 以上，本量表可靠性较高。

KMO 值为 0.994，通过 Bartlett's 球形检验，可以进行因子分析。24 个题项（变量）累计解释大数据服务质量变异量的 77.860%，可见，量表具有很好的结构效度。

表 3 - 2 显示大数据服务需求量表的信度值 α 系数为 0.983，且各个层面经过筛选后信度 α 系数均在 0.8 以上，本量表可靠性较高。

KMO 值为 0.988，通过 Bartlett's 球形检验，可以进行因子分析。95 个题项（变量）累计解释大数据服务需求变异量的 57.67%，可见，量表具有很好的结构效度。

表 3 - 2　大数据服务需求量表信度和效度分析

量表名称	题数	信度 α	解释的变异量（%）
大数据服务需求	95	0.983	57.67
就业与创业	15	0.939	61.25
地区发展建设	14	0.902	59.83
儿童与教育	10	0.902	53.31
开放数据接口	10	0.877	60.55
环境与可持续发展	12	0.916	52.05
女性与健康	12	0.916	60.95
社会保障	11	0.909	63.70
社会安全	11	0.900	62.03

第一节　大数据社会治理服务基本情况分析

中国传媒大学国家语言资源监测与研究有声媒体中心发布 "2017 媒体关注度十大榜单"，这是该中心连续第七次发布中国媒体关注度榜单。其中十大科技中就提到了 "大数据" 一词。① 随着现代信息技术的迅速发展，海量的数据涌入人们的生活中，尤其是依托互联网的大数据技术，在大数据社会治理中举足轻重。因此，此次调查既是对民众理解大数据技术情况

---

① 《2017 媒体关注度十大榜单发布》，人民网，http://media. people. cn/n1/2018/0114/c14677 - 29763430. html。

的了解，也是对大数据社会治理相关概念的普及。

大数据与互联网相辅相成，互联网的发展为大数据时代提供了海量的信息和数据，而大数据技术也使得互联网的未来发展具有更多可能性。近年来，随着互联网的迅猛发展，数据的获取途径越来越便捷，数据的处理速度和效率得到极大的提高，大数据个性化已经成为互联网未来发展的必然趋势。网站的注册情况可在一定程度上反映个人的数据使用程度。调查显示，个人在 5 个以内、5～10 个、11～20 个、20 个及以上网站注册的比例分别是 36.3%、28.7%、19.0%、16.0%。其中，注册量在 5 个及以上的比例达到 63.7%，说明民众对互联网应用网站的使用程度不断提高，互联网的发展前景良好，这也为大数据的未来发展提供了良好的网络环境。

人们对大数据技术认识有余但关注度普遍不高。调查显示，有 80.9% 的人表示对大数据有所耳闻。其中，对大数据技术十分关注的人占 7.3%；2.7% 的人表示对大数据技术有比较深入的了解；35.8% 的人表示对大数据有一定的了解和关注；35.1% 的人对大数据仅听说过，但是尚未关注；19.0% 的人表示没听说过。在信息量爆炸性增长的社会环境下，大数据渗透到人们生活的各个领域中，对每个人的影响越来越大，在互联网媒体的推动下，大部分人对"大数据""大数据分析"也都耳熟能详。多数人对大数据关注度不足，仅有 35.8% 的人表示对大数据有一定的了解和关注，如何普及大数据的重要性，树立大数据意识，提高人们对大数据的关注度，是将大数据行之有效地运用到社会治理中，满足人们日益增长的生活需求的前提。

一 政府大数据服务对象的性别与年龄分布

随着现代信息技术的快速发展，进入大数据时代的社会，凸显了大数据技术的应用，在社会治理的众多领域积极运用大数据技术，也意识到了政府数据开放和发展大数据个性化需求的重要性。在大数据社会治理精细化推进的过程中，需要民众对社会治理工作的内容、质量等进行评价和反馈，从而修正不足，提高社会治理的水平和质量，提升政策制定的科学性。

随着智慧城市、智能交通、智能环保、智能医疗的推进，社会治理亦启动了智慧化旅程，智慧社会治理更加离不开大数据技术的支撑，大数据技术既是社会治理的核心资源，也是社会治理现代化进程的有力推手。本次调查的样本中，使用政府大数据服务信息的男性比例（59.1%）高于女性（40.9%）；对大数据技术了解和关注的主体以互联网接触占比最高的中青年群体为主，占比从高到低依次为：21~30 岁（31.4%）>31~40 岁（21.5%）>20 岁及以下（20.9%）>41~50 岁（15.7%）>51 岁及以上（10.5%）。调查显示，在 51 岁及以上的群体中，年龄越大，对互联网的接触越少甚至脱节，对依托互联网和云计算的新兴大数据技术的了解也是随着年龄增加而减少，对大数据社会服务的体验尤其缺少。

二　政府大数据服务对象的职业分布

本次调查对象的职业类别分布较为广泛，包括企业工作人员、政府工作人员、教师及科研人员、私营企业主、个体经营者、自由职业者、学生、退休人员等 10 大类。企业工作人员和学生两种职业占的比重比较大，分别占 26.5%、30.4%，企业工作人员中来自小型企业、中型企业、大型企业、不清楚企业类型的工作人员分别有 11.5%、5.5%、5.1%、4.4%，可见其中小型企业占比最大。教师及科研人员、私营企业主、自由职业者三个职业的占比相当，分别为 7.3%、7.4%、7.2%。此次调查的对象除了学生，其他职业类型分布比例较为均匀，能够较全面地反映政府对民众信息需求服务的满足情况。

三　政府大数据服务对象的受教育程度分布

大数据发展将应用推向了教育领域，各种新型大数据技术开始实现与教育融合生长。教育大数据化发展已成为必然，作为重要资源的教育数据的价值正被深度关注和重视，教育数据挖掘技术亦迅速推广到教育教学的诸多领域，其规模正效应开始显现。在大数据社会治理中，了解大数据社会治理服务对象的受教育程度分布特征，对其分布特征进行综合分析，有利于深度挖掘教育数据的价值，对于更好地推进大数据社会治理进程至关重要。

调查样本的受教育程度大致分为初中及以下、高中或中专、大专、本科、硕士、博士及以上六大类，分别占被调查者总人数的 17.2%、15.4%、13.7%、47.7%、3.7%、2.4%。在农村女性中，受教育程度为初中及以下、高中或中专、大专、本科、硕士、博士及以上的比例分别为 25.1%、16.1%、14.6%、40.3%、2.1%、1.8%；在农村男性中，受教育程度为初中及以下、高中或中专、大专、本科、硕士、博士及以上的比例分别为 22.8%、14.8%、13.0%、45.0%、2.1%、2.2%；在城市女性中，受教育程度为初中及以下的占比为 12.8%，高中或中专占比为 17.8%，大专和本科占比分别为 15.9% 和 46.8%，硕士和博士及以上占比分别为 4.3% 和 2.4%；在城市男性中，受教育程度为初中及以下的占比为 13.2%，高中或中专占比为 13.8%，大专和本科占比分别为 12.2% 和 53.2%，硕士和博士及以上占比分别为 4.9% 和 2.7%。在调查的样本中，城市男性受教育程度为本科、硕士、博士及以上的比例高于城市女性，农村男性受教育程度为本科、博士及以上的比例亦高于农村女性。总体而言，城市中接受过政府大数据服务的群体受教育程度要高于农村，男性要高于女性。根据上述统计分析，本科及以上学历的群体是接受政府大数据服务最多的群体，占比达 53.8%，接受过高等教育及以上的群体是当前享有政府大数据服务最多的一群人，低学历群体有成为数据弱势群体的趋势，政府大数据服务有待改进，使之能够向更多人倾斜。

四 政府大数据服务对象的工作年限分布

政府大数据服务对象的满意度是社会治理评价的指标之一，调查发现不同流动情况和工作年限调查对象接受政府大数据服务存在明显差异性。根据不同服务对象的具体情况开源采纳，让使用者通过更加公平、透明的渠道反映服务过程的体验感知和遇到的问题，提出合理的改善建议，有利于政府信息服务部门以民众需求为导向进行改善与变革。

在接受政府大数据服务的比例方面，在来自城市的流动人口中，工作年限在 5 年以下的占比为 35.3%；5~9 年的占比为 28.3%；10~14 年的占比为 38.2%；15~19 年的占比为 55.0%；20 年及以上的占比为 40.2%。在来自农村的流动人口中，工作年限在 5 年以下的占比为 64.7%；5~9 年的占比为 71.7%；10~14 年的占比为 61.8%；15~19 年的占比为 45.0%；20 年及以上的占比为 59.8%。统计数据表明，来自城市的流动人口工作年限在 15~19 年区间的比来自农村的工作年限在 15~19 年区间的流动人口接受政府大数据服务的比例高 10 个百分点，而工作年限在 5 年以下、10~14 年、20 年及以上来自城市的流动人口接受政府大数据服务的比例均低于来自农村的流动人口。

来自城市的非流动人口工作年限在 5 年以下的占比为 65.6%；5~9 年

的占比为70.7%；10～14年的占比为66.1%；15～19年的占比为69.0%；20年及以上的占比为69.1%。来自农村的非流动人口工作年限在5年以下的占比为34.4%；5～9年的占比为29.3%；10～14年的占比为33.9%；15～19年的占比为31.0%；20年及以上的占比为30.9%。通过对比发现，来自城市的非流动人口接受政府大数据服务的比例均高于来自农村的非流动人口。

第二节　大数据社会治理存在的问题

一　各部门数据资源割据独立，缺乏共享机制

社会治理数据的获得大部分源于治理过程，源于信息资源的共享和开放。借助大数据和共享机制，可以把社会治理各部门的信息进行整理与归纳，让不同层次的人都能更方便地参与到社会治理中来。

总体来看，人们对大数据社会治理信息共享性存疑较多。从图3-1的东部、南部、西部、中部四个地区和性别分布可以看出，支持"数据是政府极为重要的资源，不应该共享"的比例，男性从高到低分别是东部69.7%、南部65.2%、西部62.4%和中部61.7%，女性从高到低分别是东部69.4%、南部56.3%、中部54.2%和西部51.5%。在北部和直辖市两

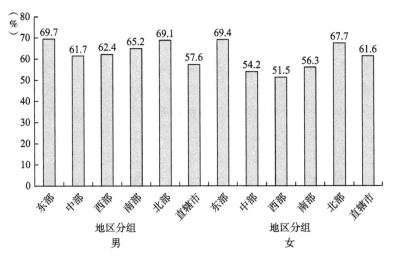

图3-1　分性别、地区不赞同数据共享的比例

个地区的样本中，支持"数据是政府极为重要的资源，不应该共享"的比例，男性分别为69.1%和57.6%，女性分别为67.7%和61.6%。可以看出，本次调查的六个地区中同意"数据是政府极为重要的资源，不应该共享"这一观点的比例均高于50%。

从城乡和职业分布来看，支持"数据是政府极为重要的资源，不应该共享"这一观点的政府工作人员、私营企业主和个体经营者中，分别有66.0%、66.9%、72.8%的城市男性和71.1%、77.0%、54.2%的农村男性；72.5%的城市女性企业工作人员（小型）和70.4%的城市女性教师及科研人员支持该观点；75.0%的农村女性企业工作人员（大型）和82.6%的农村女性政府工作人员也表示支持该观点。可以看出，男性和女性反对共享大数据信息资源的比例较高，其中女性略高于男性。

各地区政府数据共享机制的缺失、区域之间数据资源的相互闭锁、民众对大数据的态度等成为大数据社会治理信息共享的主要制约因素，在一定程度上阻碍了大数据社会治理能力的提升，在保障数据安全的前提下适度共享，将是大数据社会治理精细化推进的必经阶段。

二 政府网站回应信息的服务多有滞后、互动性差

提高工作效率，提升政府各部门的工作能力，共同搭建资源平台，增进政府与民众沟通、交流和互动的深度是社会治理的基本需要。在此期间，数据使用者不仅是大数据社会治理的对象，也是社会治理的参与主体之一。

目前政府与数据使用者之间的沟通交流大部分形式大于内容，参与者的积极性不高，网上政府的服务满意度不高。图3-2显示，各分类群体在政府网站（微信、微博和论坛）、电视、政府信息宣传栏（公告栏）、政府户外电子媒体四个渠道获取信息的比例较高，城市男性和女性、农村男性和女性在每个渠道所占比例均在三成以上。其中，四个群体样本中利用政府网站（微信、微博和论坛）获取信息所占的比例均为最高。除了上述四个获取信息的渠道，还可以通过政府接待厅、政府会议（发布会、交流论坛等）、信息服务人员下基层宣传及其他渠道获取政府信息资源。综合来看，网络参政议政渠道已经成为人们参与社会治理的主要方式，这在前面的内容分析研究中也得到验证，人们在网上进行咨询与留言的热情和积极性较高，信息量很大。

虽然人们使用政府网站的热情较高，但是政府网站回应信息的服务多

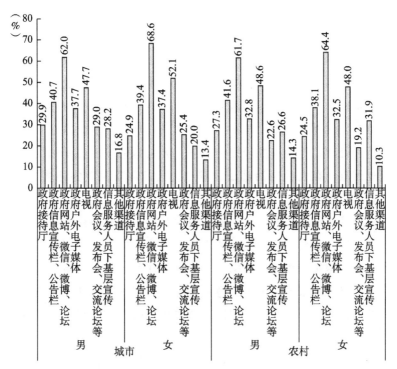

图 3 - 2　分城乡和性别获取政府信息资源（大数据）服务渠道的比例

有滞后。在六个被调查地区中，针对政府网站回应数据使用者信息服务的满意度问题，东部和西部地区所占比例最高，分别为 25.4% 和 19.5%；南部和中部地区次之，分别为 18.3 和 16.7%；北部和直辖市则仅分别为 12.2% 和 7.9%。政府网站不能及时回应信息在一定程度上说明，一方面是对民众的诉求没有给予足够的重视，另一方面也显示出运用大数据决策的效能不足。东部和西部地区分别有 25.3% 和 18.9% 的受访者认为政府网站能够及时处理意见反馈、服务态度好；北部地区和直辖市分别有 12.2% 和 7.9% 的受访者认为政府网站能够及时处理意见反馈、服务态度好。东部和西部地区普遍高于北部地区和直辖市。

当下网上交流已经成为人们参与社会治理的主要方式，政府接待厅和信息服务人员下基层宣传等方式选择比例较低，大数据让参政议政更加便利，也大大提高了社会治理的民主化程度。但是，在当前的社会治理过程中，存在参与多互动少现象，如对政府网站未能及时处理和回应信息的认同比例高，不合拍情况突出，长此以往会导致社会治理参与度和热情的降低。

三 公众的数据信息泄露，信息安全隐患问题突出

大数据技术让各方面数据信息的价值得以更大发挥，数据已成为一项重要的社会发展资源。在大数据时代，充分挖掘数据信息的价值，并在决策中发挥重要作用已成为数据治理的重要手段。而大数据治理就是以数据为重要资产，在充分收集、开发、集成和利用数据信息的基础上，通过科学的分析和处理，为治理决策提供服务。大数据治理比传统的结构化数据治理更加困难，在大数据治理的过程中，我们需要面对各种各样的问题，尤其是数据安全问题。

在以计算机信息技术为主导的大数据时代，人们的社会行为被高度数据化，获取信息就会不可避免地留下数据痕迹，如上网浏览和搜索，从积极方面来看，搜集分析这些数据是为了获取使用者的行为特征，提高服务质量；从消极方面来看，个人的隐私可能会受到不同程度的侵犯，带有个人特征的数据被居心叵测的人利用，窃取用户财产，甚至威胁人身安全的情况都可能发生。

从图 3 - 3 可以看出，多数人认为信息泄露会对个人网络安全构成威胁，在东部、西部和南部地区，分别有 30.5%、24.9%、28.9% 的城市男性和 38.3%、38.4%、37.1% 的城市女性认为信息泄露不会对个人网络安全构成威胁；而在直辖市和北部地区，则分别有 33.1%、31.3% 的城市女

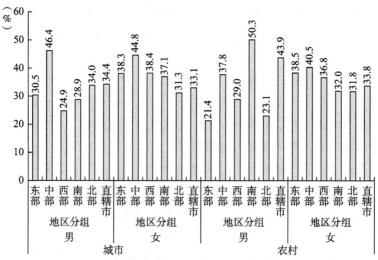

图 3 - 3　不同地区信息泄露不会对个人网络安全构成威胁的比例

性和33.8%、31.8%的农村女性认为信息泄露不会对个人网络安全构成威胁。

在"当登录需要输入密码时，我会毫不犹豫地输入"这一问题上，不同职业做出的选择中，学生和政府工作人员所占比例最高，分别为39.2%和38.5%，企业工作人员（不清楚企业类型）和退休人员所占比例最低，分别为29.5%和28.6%；教师及科研人员、私营企业主、个体经营者等其他职业所占比例均不超过40%。从以上调查结果分析可以看出数据使用者对网站平台使用的隐忧，网站平台存在不确定的安全隐患无法让使用者放心，个人信息安全得不到有效保障，不利于互动沟通工作的开展。

四　大数据意识薄弱，对大数据的认识不到位

在社会治理的进程中，传统决策者往往缺乏大数据意识和科学决策意识，而普通个体在面对越来越复杂的信息资源时，常常分辨不清。虽然大数据技术被社会各界关注和讨论，但对大数据的重要价值和内涵多缺乏正确的认识。

从图3-4可以看出，在六个地区中，东部、中部、西部、南部、北部和直辖市中分别有超过五成的受访者认为"大城市发展建设需要大数据，小城市和农村不需要"，另有半数左右的受访者认为"工厂可以随便建，不关大数据的事"。这些地区代表了我国整体的现状，从以上调查结果可以看出，我国各地区政府在大数据社会治理进程中，并没有运用大数据的

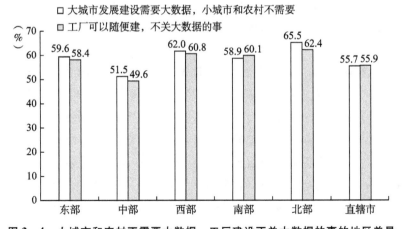

图3-4　小城市和农村不需要大数据、工厂建设不关大数据的事的地区差异

思维和意识，在地区发展建设中，对舆情信息反映出的民意多是做主观臆断，而没有从大数据背后挖掘民众的真实需求，还存在"大城市发展建设需要大数据，小城市和农村不需要"以及"工厂可以随便建，不关大数据的事"这样的主观经验式的判断。

不同受教育程度的群体对政府开放大数据的认知差异。无论城乡，男性受访者认为"开放数据和我没什么关系"所占比例均高于女性，而其中博士及以上学历男性占比最高；在本科学历中，城市女性和农村女性认为"开放数据和我没什么关系"的比例分别为55%和58.2%；分别有49.7%和48.1%的初中及以下学历城市男性和城市女性认为"开放数据和我没什么关系"。由此可见，人们对大数据的认识不到位，认为大数据开放与否是政府的事，和个人无关，分层显示不仅存在受教育程度的差异，还存在城乡和性别的差异。

可见，决策者缺乏大数据治理意识，整合数据意识较弱，提供的数据信息不够丰富和连贯，而人们对大数据的认识也不到位，过多地依赖政府，由此导致社会治理效率低下，也降低了人们参与大数据社会治理的积极性。

五　服务平台设计不合理，缺乏个性化服务意识

个性化产品的提供是社会发展的必然规律。马斯洛需求层次理论认为人的需求是有层次的，与人的需求相对应的公共需求也有层次之分，其发展趋势是从低级到高级，从简单到复杂，从大众服务到个性化服务。在大数据社会治理过程中，不仅要满足普遍性的需求，更要满足不同群体的差异化需求。

在大数据时代，大数据社会治理逐渐取代传统的社会治理方式，通过网上采集个人的需求信息，整合信息资源，满足社会治理决策的数据需求。目前大数据社会治理在个性化服务方面还有待改进，公共服务在不同时期和不同群体中存在明显差异。对于不同地区政府网站对使用者无特别技术要求、使用方便的满意度比例，在所调查的六个地区中，中部、南部和直辖市三个地区，分别有45.1%、46.6%、46.3%的城市男性和35.7%、44.4%、22.8%的农村男性感到满意；而在东部、西部和北部三个地区中，分别有53.8%、45.1%、52.3%的农村女性和60.7%、57.6%、59.6%的城市女性表示满意，城市女性的满意度略高于农村女性，

东部地区满意度略高于其他地区。在所调查的六个地区中，东部和西部地区分别有28.4%、25.7%的城市男性和29.9%、25.6%的城市女性对政府网站能为每位使用者提供个性化的信息服务（如信息推广通知、查阅、私人订阅、提醒等服务）感到满意；南部和北部地区分别有26.3%、26.5%的城市女性和28.3%、37.5%的农村男性对此感到满意。可以看出，不同地域群体对政府网站提供的个性化服务满意度整体偏低，其中男性略高于女性，城市略高于农村。

第三节　大数据社会治理取得的成效

一　促进教育的公平发展

教育质量是社会治理水平的重要表现，将大数据思维融入教育、利用数据挖掘改进传统教育，实现教育理念的转变和教育效果的改进，已经成为教育公平发展的重要动力。教育公平是教育的重要目标，教育政策一旦倾斜，必然会危害教育的均衡发展，产生教育差距，而当前城乡差异导致的教育失衡是众多教育差距当中最令人担忧的一种（周芬芬，2009）。大数据技术为社会治理领域中教育效果的公平化、最大化的实现提供了变革的基本条件。

从图3-5中可以明显看出，初中及以下、高中或中专、大专、本科、硕士、博士及以上分别有65.9%、74.4%、73.2%、69.8%、77.5%、68.4%的受访者认同"大数据可以改善教育不公平的状况"，其中分别有78.8%、81.0%、81.8%、81.7%、81.5%、78.6%的受访者表示"在可以接受的范围内，我会使用网络教育平台学习"。随着大数据技术在社会治理中的应用，在线网络教育逐渐取代了传统的教育方式，大规模开放式学习模式和网络教学实践等教育革新方法被广泛采用。区别于传统教育，大数据教育模式是通过大数据技术收集教育信息，并通过整合分析，对不同个性不同需求的个人进行资源链接，以满足大数据教育过程中的差异性需求。多数地区的受访者同意大数据可以改善教育不公平的状况，在东部、南部和北部三个地区分别有75.3%、71.1%和76.1%的受访者认同这一观点，认为大数据在一定程度上能够改善教育不公现状，其中东部、西部、南部和北部四个地区分别有81.2%、81.3%、83.3%和85.7%的受访者表示在可以接受的范围内，会使用网络教育平台学习。可见在大数据能改善教育不公问题上在地区上不存在明显差异，整体的满意度较高。

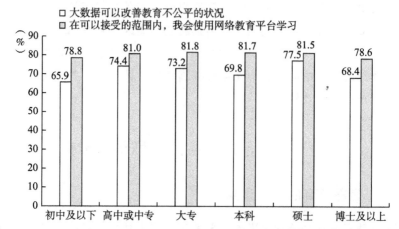

图 3 - 5　不同受教育程度认同大数据改善教育不公和使用网络教育平台学习意愿的比例

二　推动医疗的服务创新

长久以来，医药产业一直沿着工业化的方向发展，以"专业化、标准化"为特征的医疗为民生福祉做出了巨大贡献，但现实中大量医疗资源浪费、医疗费用居高不下、医患关系紧张等问题也伴随而生，始终无法有效解决，其中医患信息不对称，成为医疗服务饱受诟病的关键。大数据时代，海量私人康保信息在网络中存留，形成以个体为中心的健康信息库，以数据驱动的个性化医疗成为该领域的目标之一。

在"健康大数据能让政府制定更好的医疗规划""医药大数据能够更合理地配置医疗资源"两个问题上，不同地区受访者的认同程度有明显差异。与传统医疗服务不同的是，大数据医疗是通过收集不同个体的特征和需求数据作为服务的依据，以实现医疗资源的合理配置，以及服务水平的提高。调查显示，东部、西部和南部地区分别有超过八成的受访者对"健康大数据能让政府制定更好的医疗规划"表示认同；东部、西部、南部和北部地区分别有超过八成的受访者认为"医药大数据能够更合理地配置医疗资源"。综合来看，不同地区受访者对"医药大数据能够更合理地配置医疗资源"的认同程度总体较高，其中东部地区的认同度最高。

不同地区受访者对"健康大数据能更准确反映人们的健康需求与困扰"观点的认同度较高。东部、西部和南部地区分别有 85.1%、90.0%、

85.9%的城市男性和83.5%、83.3%、74.3%的农村男性表示认同该观点；中部、北部地区和直辖市分别有81.2%、88.7、79.3%的城市女性和71.6%、79.5%、84.4%的农村女性认同该观点。可见"健康大数据能更准确反映人们的健康需求与困扰"，城乡男女对该观点的认同度均较高，其中城市高于农村，男性高于女性。大数据与大数据思维的推广能够有效增强人们的健康意识，提升社会治理在医疗健康领域的能效。大数据平台能及时解决人们的健康咨询问题，有助于防范健康风险，提升医疗公平水平，实现高质量的生活期望目标。

三　提高治理能力和效率

万物互联时代，新媒体社交网络的出现，逐渐消弭了企业、个人和政府之间的信息壁垒。民众拥有多元的话语权，这就需要政府以更加开放透明的态度来迎接大数据带来的挑战。只有在清楚了解这些政府信息的基础上，提高民众参与公共决策的有效性，才能实施有效的监督。在一定意义上说，就是政府把数据的使用权还给社会治理的参与者，让他们对这些数据进行更有针对性利用的一个过程。

大数据时代，民众通过数据平台表达参政意愿的渠道更多，公共服务个性化诉求更强烈。公共服务的提供方，政府开放数据是否能够满足民众的多元化需求是大数据社会治理要考虑的内容之一，如怎样的信息收集和挖掘分析，能制定出符合民众需求的社会治理政策？如何推动决策的科学化、透明化？如何提高社会治理能力和政府的办事效率？图3-6显示，东部、北部和南部地区分别有81.3%、79.7%、79.6%的受访者对"开放政府数据，有利于提高政府的治理能力和办事效率"的观点表示认同；同样三个地区分别有87.0%、84.9%、82.9%的受访者对"开放数据有利于提高政府工作透明度"的观点表示认同。86.3%的私营企业主、85.7%的教师及科研人员、81.9%的个体经营者、81.5%的企业工作人员（中型）和81.5%的自由职业者对"开放政府数据，有利于提高政府的治理能力和办事效率"的观点表示认同；而86.3%的私营企业主、85.7%的教师及科研人员、81.9%的个体经营者、81.1%的退休人员和79.1%的学生对"开放数据有利于提高政府工作透明度"的观点表示认同。以上调查分析表明，不同地区不同职业的受访者对开放数据能提高政府工作透明度和办事效率的认同度均较高，可见人们对于构建多元、共治、开放、有机的治理体系达到了较高的共识程度，同样也反映在治理过程透明化能提高治理效能的观点认同上。

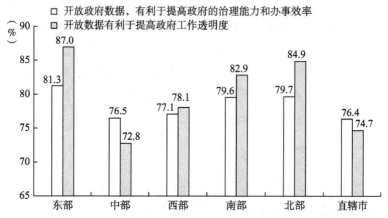

图 3 - 6　分地区大数据能提高政府办事效率和工作透明度的比例

四　加速缩小城乡差异

大数据社会治理在进一步拓宽服务对象沟通渠道的同时，不断加速公共服务信息资源的整合更新。在统筹城乡改革发展工作、提高城镇化水平和质量、增强农村发展活力、逐步缩小城乡差异、推动城乡一体化发展方面，大数据社会治理也被寄予厚望。

从图 3 - 7 可以看出，不同地区受访者对"大数据社会保障服务有助于缩小城乡差异"的认同比例均较高。有学者认为，城市化、工业化的加快，城乡分离的社保制度是城乡发展失衡的一个主要因素，而在大数据社会治理的助力下，建立起覆盖城乡的社保体系，是能够缩小这一差距的。

在东部、西部、南部和北部四个地区中有超过八成的城市受访者认为"大数据社会保障服务有助于缩小城乡差异"，中部地区和直辖市分别有73.3%和74.7%的城市受访者认同该观点，总体认同度较高。期待大数据有助于制定更好的社会保障政策，能够让决策部门了解民众对公共服务的真实需求，已成为优化社会保障资源的共识性途径。

城市的企业工作人员中，有89.2%的受访者认为"大数据社会保障服务有助于缩小城乡差异"，城市的政府工作人员、教师及科研人员中分别有85.5%和84.0%的受访者对此表示认同；农村的教师及科研人员、个体经营者、学生三个群体中分别有86.0%、81.4%和81.0%的受访者表示认

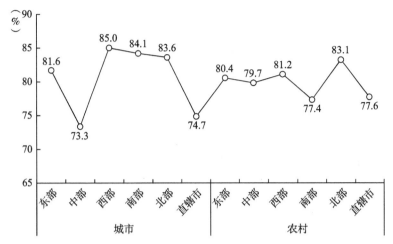

图3-7　不同地区对大数据社会保障服务有助于缩小城乡差异的认同比例

同该观点。总体来说，以城乡和职业交叉分类的受访者对该观点的认同度均较高，其中政府工作人员、教师及科研人员和企业工作人员的认同度最高，城市略高于农村。

对于普遍认同的依托大数据技术推进公共服务治理问题还需要具体实施措施。本研究认为，对居民需求数据进行多维度剖析，提高基层社会治理的公共服务能力，才是逐渐缩小地区与城乡间供给水平差异的良好开始。

五　促进社会和谐稳定

大数据技术有助于政府应对自然灾难及突发事件，及时采取应急管理措施，保护好国家、社会和居民的安全和利益，促进社会和谐稳定。在信息高速流动的大数据时代，作为无形资产的数据信息是否该共享一直是存疑问题。但毋庸置疑的是，提高社会安全程度需要大数据的助力。

图3-8分地区显示，流动人口和非流动人口对"大数据有助于提高社会安全程度"的认同度均较高，流动人口的满意度高于非流动人口。其中东部、西部和直辖市流动人口中分别有86.8%、84.9%和87.3%的受访者认同该观点；东部、南部、北部地区非流动人口中分别有82.4%、86.0%和84.7%的受访者对该观点表示认同；中部地区流动人口中有80.0%、非流动人口中有74.9%的受访者表示认同。

多数受访者认同"大数据有助于提高社会安全程度"的观点，在小型企业、中型企业、大型企业和不清楚企业类型的企业中，受访者对该观点的认同度均高于80%；有83.7%的教师及科研人员、82.6%的个体经营者认同该观点；退休人员的认同度为61.9%，在所有群体中最低。

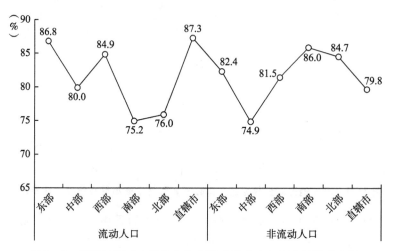

图3-8　不同地区对大数据有助于提高社会安全程度的认同比例

综合调查结果来看，大数据社会治理的技术支撑效果明显，在彰显了人文关怀、满足公共服务需求方面得以更加精细化地推进。

第四章　大数据社会治理的公众需求现状分析

社会治理是政府、企业组织、社会组织和居民自治组织等多元主体管理其共同事务的组织协调机制。通过社会治理各参与主体共享的大数据的有效利用，来实现社会治理决策数据化和标准化，进而推测与判断将来中国以及各地区社会治理的特点和发展势头是大数据社会治理的核心要义。在大数据时代，政府部门作为社会治理的主要参与方，不仅应当强化信息开发技术，提高服务能力，还应该加强企业和公众的合作，打破行政壁垒，创立共用共享的政府治理信息渠道。

政府会运用决策与控制对社会进行有效管理，但是这种决策与控制是设立在精确搜集、处理与运用社会信息的层面上的（Deutsch，1963）。利用大数据预测技术，能够对杂乱分散的信息进行监测和分析，通过危情预警，在可能发生危机的时间和地点进行提前部署和援救，从而实现政府服务的智能化，如纽约警方的犯罪预警大数据分析就成功地让当地的犯罪率下降。德国的劳工局则运用大数据将失业群体科学地划分为不同的群体，采用更加精准的措施解决不同群体的失业问题，提高了当地政府的公共服务能力。

大数据政府治理在我国尚处于起步阶段，近年出台的相关政策为大数据政府治理指明了方向。为了推动大数据政府治理发展，2015 年 7 月 1 日至 8 月 31 日两个月间，我国连续颁布了《关于运用大数据加强对市场主体服务和监管的若干意见》、《关于积极推进"互联网＋"行动的指导意见》和《促进大数据发展行动纲要》三个文件，倡导加速实现政府数据的公开和共享，促进资源整合，促进产业更新与进步，培养新兴业态，大力支持经济转型。同时，增强安全维护能力，提高治理水平，推进并保持健康的发展态势。

第一节　大数据服务质量分析

在大数据环境下，提升政府信息服务质量以保障和实现公众信息权利，推动政府信息由公开到利用的转变，提升政府信息资源"数据质量"，将信息价值最大化，对政府信息资源服务管理进行创新探索，有着深刻的现实需求和紧迫性。

政府信息资源服务是指各类机构面向社会公众提供以政府信息为基础的各类信息资源服务（及产品）的活动。政府信息资源服务，又称为公共服务，指政府的公共管理部门直接或间接为社会公众提供的不以营利为目的的服务，链接政务资源，保障政民间信息通畅。政府信息资源服务的质量由顾客对服务的感知决定，它是一个复杂的综合体，不只是服务这一单一指标就能完全衡量准确，需要综合考虑用多种要素反馈。服务质量指标的选择源自服务质量模型。本研究对评价模型的维度和测量项目应进行适当调整，最终选取可靠性、反应性、保证性和关怀性四个维度作为政府信息资源服务治理的测量指标。

一　大数据服务质量可靠性总体水平分析

政府信息资源服务质量的可靠性是指公众希望政府能够表现出良好的服务意愿、有效的服务时间承诺和按照其承诺在规定的时间内解决民众的问题。这一维度可以评价政府是否主动关心人民并积极提供帮助，遇到突发事件是否能积极稳妥地处理，是否可以通过大数据工具和大数据思维快速满足公众提出的服务需求等。包括政府向公众承诺的信息服务能及时完成；当民众使用政府信息遇到困难时，政府工作人员主动关心并积极提供帮助；当遇到突发事件时，能积极稳妥地处理，给民众以信赖；政府能准时地提供所承诺的信息服务；政府有良好的公众监督、反馈机制，政府与民众利用大数据平台互动频率高，民众积极参与，政府能快速有效地做出反应并解决民众的投诉。

用户对政府数据开放的认知是其需求的基础，一方面，对认知进行分析可以从基本层面了解用户的需求；另一方面，用户的构成存在差异化，变量因素客观存在，因此首先要研究用户对政府数据开放需求认知的差异。先按性别、年龄、受教育程度、婚姻状况分别进行分组分析存在的显著差异，调查显示，男性在整体上较女性对于政府服务大数据技术反应程度高。年龄在 31～40 岁的群体高于 20 岁及以下与 21～30 岁的群体，相对而言比较认同大数据的服务质量，年龄在 41～50 岁以及 51 岁及以上的群体对大数据服务质量存在较高的信赖度；不同受教育程度的用户对于大数据服务质量具有明显的差异，受教育程度在本科水平的大多数人高于其他学历层次的人，对大数据服务质量反应较为明显；未婚状态和无子女的群体相较于其他婚姻状况和有子女的群体，对大数据服务质量反应态度分明。可以看出不同用户对于大数据服务质量反应度是多元化的。

调查显示，不同职业、工作年限、月收入群体对大数据服务质量可靠性水平也存在显著差异，职业为私营企业主的这类群体对大数据服务质量可靠性的感知体验、期望程度、满意程度、影响程度四个方面，相较于其他职业水平更高。部分中型企业工作人员对大数据服务质量可靠性有更高的期望，对于个体经营者们来说，大数据服务质量对其的影响程度较高。但从数据上看，学生们对于大数据服务质量可靠性四个方面（感知体验、期望程度、满意程度、影响程度）相较于其他职业群体的影响程度低。有 10～14 年工作年限的人在整体上更关注大数据服务质量可靠性的影响程度，工作年限在 5 年以下的关注度较低。大数据服务在月收入 5001～8000 元的群体中使用程度较高，他们认为大数据服务更可靠。

建立"数据说话、数据决策、数据管理、数据创新"的管理机制，完善政府治理体系，提升政府治理能力，对于促进社会和谐发展的进程具有重大意义。来自不同地区、城乡、流动情况的人群在大数据服务质量可靠性上存在显著差异。相对于农村居民，城市居民更关注大数据服务，认为大数据服务质量对其生活影响较大。跨省流动的人群对于大数据的使用率较高，认为其服务质量更具可靠性。与在其他地区生活的人相比，东部地区居民更信赖大数据的服务质量，受其影响的程度较大。

积极引导居民参与，形成政府、社会和居民共同参与的"协同治理"新模式，有助于提高基层的社会治理能力。通过将大数据理念及相关技术运用到城乡社区网格化服务管理之中，可以实现政府基层治理以下三个方面的突破和完善：一是精确了解社区居民的需求，提升城乡社区管理和服务的精准度；二是提升居民信息的采集能力，进而完善各类数据信息的整合，提高政府基层治理的效率；三是促进政府对社会发展各类事件的分析和预测，完善重大突发事件的预警机制。

近年来我国关于大数据时代城乡社区治理的研究明显增多，学者们的重视程度不断提高，相关研究主要集中在大数据环境下我国城乡社区网格化服务管理经验、带来的益处及出现的问题方面，有较高的使用价值。李友梅（2017）从特大城市的基层社会网格化服务管理角度出发，提出通过不断完善基层社会的信息化建设，转变基层社会治理思维，构建以服务基层群众为核心的精细化治理体系，进而形成政府、社会及群众共同参与的社会治理模式。梁芷铭（2015）指出，大数据环境下的城乡社区网格化服务管理是不同的社会主体为应对社会发展过程中出现的各种新挑战、新问题和新困境，运用大数据技术对城乡社区网格化服务管理过程中形成的海量数据进行挖掘、整合、分析、共享、利用，挖掘数据潜在价值并提升政府治理能力的行为。杨安（2017）认为大数据已经成为推进国家治理体系和治理能力现代化的重要抓手，将极大地提高基层社会治理的可预见性、精准性和高效性。

二　大数据服务质量反应性总体水平分析

政府信息资源服务质量的反应性是指政府随时准备、愿意为公众提供快捷、有效的服务。反应性指标有利于促进政府提高服务效率，也是督促政府提高服务质量的基本保障，政府应从公众角度出发，全面感知公众需求和偏好。主要包括：政府向公众提供准确的服务时间；政府能提供迅速及时的服务；政府提供的信息服务项目被公众所了解；政府工作人员总是乐意帮助公众获得信息服务；政府工作人员即使忙，也能及时响应公众的信息服务需求。

调查结果表明，不同性别的受访者在大数据服务质量反应性上没有显著差异（$p > 0.05$）。比较而言，男性在各个水平上的百分比都高于女性。不同年龄段的受访者在大数据服务质量反应性上有显著差异（$p < 0.05$）。综合来看，21~30 岁的受访者的百分比为所有年龄段中最高的，在三种水平程度上均超过了 30%；而 51 岁及以上年龄段的受访者的百分比则是最低的，其中最高一项也仅为 11.6%。究其原因，可能是因为 21~30 岁年龄段的受访者多为刚从高校毕业的大学生或研究生，他们的网络技术更加娴熟，会更为频繁地接触、使用政府网站，所以对政府网站信息的各项反应性更加在意，以便更好地查阅学习。而老年人由于年龄与知识的限制，

能接触到甚至熟练操作计算机的少之又少。即便是知晓如何上网的老人，通常也不会去政府网站上查阅内容。老人们惯用的获取新闻消息的媒介依然是传统媒体——电视及报纸。

不同受教育程度的受访者在大数据服务质量反应性上有显著差异（$p <$ 0.05）。其中，受教育程度为本科的受访者的各项数据都明显高于其他受教育程度的受访者，其数据分别高达 54.8%、45.6%、45%；初中及以下、高中或中专、大专受教育程度的受访者的数据基本稳定在 15%；硕士、博士及以上受教育程度的受访者的数据则达到最低，尤其是博士及以上，其数据分别低至 3%、2% 和 2.4%。硕士、博士及以上受访者的数据之所以如此低，除了这部分人本身基数就小的原因外，可能是由于随着文化程度的提升，个人的整体思维方式也会发生相应的改变。其思想境界可能与常人不同，所以会对政府网站大数据服务质量反应性有自己独特的看法和见解。再或者，可能是因为这部分群体多数时间都在致力于做学术和科研，浏览查阅政府网站的时间并没有太多，所以对问卷上的一些问题并不太了解。

不同婚姻状况的受访者在大数据服务质量反应性上有显著差异（$p <$ 0.05）。其中，已婚和未婚的受访者在服务质量反应性上的认同度较高。已婚的受访者中，有 51.1% 的人对大数据服务质量反应性的评价较高；未婚的受访者中，有 45.2% 的人评价较高。而离婚和丧偶的受访者对大数据服务质量反应性的评价相对较低，其中离婚受访者在三种评价水平上的占比分别为 1.0%、1.5% 和 1.8%，丧偶受访者则为 1.1%、1.4% 和 1.9%。深入了解发现，离婚和丧偶的受访者受到婚姻生活变故的影响，精神状态和生活态度也会发生变化，他们很少去关注政府网站，也很少关注政府网站上信息的更新速度、网站工作人员的办事效率等相关反应性问题。对于调查中的多数已婚和未婚人员，他们查阅政府网站的目的往往是查看有没有相关的福利政策和办事流程，与直接利益相关，他们对政府网站的反应性等相关问题更加关注，并且表示希望政府网站越做越优。

有无子女的受访者在大数据服务质量反应性上有显著差异（$p <$ 0.05）。其中，没有子女的受访者在各水平上的认同度均高于有子女的受访者。在较低认同度层次上，有子女的为 33.6%，无子女的为 66.4%；在中等认同度上，有子女的为 45.7%，无子女的为 54.3%；在较高认同度上，有子女的为 49.3%，无子女的为 50.7%。有了子女之后，其生活重心

会转到孩子身上，对外界其他信息的关注度自然会降低一些，其中可能就包括上政府网站浏览查阅的时间和精力。而没有子女的人相比较而言，会有更加充裕的时间上政府网站，进而会对政府网站的反应性等相关内容有更高更严谨的要求和认同度。这兴许就是有无子女的受访者在大数据服务质量反应性上有显著差异的一个原因。

从调查结果可以明显看出，不同职业的受访者对大数据服务质量反应性水平具有明显差异（$p = 0 < 0.05$），说明职业在大数据服务质量反应性水平中的均值差异性显著。通过分析均值的具体情况发现，在政府大数据服务质量反应性方面，私营企业主的四项指标的平均值都是最高的，最高值是私营企业主在期望程度上的均值，达到了 24.6；其次是政府工作人员；而学生各项指标的均值则是最低的，其中最低一项为学生在感知体验上的均值，低至 19.9。私营企业主由于与切身利益相关，一定会关注政府下达的所有相关政策，力求自身企业的利益最大化，所以对政府及政府网站的期望值会很高；而政府工作人员由于工作任务和职责使然，也定会时刻关注政府网站的动态，所以各项指标的均值都会排在前列；学生由于正值青春，可能会把精力分散到各个不同的场景和事件，且他们获取信息（包括政府相关信息）的渠道多种多样，例如微博，论坛等，不会拘泥于政府网站这一种渠道，所以其各项指标的均值自然便会低。

不同工作年限的受访者对大数据服务质量反应性水平具有明显差异（$p = 0 < 0.05$），说明工作年限在大数据服务质量反应性水平中的均值差异性显著。通过分析均值的具体情况发现，在政府大数据服务质量反应性方面，感知体验、期望程度、满意程度和影响程度这四项指标的均值在 5 年以下工作年限的时候均为最低值，分别为 20.9、22.0、21.4 和 21.7。在 10 ~ 14 年工作年限的时候均值均达到峰值，分别为 22.7、23.9、23.26 和 23.8。但是总体来讲，随着工作年限的增加，受访者四项指标的均值整体是呈现上升趋势的。其原因可能是工作年限与工作人员的年龄呈相关关系。工作年限高的人，其年龄自然也更大，反之亦然。年轻人有多种获取信息的渠道，会娴熟使用新媒体，所以对政府网站的相关运营建设并没有太大的意见，因为他们可以通过其他方式、渠道找到替代品。而年龄大的群体对新媒体的信任度则比不上年轻人，所以更加喜欢及依赖权威的政府网站，其对于政府网站的各项要求自然更高。

不同月收入的受访者对大数据服务质量反应性水平具有明显差异（$p <$

0.05），说明月收入在大数据服务质量反应性水平上差异性显著。其中，月收入为 8001 元及以上的受访者，其各项指标的均值最低；月收入为 5001~8000 的受访者，四项指标的均值最高。剩余 3 个月收入分段中，均值由小到大排列的顺序为 1000 元及以下、1001~3000 元及 3001~5000 元。

从调查结果可以明显看出，来自城市与来自农村的受访者在感知体验、期望程度和满意程度这三个指标上对大数据服务质量反应性水平均没有明显差异（$p > 0.05$），说明其在大数据服务质量反应性水平的这三项指标中的均值差异性不显著。而在影响程度这项指标上，有明显的差异（$p = 0.035 < 0.05$），说明来自城市与来自农村的受访者在大数据服务质量反应性水平的影响程度上差异性显著。由于我国城乡在经济建设等各个方面存在较大的差距，所以在政策的颁布实施上，城市和农村通常有所不同，所以政府网站的相关性建设会切实地对城市与农村产生不同程度的影响。所以在影响程度这项指标上，城乡存在显著性差异。

流动与非流动的受访者对大数据服务质量反应性水平具有明显差异（$p < 0.05$），说明是否为流动人口在大数据服务质量反应性水平中的均值差异性显著。其中，流动人口的四项指标的均值都要低于非流动人口。在流动人口中，跨省流动人口的感知体验和影响程度的均值都低于省内流动人口；跨省流动人口的期望程度和满意程度的均值又高于省内流动人口。

不同地区受访者在大数据服务质量反应性水平方面存在显著差异（$p < 0.05$）。其中，东部地区四项指标的均值远远高于其他各地区；西部、南部和北部地区的各项指标均值则不相上下，没有显著差异；中部地区均值在直辖市之前；直辖市四项指标的均值最低。东部地区经济发展相对较快，最为富庶，民众的感知较为明显；中部地区的经济发展则相对较缓慢，且人口众多，摊薄了资源配置；对于直辖市，高强度的工作和快节奏的生活让很多人压力倍增，民众感知相对较差。

三　大数据服务质量保证性总体水平分析

大数据服务质量的保证性是指大数据信息资源服务的政府工作人员态度友好，具有解决问题的知识与能力，能增强公众对政府服务质量的信心和安全感。服务型政府的目的是居民利益的实现，而不是自身利益的实现，只有以民为本，关心民生，急人民群众所急，才能得到公众的信任，从而提高政府的公信力。政府服务质量保证性内容主要包括：政府工作人员的举止行为是值得信赖的；政府工作人员在服务时，民众会感到放心；政府工作人员总是有礼貌地、态度友善地对待民众；政府部门为民众提供信息服务的能力是可以信赖的，包括专业度和服务素养；政府提供信息服务对所有大众来说是公平的。

不同性别群体在政府服务质量保证性认同上存在显著差异（$p = 0.01 < 0.05$）。从年龄分组数据上看，男性对于政府服务质量保证性水平的认同度在较低、中等以及较高三个层次上都高于女性。其中，男性在中等水平上认同度最高，达到了60.7%。相比男性，女性在各个层次上的分布相差不大。受传统的性别分工、职业分布以及男女两性关注差异的影响，女性对家庭方面关注较多，对于家庭外的社会事务如政府服务，男性参与相对较多，其态度也更明确，本研究分析出的数据很好地佐证了这一点。

不同年龄段群体在政府服务质量保证性认同方面存在显著差异（$p < 0.05$）。整体来看，21～30岁的群体认为政府在服务质量保证性方面做得最好；41岁及以上的群体认为政府服务质量保证性做得不够好。在20岁及以下的群体中，认为政府服务质量保证性方面做得较差的占比最高，约为29.9%，说明针对这个群体的政府服务有所疏忽。在21～30岁的群体中，认为政府服务质量保证性做得不是很好的占比也是最高，达到32.7%。31岁及以上群体普遍认为政府服务质量保证性水平较高。受教育程度分组显示，本科生群体认为政府服务质量保证性水平较高，硕士及以上学历的群体则认为政府服务质量保证性方面做得不好，这个与抽样调查的数据中硕博生所占比例有关。具体的不同群体中，在初中及以下群体中，认为保证性水平处于中等和较高水平的占比较高；在高中或中专群体中，认为政府服务质量保证性方面做得中等的占比最高，达到16.8%；硕士整体的认同度水平高于博士及以上群体。

婚姻状况分组显示，未婚群体对政府服务质量保证性的认同度最高，其次是已婚群体，丧偶和离婚群体则感觉政府在服务质量保证性方面做得相对不好。在具体的分变量中，在已婚群体中，认为政府服务质量保证性水平较高的占比最高，为52.4%；在未婚群体中，较低认同度的占比最高，为61.6%；在丧偶和离婚群体中，认为政府服务质量保证性水平较高的占比最高，分别为2.2%和1.8%。

在有无子女分组中，没有子女的群体比有子女的群体更认可政府在服务质量保证性方面做得更好。其中，有子女的群体认为政府服务质量保证性水平较高的占比为50.8%；在没有子女的群体中，认为服务质量保证性水平较低的占比最高，为67.3%。

从调查结果可以看出，不同职业群体在政府服务质量保证性方面存在显著性差异（$p<0.05$）。在感知体验上，私营企业主均值为33.7720，明显高于其他职业群体，分值排序依次是政府工作人员、教师及科研人员、企业工作人员（不清楚企业类型），其均值分别为32.9950、32.0633和32.6995。其中企业工作人员（大型）、自由职业者和学生在感知体验上的均值相对较低，分别只有28.3095、28.2685和28.0382。在期望程度上，政府工作人员均值最高，达到34.6709；其次是私营企业主，为34.0684；退休人员和企业工作人员（不清楚企业类型）的均值分别为33.3143和33.2623；学生的均值最低，只有29.7987。在满意程度上，私营企业主的均值最高，明显高于其他群体，达到34.1238；政府工作人员和企业工作人员（不清楚企业类型）分别列第二和第三位，达到33.6667和32.8033；同样，学生的均值最低，只有28.8966。在影响程度上，排名前三的分别为私营企业主、政府工作人员和企业工作人员（不清楚企业类型），他们的均值分别为34.8306、34.7863和34.0984；其次为教师及科研人员、个体经营者和退休人员，均值分别为33.4933、33.4868和33.4571；均值较低的分别为企业工作人员（大型）和学生，他们的均值为29.9286和29.6255。

不同工作年限群体在政府服务质量保证性方面存在显著性差异（$p<0.05$）。在感知体验方面，工作20年及以上群体的均值最高，达到31.0991；其次为工作10～14年的群体和15～19年的群体，他们的均值分别为30.9644和30.4096；5年以下工作年限的群体均值最低，只有29.1553。在期望程度上，均值排在前三位的分别为20年及以上、10～14年以及15～19年的群体，均值分别为32.7409、32.5534和32.3775；同样地，5年以下工作年限群体的均值最低，只有30.5878。在满意程度上，排在前三位的依次为10～14年、20年及以上以及15～19年的群体，均值分别为31.8630、31.7420和31.3534；后两位分别为5～9年和5年以下工作年限的群体，他们的均值分别为30.2090和29.9343。在影响程度上，排在前三位的依次为10～14年、20年及以上以及15～19年的群体，均值分别为32.7644、32.5224和32.3052；后两位分别为5～9年和5年以下工作年限的群体，他们的均值分别为31.0580和30.8112。

不同月收入群体在政府服务质量保证性方面具有显著性差异（$p < 0.05$）。在感知体验上，5001～8000 元的月收入群体的均值最高，为31.0652；其次是 1001～3000 元的月收入群体，其均值为 30.5433；后三位分别为 3001～5000 元、1000 元及以下和 8001 元及以上的月收入群体。在期望程度上，1001～3000 元的月收入群体的均值最高，达到 32.065；其次是 5001～8000 元的月收入群体和 3001～5000 元的月收入群体；最低的是8001 元及以上的月收入群体，均值只有 30.5033。在满意程度上，1001～3000 元的月收入群体的均值最高，达到 31.5236；其次是 1001～3000 元的月收入群体和 3001～5000 元的月收入群体，他们的均值分别为 31.2982 和30.3670；同样地，最低的仍然是 8001 元及以上的月收入群体，均值只有29.6267。在影响程度上，均值排在前两名的分别是 5001～8000 元的月收入群体和 1001～3000 元的月收入群体，他们的均值为 32.5109 和 32.2028；8001 元及以上的月收入群体的均值依然是最低的，只有 29.7733。

从调查结果可以看出，来自城乡的不同群体在政府服务质量保证性方面不具有显著性差异（$p > 0.05$）。在流动人口分组中，流动人口与非流动人口在政府服务质量保证性方面具有显著性差异（$p = 0.00 < 0.05$）。在感知体验上，非流动人口的均值高于流动人口的均值，达到 30.5365，省内流动人口高于跨省流动人口。在期望程度上，同样地，非流动人口的均值也高于流动人口，但跨省流动人口均值高于省内流动人口。在满意程度上，非流动人口均值为 31.2560，高于流动人口的 28.2961，跨省流动人口的均值为 30.2030，低于省内流动人口的 30.1455。在影响程度上，非流动人口依然高于流动人口，跨省流动人口的均值为 31.1066，高于省内流动人口的 31.0282。

来自不同地区的群体在政府服务质量保证性方面存在显著性差异（$p < 0.05$）。在感知体验上，来自东部地区的群体均值最高，达到 32.3114；其次是南部地区和北部地区群体，他们的均值分别为 30.5032 和 29.6335；中部地区群体的均值最低，只有 28.3173。在期望程度上，均值排名前三的分别是东部、北部和南部地区，均值分别是 33.1839、32.3088 和31.7017；均值最低的是直辖市，只有 29.2241。在满意程度上，东部地区的均值最高，为 32.8249，北部、南部、西部地区依次排列，分别为30.992、30.6796 和 30.2646。在影响程度上，均值最高的依旧是东部地区，为 33.5330，其次是北部地区的 31.8069，直辖市的均值是最低的，只

有 29.0458。

四　大数据服务质量关怀性总体水平分析

大数据时代推进了个性化服务的发展，服务关怀性也是衡量政府大数据发展应用的指标之一。大数据具有结构多样化的特性，信息服务趋于更高可视化程度，让民众更容易获取、理解与接受。因此在运用时也可以发挥它的这个特点，除了文字、声音，还有图片、视频等方式。不仅能为公众提供更加便捷简单的一站式服务，更能给予弱势群体特别的关怀。政府信息资源服务的关怀性也在一定程度上反映了政府信息资源服务质量的智慧性，即在合理合法的前提下，了解公众的需求，针对不同的居民提供个性化服务（如信息推广通知、查阅、私人订阅、提醒等服务）。

政府是否了解居民的需求，特别是个性化的需求，成为大数据背景下建设服务型政府的重要内容。服务产品有较强的人际接触性，对每个服务接受者的个性关怀程度，对特殊需求个体的服务水平是关怀性程度差异的主要方面。信息服务关怀性主要体现在以下方面：（1）政府提供的信息服务使用成本（获取服务的时间、金钱、精力）合理，时空限制少；（2）政府提供的信息服务平台安全可信赖；（3）政府能有效保护公众个人的相关信息及隐私；（4）政府重视公众的信息服务（资金、人员投入）。政府部门间信息服务共享化程度越高，其资源整合向公众提供一站式信息服务的质量就越高。政府根据公众使用信息的行为，对信息的需求、反馈，以及兴趣爱好等，建立多种渠道向公众提供信息服务，如互联网线上服务、线下实体方式，在大数据技术和服务理念的共同驱动下，为公众提供更为精准的个性化信息服务，为政府决策提供更有力的支撑。

调查结果显示，在大数据服务质量关怀性认同方面不存在性别差异（$p > 0.05$），但男性在各层次的得分均高于女性。不同年龄段的居民在信息服务关怀性上存在显著性差异（$p < 0.05$），说明年龄层次对于大数据信息服务的关怀性认同具有影响，21~30 岁受访者在各层次的得分均显著高于 20 岁及以下、31~40 岁、41~50 岁和 51 岁及以上者，其中 21~30 岁的受访者信息服务关怀性认同程度最高。21~30 岁的群体刚踏入社会不久，处于创业阶段，社会活动活跃，这个年龄段的群体对政府的信息服务有更高的需求，对服务关怀也有更深的体会。有子女的群体在信息服务关怀性评价方面明显不同于无子女群体（$p < 0.05$），在低、中、高三个层次

上，无子女群体的得分显著高于有子女群体，有子女群体对于政府信息服务的质量要求更高，调查结果说明当前的信息服务尚无法满足有子女群体的需求。不同婚姻状况居民在信息服务关怀性上存在显著性差异（$p <$ 0.05），未婚群体对政府信息服务关怀性的认同度最高，已婚和未婚者显著高于离婚和丧偶者，离婚和丧偶群体认同度的均值最低，这是一个需要社交平台开始新生活的群体，也是一个需要公益性社会组织关注关怀的群体。不同受教育程度的受访者在信息服务关怀性上存在显著性差异（p < 0.05），本科学历的受访者在较低、中等、较高关怀性层面显著高于初中及以下、高中或中专、大专、硕士和博士及以上者，硕士和博士及以上群体的均值最低。低学历群体由于受教育程度低，所掌握的技术知识有限，生活多处于温饱阶段，针对这部分人提供的信息资源显然是不够充分的，有学者建议应该多提供社会保障、再教育和灵活就业等方面的信息。2020年，全国普通高等学校毕业生为 874 万人，同比增加 40 万人，疫情对本就严峻的大学生就业形势产生了显著的负面影响。自 1999 年高等学校扩招后，高等学校毕业生就业难开始被社会公众广泛感知，并通过媒体不断放大（邓峰、岳昌君，2021）。经过十余年的探索，我国逐步形成了以就业市场人才需求为导向，以高校人才培养为主体，政府引导和企业参与的大学生就业能力培养模式。然而，以往的研究大多从高校角度出发考察大学生就业能力的影响因素，对政府和企业的关注相对不足，缺乏政府引导、企业协同大学生就业能力培养功能定位以及相应举措的研究。大学生就业市场中各行为主体的权利义务缺乏法律制度的明确界定，监管机制不健全。为此，政府应充分利用大数据为高校学生就业提供服务关怀，通过对就业方面大数据的收集、整理与分析，为大学生就业者提供更加便利和更有价值的信息，助力大学生突围就业阴影（张晶晶，2021）。

从调查结果可以看出，不同职业的受访者在大数据服务质量关怀性水平上存在显著性差异（$p < 0.05$）。在感知体验上，私营企业主均值显著高于其他职业者，其次是政府工作人员和教师及科研人员。其中企业工作人员（大型）、自由职业者和学生在感知体验上均值相对较低。在期望程度上，政府工作人员显著高于其他职业者，私营企业主、教师及科研人员、个体经营者和退休人员依次次之。其中企业工作人员（大型）在期望程度上均值最低。在满意程度上同样是政府工作人员显著高于其他职业者，企业工作人员（不清楚企业类型）、教师及科研人员和个体经营者的均值相

近且紧随其后。其中学生在满意程度上均值最低。在影响程度上，政府工作人员再一次显著高于其他职业者，私营企业主与政府工作人员均值相近，而学生在影响程度上同样也是最低的。通过上述分析可以看出，政府对于私营企业在信息资源服务共享方面的良苦用心，体现出我国对私营企业民营经济这个命脉的重视，之后是对国家运行机器公务人员的重视，这点对于维护社会平稳发展也起到关键作用，不足的是自由职业者和学生这类间接参与经济活动的群体，他们是经济创新的因子、中国未来的种子，因此政府不但需要对主力军支持还需要对萌芽启迪。对于新生力量以及各个产业的新生形态予以足够重视，在信息资源方面予以照顾和支持，为经济和社会的创新动力提供源源不断的土壤，任何事物都是由小众到规模，由创新到进化，所以对于大学生群体以及自由职业者我国要更加重视。在期望程度上政府工作人员的高期望说明其对于体制的依赖。不同工作年限的受访者在大数据服务质量关怀性水平上存在显著性差异（$p < 0.05$）。在感知体验方面，10～14 年工作年限受访者的均值显著高于其他工作年限受访者，5 年以下工作年限的受访者在感知体验方面均值是最低的，说明工作时间越短感知体验越不明显。在期望程度、满意程度和影响程度上，10～14 年工作年限的受访者同样显著高于其他工作年限受访者，而 5 年以下工作年限受访者也同样是均值最低的。总结来说，工作 10 年左右的人所得到的关怀性是最多的，也更适应职场，而职场新人所得到的关怀性最低。不同月收入的受访者在大数据服务质量关怀性水平上存在显著性差异（$p < 0.05$）。月收入在 5001～8000 元的受访者无论在感知体验还是期待程度、满意程度和影响程度上，都显著高于其他月收入受访者。在感知体验上，月收入 1000 元及以下者的均值最低，而 8001 元及以上月收入者在期望程度、满意程度和影响程度上的均值最低，说明自身收入水平较高者对于政府的要求和期许也较高。

从调查结果可以明显发现，来自城市和农村的两部分受访者在大数据服务质量关怀性水平上不存在显著性差异（$p > 0.05$）。但在期望程度方面，来自城市的群体对于大数据服务质量关怀性的期望程度明显高于来自农村的群体。不同流动情况的受访者在大数据服务质量关怀性水平上存在显著性差异（$p < 0.05$）。其中非流动人口在感知体验、期望程度、满意程度和影响程度上的均值显著高于流动人口，说明非流动人口的受访者所得到的关怀性要高于流动人口。流动人口中，在感知体验上，跨省流动人口

和省内流动人口均存在显著性差异，并且省内流动人口在感知体验上稍高于跨省流动人口。在期望程度、满意程度和影响程度上，跨省流动人口的均值高于省内流动人口，说明跨省流动人口在自我跨省的问题上有一定的认同度。大数据服务应该对不同地域不同需求的民众予以差异化、个性化的关怀，提供其所需的信息资源支持。

统计数据显示，不同地区的受访者在大数据服务质量关怀性水平上存在显著性差异（$p < 0.05$），在感知体验、期望程度、满意程度和影响程度上，东部地区的受访者均显著高于其他地区的受访者，直辖市的受访者均值最低。

第二节　基本民生性服务公众需求分析

大数据的运用，一方面促进了政务的便利性发展，转变了政府的思想观念，不仅打通了部门壁垒，提高了行政效率，节约了资源，也优化了政府服务和监管，助力智慧政府的转型升级；另一方面提供了精细化、实名制的个性化服务，同时探索建立利益导向和社会公德相结合的基层信用体系建设的民生工程（涂子沛，2012）。在就业创业方面，人工智能与大数据的广泛应用，催生了就业创业的新模式、新生态。政府通过打造智能就业创业平台，以大量的动态数据为基础，运用大数据、数据挖掘、学习分析等智能技术，与用人单位共建、共享、共商，形成智能化、个性化、精准化的智能就业创业服务模式，以提高居民的就业创业质量。在社会保障方面，大数据为社会保障政策制定提供了权衡和测度，确保以各行业为主体的相关诉求、利益、价值及不同情感偏好的数据得以全面呈现，从而制定出更加公平的社会保障政策，促进社会保障决策过程的优化。总体而言，运用大数据创建社会信息体系，是大数据服务民生的创新实践，有助于促进政府信息系统和数据资源共享系统结构的完善，大大提高了政府民生性服务决策的科学性。

一　就业与创业分量表分析

就业是指具有劳动能力的居民依法从事某种有报酬或劳动收入的社会活动。使这种社会活动在全社会达到一种均衡且合理的状态，是实现社会和谐有序发展的前提基础和奋斗目标。但不论是对社会还是个人而言，就业处于一种不均衡与不充分的状态似乎是一种常态。最明显的表现就是就业结构和职业结构本身就会随着科技的发展和时代的变化而不断更替和演变。这就要求具有环境适应力的新业态不断产生，来补偿因旧业态从业人数不断下降而造成的宏观上就业数量的缺失。这种补偿在当前看来就是通过创业的方式，在原有行业基础上或新科技的驱使下开辟出新业态。同时不论是就业还是创业都必然存在成功与失败的可能性，那么如何降低失败的可能性而提高成功的可能性，就成为就业者、创业者所关注的重要问题。大数据能够在何种程度上满足社会公众对于就业和创业的需求，实际上也就彰显出大数据在这方面具有怎样的价值。大数据就业与创业分量表内容包括：

B1　大数据让有工作经验的人更容易就业

B2　大数据让受教育水平越高的人越能找到称心的工作

B3　大数据让环境适应能力越强的人就业质量越高

B4　大数据让职业生涯规划更清晰，对实现就业有帮助

B5　大数据让人更容易找到需要的就业信息

B6　大数据可以更充分地保障劳动者权利

B7　大数据对改善当地就业状况具有积极影响

B8　大数据让创业者更清楚自己的行业竞争力

B9　大数据让创业者对未来有更好的判断力

B10　大数据让创业者更清楚资金的投资方向

B11　大数据分析能力是创业者创新意识和能力的表现

B12　大数据让创业项目成功的可能性更大

B13　大数据有助于鼓励和引导创业

B14　大数据有助于出台更好的创业扶持政策，减小创业阻力

B15　大数据信息平台能够为创业者提供更有用的信息

从量表的分析结果来看，目前人们对于大数据对就业创业的促进作用以及其对就业者和创业者的需求满足价值的认同度都处于较高水平，被访者对于分量表中15个问题的认同程度虽然不完全一致，但从整体上看还是处于较高水平的。

81%的受访者认为大数据让有工作经验的人更容易就业。造成这一结

果的原因实际上存在两个方面，一方面是工作经验对于就业者本身而言具有促进其自身就业的作用；另一方面是在大数据技术广泛应用的条件下，人们可以对工作经验本身有更为清晰和详尽的理解，进而把握自己在职业选择过程中的经验上的优势地位，从而能够在就业活动过程中"以己之长，尽己所能"地选择符合自己的职业。当我们从参与工作起就将自己的工作经历以数据的形式存储下来，在我们变更职业时这些数据就能够为我们和岗位提供者提供相应的信息，一方面使求职者了解自己能够被录用的可能性为何，另一方面使岗位提供者能对录用与否的利弊加以权衡。

80.7%的受访者认为大数据让受教育水平越高的人越能找到称心的工作。社会的发展之于就业而言往往意味着旧行业的消逝和新行业的产生，这意味着工作对于求职者个人的能力要求越来越高，也意味着人们所要从事的工作不经过数年的专业培训就无法胜任。当前人们的思想还在一定程度上存在获得的学历与实际的能力不符的矛盾之中，但从长远角度看这种矛盾必然不会长期存在，这种矛盾只能说是旧行业向新行业转变得不彻底导致的。大数据在各行各业的广泛应用一方面能够推进新行业的产生和旧行业的淘汰，使接受专业教育对人们实现就业价值的意义不断凸显出来，因为不论是从知识储备上还是从认识水平上来看，高学历者同低学历者相比在总体上水平还是较高的，故而对于新行业也更有适应能力；另一方面，大数据的应用能够使当前的就业市场更加规范化，在就业者参与就业活动的过程中也能够更具针对性和科学性，以实现就业者之于职位的对号入座。

78.8%的受访者认为大数据让环境适应能力越强的人就业质量越高。就业质量的评估是个体化单独视角与社会化总体视角相结合的产物。它既重视就业者个体的自身满足也重视社会视角下的公众期望。一方面，大数据营造的新型就业环境对就业者的个人能力具有一定的塑造与推进作用，它意味着就业者能够得到更加丰富的专业知识、更加全面的就业信息、更加准确的自我评估，所以其本身就能够使就业者拥有较现在而言更强的环境适应能力，并以此来提高就业者的就业质量；另一方面，大数据的应用能够让就业者更多地了解自己将要从事或已经在从事的行业环境到底是何种形式的，并使其环境适应力能够与环境适应观念和具体就业环境相契合，从而提高就业者在职业过程中的良好的精神体验与物质体验，并感受到职业参与的获得感。受访者对此指标的赞同，从某种层面上也反映了当前就业者对环境适应能力的参差不齐，并急需一种力量来促使这一状况得到改善。

81.9%的受访者认为大数据让职业生涯规划更清晰，对实现就业有帮助。职业生涯规划在动机上意味着求职者或就业者追求一种可延续的或递进性质的个人职业发展。当前职业生涯规划虽常被企业和就业者提出，但双方其实对其并没有形成较为深入的认识，尚处于概念的模糊阶段。有些企业即便了解了员工职业生涯规划的内涵与价值，但苦于没有相关的可靠的可供员工素质能力评估的数据，因此只能笼统地为员工制定相应的职业发展规划，使员工的个体化发展得不到充分凸显，导致实际效用颇低。那么在未来要实现更加可持续的和"因材施职"的就业，势必要求就业者和企业双方都能够对自身和对方的资源、能力、信息、需求进行充分的整合，以期双方在多个层面搭建起一整套认识架构。但是我们也意识到传统的信息收集方法很难实现这一目标，因此需要通过大数据技术的应用，挖掘平凡信息中的深刻价值，以发现就业者的性格、特长、爱好等不同特征，进而建立起更具精准化、个体化的职业生涯规划，实现其可持续就业。

81.2%的受访者认为大数据让人更容易找到需要的就业信息。当前我们正生活在一个数据和信息都在进行指数型扩张的社会，对于就业者而言并不是找不到数量充足的就业信息，而是找不到最合适自己的职业的信息。这其实反映出了两个方面的问题，一方面是就业者对于自身的认识不甚明了，从而不知道哪种工作适合自己，哪些工作自己能够胜任；另一方面是就业者对于职业的要求不了解，不知道自己所持有的某些能力是否能够满足这项职业的需求。这两个问题不得到根本的解决，人们的就业过程实际上就成为一个试错过程，我们花费了大量的时间和精力来排除我们认为的错误选项，并选择那个我们认为正确的，但实际上选择的正确与否我们不得而知。要解决上述问题其实并不困难，对于就业者而言就是要找到对的信息，但是这个方法对于个人而言是十分烦琐和劳累的，选择这个方法并不比试错便利多少。从一个侧面来看大数据技术的应用价值就在于通过快速的巨量数据分析帮助就业者找到最具个体适应性的就业信息，当然这一结果能够实现必然是建立在巨量信息被收集、整合和评估的基础上的。

76.2%的受访者认为大数据可以更充分地保障劳动者权利。劳动者的权利体现在许多方面，诸如参与劳动的权利、劳动获得报酬的权利、劳动获得保障的权利等。这些权利的实现实际上是建立在自由和平等的基础之上的，一方面劳动者可以根据自身的不同情况自由地选择职业参加就业，另一方面劳动者在就业过程中与企业、其他劳动者、相关政府部门工作人员的关系是平等的。而要建构起劳动者权利保障之前提自由与平等，则必须有一套尽可能公正客观的监督体系，来保障自由与平等前提的达成。大数据的应用在劳动者权利保障方面的价值就在于其能够搭建起一个数据构成的公正平台，通过对某一环境中劳动者面临问题的识别与反馈，为涉及劳动者权利侵害的相关案件的公正裁决提供数据支持。从另一个侧面来说，大数据这一价值的实现不仅对于劳动者相关权利保障具有深远意义，对于相关法律法规的建设以及制度的完善同样具有建设性作用。

75.4%的受访者认为大数据对改善当地就业状况具有积极影响。不同地区的就业不论从环境上、比重上还是从产业上都会存在一些地域化的特征，例如，东北地区的农业、重工业发达，从事第一、第二产业就业者的数量与其他地区相比相对较高；华东地区由于对外开放程度较高，市场发展基本完善，故而高新科技产业、现代高端服务业相对其他地区较为发达，进而在就业上也有相应的特点呈现。虽然不同地区的就业各具特点，但是这种特点终究能够在现实中发挥到何种程度的作用，会对现实的地区就业环境造成多少影响，对人们而言是很难确定的。而大数据在多地的应用价值从某种程度上讲，即在于对当地的就业状况有横向的与纵向的概览，从而掌握当地就业发展的历史脉络与现实条件，进而不论是从政策上还是从实践上都能够对当地的就业时代性发展起到促进作用。其具体价值就在于能够使人们发现当地就业结构的变化趋势，为适应这种就业结构的转型而发展相应产业；信息与资源在更加广阔范围内的整合与应用对于地区的就业市场价值完善的建设性作用更是不言而喻的；对于就业者的职业认知也具有一定的价值，当市场的供需清晰地体现时，每个人对于自身的价值界定以及基于此的职业可能性推断势必也能更加理性。

80.1%的受访者认为大数据让创业者更清楚自己的行业竞争力。行业的发展往往符合一定的规律，换言之，会受到与这种行业发展相关的多种因素变化的影响。而处在动态变化条件下的多种因素对于某一行业的影响，在静态观点看来往往是很难掌握和预料的。但是对于这种行业发展规律的认识以及对其作用后所造成一系列结果的预测，不论是当前还是未来，对于创业者而言都是十分重要的，并且会对创业者创业的成败产生重大的影响。创业者选择一个具有发展潜力的行业进行自己的创业活动时，不仅意味着要选择一个新兴行业，还意味着要为自己的选择做出相应的物质上和心理上的准备。更重要的是能够通过某些信息判断出自己选择的合理性与预期目标实现的可能性，从而实现对所选行业在行业群中的竞争力的了解以及适应创业选择的自身资源与能力的了解。随着大数据技术的不断发展以及其在实践过程中的广泛应用，已经有越来越多的创业者认识到了大数据对于创业活动的评估价值，从某种程度上来看创业活动的顺利进行往往立足于此。

77%的受访者认为大数据让创业者对未来有更好的判断力。创业者对于未来的清晰且准确的判断是创业者的必要行为，也是推动自己的创业活动进程的必要能力，这种能力对于创业者的价值是不言而喻的。但这种能力的形成绝非传统信息资源整合与分析方式能够达成的，而是要通过大数据技术以及其他新兴技术的共同作用才能得以实现，即通过巨量数据的收集、整合与分析，来对行业发展、创业条件、市场环境、能力要求等方面做出客观的评价，从而增强创业者对于未来的预见力，并随着各方面条件的不断变化而做出更好的判断。例如，如何根据市场的需求调整自己的产品选择，通过何种方式能够提高自己产品的生产率从而降低成本，产品需要怎样进行营销才能够最大限度地拓展市场份额，都需要以数据为支撑才能够保证自身判断与实际情况的贴合性。当然即便如此，由数据到信息，再到合理判断的形成还是有一定的主观因素在发挥作用，但实际上这种无视现实状况的主观性已经在很大程度上受到了限制。

78.2%的受访者认为大数据让创业者更清楚资金的投资方向。资金的投入对于整个创业活动而言就如同水之于农田，那么创业者需要了解的一点就是哪些农田需要灌溉而哪些农田已经得到了充分的灌溉，即资金投到哪些方面更加合理，更能帮助投资者获取更大的价值，这要求创业者能够对整个创业行为有整体且深入的感知。但这种感知力并不是凭空取得的，欲使其具有客观性和科学性则必然是要将其建立在数据的基础之上的。健全劳动力、土地、资本、技术、管理等多种生产要素的投入与产出数据采集与整理，可以在很大程度上解决这一问题，即可以通过数据在多个相关行业内的收集与分析形成投入与产出的关系模型，使创业者了解随着某一方面的资金投入量的增加其效用发生变化的趋势，进而辅助创业者进行投资方向的调整，以换取整体利益的最大化。这是一种很大程度上超脱了单纯经验主义的行为，能够帮助创业者形成一种阶段性的具有经验总结性质的类理论的指导，以实现一种动态的调整。

78%的受访者认为大数据分析能力是创业者创新意识和能力的表现。创新意识和能力在创业者的创业过程中，应该是最具有能动性和创造性的因素。这种因素往往也是使创业者能够突破原有的思想禁锢而超越其他的行业从业者在市场中处于优势地位的关键性因素。大数据分析能力从某种程度上来看就是创新意识和能力的一种表现。随着大数据等新兴技术的不断发展，我们的思考方式、思维方式也被要求顺应这种趋势而发生相应的变革。大数据分析能力在创业实践过程中有很多方面的表现，诸如对于可预见的优势行业的选择、有价值的能力养成和经营中的具体决策等，都应是可靠工具与创新意识相结合的产物。这种能力的形成不仅在实践层面具有积极意义，而且在认识层面也有非凡影响。能够使创业者以一种联系的观点看待创业过程中所面临的问题，重视多种影响因素之间的关联，以协调的手段来使多种要素的相互作用达成一种期望的平衡状态。

76.7%的受访者认为大数据让创业项目成功的可能性更大。创业项目成功的可能性提升如其他问题一样可以立足于数学问题的解决，可以通过巨量数据的分析来实现。而影响创业成功的相关因素主要在于以下几个方面：（1）对行业内部情况以及行业发展的未来趋势的了解程度；（2）对工作的合理分配以及风险的预估；（3）找到具有自身条件适应性的相关行业；（4）做好资金等相关资源的必要准备；（5）评估可能获得的外部协助与人际关系搭建的可能。这五个方面的问题都是可以或多或少地以大数据的分析来加以解决的，通过不具主观偏好的信息收集与分析，创业者可以获得对于某个行业的总体情况的概览以就其当前的某些发展状况评估其未来发展的种种可能。而基于对行业发展情况的了解，创业者必然能够发现欲从事某行业，需在资金、协助、能力等方面做必要准备，并采取相应的措施。当对行业的评估和对自身的评估两项任务都达成时，两者的实现状况之间的比较就能够让创业者了解到现实与理想之间的差距并认识到可能要承担的风险。当然上述这一系列行为和思想在没有大数据技术参与时同样也在进行，但是随着大数据技术在其中的应用，创业者在这方面的作为将更趋合理，创业成功的可能性也在某种程度上会随之提升。

75.1%的受访者认为大数据有助于鼓励和引导创业。创业活动的有序开展与良好发展在宏观层面立足于多主体相互协作、多资源相互整合和多渠道的系统联结。在微观层面则立足于创业者对外部多方环境的清醒认识和对自身个体化情况的有效评估基础上。在宏观层面与微观层面的相应作为实现了有效与协调的价值反馈时，可以认为良性的创业发展目标实际上在初期得到了实现。而大数据的应用在鼓励和引导创业方面的价值在宏观、微观两个层面都有很大体现。在宏观层面巨量的具有借鉴价值的经验数据在某一行业内及相关行业间的积累与整合，能够使创业者认识到创业活动实现未来预期的必要条件和相应需求，即需要将哪些信息作为决策之必需品而参与考量，可以从哪些方面获得相应支持和这种支持对于整个创业活动的价值存在的限度，就当前经验而推断的外部环境适应性与不适应性分别会对创业活动产生何种影响。在微观层面结合了自身需要与能力的权衡而实现路径优化与选择优化。

78.7%的受访者认为大数据有助于出台更好的创业扶持政策，减小创业阻力。好的创业目标在实现的过程中，相应的创业政策在诸多影响因素中被认为是占据较大权重的。这种影响不仅意味着资金的扶持和资源的倾斜，还意味着在更加不确定的社会生活领域产生具有倾向性的影响而导致一种社会范围内的思想与风气的转变。创业者创业的成功需要创业政策扶持，因为其在诸多领域都能够减小创业者所面临的阻碍并能够化解相应的风险。但是同样地我们也能够意识到所谓就业促进政策在投入社会之前政策制定者对其所能够造成的影响的预期必然是不全面的，甚至说从某些角度来看其意愿或多或少有些一厢情愿。且某些政策一经出台，其相较于现实的滞后性已经十分明显，进而使政策的实际效力大打折扣。这在很大程度上说明政策在制定的过程中其前瞻性和信息整合的程度还是远远不够的，是没有进行充分趋势分析与无偏好的现状信息分析的必然结果。故而需要大数据技术的应用来弥补当前这一短板，提高创业扶持政策的时效性和适应性，并能够为其未来的趋势性变化创造条件。

80.6%的受访者认为大数据信息平台能够为创业者提供更有用的信息。创业者的创业思想来源大多是某个新颖的并自认为有发展潜力的创业信息。真切有利用价值的创业信息对于创业者来说，其影响价值不亚于资金对于实际的运营活动。创业信息对于创业者的影响在于创业者对于某一行业当前发展状况、从事必需条件与未来发展预期的总体评估，这种总体评估的缺失极有可能导致整个创业活动出现方向性错误。而减少这种方向性错误的可能性办法就在于相关创业信息在整合分析时数量上与质量上的突破。大数据信息平台的价值就在于能够在更大范围内收集到与创业者创业活动有关的相应信息，保证创业者能够了解到足量的信息，同时在信息实际价值确定的条件下评估出信息质量，以期创业者能够在充分了解相应信息的基础之上找到对自身而言最有用的信息。同时我们应该也能够体会到这种信息的价值不是仅体现在创业活动的初期，而是贯穿整个创业活动的各个发展阶段，故而也需要在动态的信息整合过程中找到答案。

大数据就业与创业服务需求与性别分类的交叉分析显示，不同性别的受访者在对量表题项的认同度上具有一定的关联，在不同性别间呈现明显的差异（$p < 0.05$）。除题项 2"大数据让受教育水平越高的人越能找到称心的工作"在男性和女性受访者间不具显著性差异外，其他题项在认同度上男性受访者的认同度普遍高于女性受访者。在题项 11"大数据分析能力是创业者创新意识和能力的表现"上男性受访者的认同度与女性相比差异最大，分别为 58.6% 和 41.4%。题项 7"大数据对改善当地就业状况具有积极影响"男性受访者与女性受访者认同度差异最小，分别为 57.0% 和 43.0%。除题项 2 以外的其他题项，男性受访者对于量表题项的认同程度皆高于女性受访者，男性受访者的认同度区间为 57.0% ~ 58.6%，女性受访者的认同度区间为 41.4% ~ 43.0%。造成这种差异的因素总的来说是多元的，有单纯的基于不同性别的对于题项认知的不同，也有其他因素通过性别因素影响而造成的认知的不同。在当前中国社会尚存在一定程度的就业性别歧视现象，这也会在一些层面影响到女性对于大数据就业创业促进内在价值的认同。

不同年龄阶段的受访者对于大数据在就业创业领域的促进价值在认同度上是不一致的，并随着受访者年龄阶段的变化呈现一定的显著性差异（$p < 0.05$）。其中 20 岁及以下受访者对大数据在就业创业领域各个方面题项的认同度区间为 19.0% ~ 21.0%；21 ~ 30 岁的受访者的题项认同度区间为 31.7% ~ 32.9%；31 ~ 40 岁的受访者的题项认同度区间为 21.0% ~ 22.6%；41 ~ 50 岁的受访者的题项认同度区间为 15.5% ~ 15.8%；51 岁及以上受访者的题项认同度区间为 9.1% ~ 10.8%。总的来看，21 ~ 30 岁的受访者对于 15 个题项的认同度最高，对于题项 3"大数据让环境适应能力越强的人就业质量越高"的认同度最低，为 31.7%；而 51 岁及以上受访者对于题项的认同度最低，对于题项 2"大数据让受教育水平越高的人

越能找到称心的工作"和题项 3"大数据让环境适应能力越强的人就业质量越高"的认同度最高，同为 10.8%。总的来看，21～30 岁的受访者的题项认同度高于 31～40 岁的受访者，而这两个年龄阶段的受访者在认同度的横向比较上分列第一、第二。这主要是因为这两个年龄阶段的受访者是当前社会就业创业的主要参与者，他们对于就业的相关话题较其他年龄层群体更为关心，而且作为当前社会建设和发展的中坚力量，随着信息的快速增长与流通以及受教育年限的不断延长，他们对于新生事物的认识与理解能力相较他人也更强。在就业日趋完善与规范化的今天，这实际上是供给与需求相互作用的结果。

　　不同受教育程度的受访者对于大数据在就业创业领域是否具有促进价值呈现一定的差异（$p < 0.05$）。不同受教育程度的受访者中，本科学历受访者对于大数据技术的应用在就业创业领域的促进价值的认同度最高，在 14 个具有显著性的题项中其认同度区间为 46.7%～48.7%，而初中及以下学历受访者对题项的认同度区间为 15.3%～17.7%，高中或中专受访者的认同度区间为 14.8%～15.8%，大专受访者的认同度区间为 13.2%～14.0%，硕士和博士及以上受访者的认同度区间分别为 2.2%～4.1% 和 2.3%～7.5%。在题项 7"大数据对改善当地就业状况具有积极影响"上本科学历受访者与其他学历受访者相比在认同度上差异最大，这体现出了本科学历受访者对于就业环境更加重视，并希望寻求积极手段来使当前其所面临的就业环境得到改善。而其他学历的受访者对大数据在就业创业领域的价值认同感不及本科学历受访者，可能是由于其对于大数据在就业创业领域的价值不甚明确或有更深层次的理解。由此可见，在既有的受教育程度上形成的理解程度高低的不同和认同的不一，需要一定的外力手段来加以调节。例如，加强大数据在就业创业领域价值的宣传或者推进在这一领域的实践应用。

　　不同婚姻状况的受访者对于大数据在就业创业领域是否具有促进价值呈现一定的差异（$p < 0.05$）。由于四种婚姻状况的不同，受访者对量表所提出的大数据在就业创业领域的多种具体价值的认同度也不同。其中未婚受访者在题项 1、2、3、4、5、6、11、14 上的认同度都高于已婚、离婚和丧偶受访者。在题项 11"大数据分析能力是创业者创新意识和能力的表现"上，已婚、未婚、离婚、丧偶受访者的认同度分别为 45.8%、51.0%、1.7%、1.6%，未婚受访者的认同度高于其他婚姻状况的受访者，这说明

未婚受访者更加关注大数据在就业创业领域中的作用，认为大数据分析能力有助于创业者创新意识的形成和实践能力的提升。与未婚受访者相比，已婚受访者、离婚受访者和丧偶受访者对大数据的就业创业促进价值认同度相对较低，特别是离婚受访者和丧偶受访者的认同度远远低于未婚受访者。这是因为其处在不同的婚姻状况下，生活境遇的不同导致对于就业认知的差异，其在生活目标上的不同，往往也引发了其在就业方面的理解不同和动机不同，未婚受访者往往较为年轻，对自己未来的发展有着更加美好的向往，而其他婚姻状况的受访者往往人到中年或已经退休，其对于就业创业的看法往往比较现实或根本不在乎，并不像未婚受访者那样接受甚至希望自己的就业状况能够受某些外力的影响而产生趋向良好的变化。

不同子女状况的受访者对于大数据在就业创业领域是否具有促进价值呈现一定的差异（$p < 0.05$）。当然这种差异的显著性并没有在分量表的所有题项中皆显现，而只在部分题项中显示出来。在受访者认同度具有显著性差异的题项中，我们发现无子女的受访者在认同度上要普遍高于有子女的受访者。例如，在题项8"大数据让创业者更清楚自己的行业竞争力"上，有子女的受访者的认同度为43.0%，而无子女的受访者的认同度为57.0%，在分量表所有题项中差异最大；在题项3"大数据让环境适应能力越强的人就业质量越高"上，有子女的受访者的认同度为46.1%，而无子女的受访者认同度为53.9%，在分量表所有题项中差异最小。有子女的受访者对题项的认同程度普遍低于无子女的受访者，主要受就业认识、职业状态和年龄等因素的影响。其一，有子女的受访者往往是已经参加工作并有一定工作经验的人，其在就业选择上或多或少呈现一定的经验性，更愿意相信自己在工作过程中积累的主观经验而非大数据这一外部工具的价值；其二，有子女的受访者因为工作年限较长且经验丰富，拥有稳定职业状态的可能性较高，故而对大数据对就业的促进作用需求度较低；其三，有子女受访者的年龄多高于无子女受访者，所受教育和接受的思想亦存在差异，不同的信息内容和获取途径，不同的关注重点，都会影响到两部分人群对同一问题的认同水平。

大数据就业与创业服务需求与职业分类的交叉分析显示，不同职业情况的受访者在大数据是否具有促进就业与创业服务需求价值上，呈现较为显著的总体性差异（$p < 0.05$）。这反映了分属不同职业群体的受访者，由其所从事职业本身所带有的专业特性以及基于这种特性的个体化价值判断

的不同，而导致其认同度不同。总的来看，学生群体对于大数据应用的就业创业促进价值认同度明显高于其他职业群体，在 15 个题项中有超过 30% 的受访者认同题项中所提的观点。在所有群体中，退休人员对大数据价值的认同度最低。对于其他非学生的职业群体而言，职业已经是一种实现了的状态，而大数据本身的就业创业促进价值往往对某些未实现就业与创业状态下的就业者或创业者更具价值，从而导致工作群体对这方面价值的认同度不高。从学生群体的认同度来看，大数据在就业创业领域有较高的价值呈现。处于职业未然状态的学生群体，在大数据的助力下，能够更全面、更系统地认识和理解时代性的知识。特别是在提升创业价值方面，大数据已经成为他们实现自身价值的创业工具。

不同工作年限的受访者对于大数据在就业创业领域是否具有促进价值在总体认同上呈现较为显著的差异性（$p < 0.05$）。这反映了工作年限不同的受访者对于就业的认识程度、职业发展的渴望程度，以及当前职业需求满足程度的不同。在具有显著性差异的 12 个题项中，我们可以发现，工作年限为 5 年以下的受访者对于大数据在就业创业领域的促进作用具有相较于其他工作年限受访者群组更高的认同度，认同度处于 35.4% ~ 38.1%。特别是题项 8 "大数据让创业者更清楚自己的行业竞争力" 和题项 10 "大数据让创业者更清楚资金的投资方向"，工作年限为 5 年以下的受访者中有 38.1% 认同这两个题项，这也从侧面反映出，相较于工作年限较长的劳动者，初入职场的劳动者有着更高的创业热情，更希望从大数据中获取创业成功的经验。在其他工作年限群组中，5 ~ 9 年的受访者对于题项的认同度区间为 24.5% ~ 26.6%，10 ~ 14 年的受访者对于题项的认同度区间为 8.5% ~ 9.2%，15 ~ 19 年的受访者对于题项的认同度区间为 5.6% ~ 6.7%，20 年及以上的受访者对于题项的认同度区间为 21.5% ~ 23.9%。从上述变化趋势来看，随着工作年限的延长，工作群体对于大数据在就业创业领域具有促进价值的认同度呈现逐步下降的趋势，但在 20 年及以上群体中，这种趋势发生了逆转。随着进入职场时间的增加，劳动者的职业能力不断增强，社会资本生成并不断积累，进而产生创业的冲动，而达到职业顶峰的这部分更有经验、更有能力、有更强社会资本的群体，在大数据的助力下更具创业优势。可以预见，在未来就业创业的大舞台上，主角不仅有年轻人，具有丰富工作经验、工作年限长达几十年的就业者在其中同样扮演重要角色。

不同月收入的受访者在大数据的就业创业促进价值认同方面呈现较为显著的差异性（$p < 0.05$）。整体来看，月收入在 1000 元及以下群体的认同度区间为 17.8% ~ 19.4%，1001 ~ 3000 元的认同度区间为 23.6% ~ 25.7%，3001 ~ 5000 元的认同度区间为 35.6% ~ 37.7%，5001 ~ 8000 元的认同度区间为 12.8% ~ 14.0%，8001 元及以上的认同度区间为 6.6% ~ 7.6%。3001 ~ 5000 元收入水平受访者在所有题项中的认同度最高，特别是题项 13 "大数据有助于鼓励和引导创业"，37.7% 的受访者认同这一观点。题项 13 在其他收入水平群组的认同度中，1000 元及以下的受访者为 18.0%，1001 ~ 3000 元的认同度为 24.0%，5001 ~ 8000 元的认同度为 13.0%，8001 元及以上的认同度为 7.3%。总体来看五个收入水平的受访者群组对于大数据在就业创业领域的认同度呈现一个从低至高又再次降低的趋势。这种趋势反映出，在收入处于较低水平时，人们对于自身价值的评估亦低。随着收入水平的提高，职业转变能力和创业能力增强的同时促使他们开始个人价值的实现，大数据开始有助于其价值的实现，但随着收入进入高水平阶段，其职业转换和创业的意愿反而会下降。在本调查中，对于这些题项的分析结果也印证了这样的趋势。

与城乡分类的交叉分析显示，来自城市和农村的受访者对于大数据对就业创业促进价值的认同度并不一致，这种不一致表现为他们在很多题项上的观点都具有显著性差异（$p < 0.05$）。研究发现，城市和农村的受访者仅在 "大数据可以更充分地保障劳动者权利" "大数据让创业者更清楚自己的行业竞争力" "大数据分析能力是创业者创新意识和能力的表现" "大数据让创业项目成功的可能性更大" "大数据有助于鼓励和引导创业" "大数据有助于出台更好的创业扶持政策，减小创业阻力" 这 6 个题项上的认同度较为相似，都认为其存在明显关联。但在这 6 个题项中城市受访者对于大数据的就业创业促进价值的认同程度仍要明显高于农村受访者，城市受访者在 6 个题项中的认同度最低值为 60%，而农村受访者的认同度最高值则为 40%。在其余超过半数的题项中，城市和农村的受访者的认同度表明其不具有明显关联。这从总体上反映出，农村受访者对大数据在劳动者权益保障、创业竞争力、创新意识与能力等方面的理解程度低于城市地区的受访者，之所以会导致这种结果是由于在某种程度上的信息交流不畅与实际应用影响范围受限。

与流动人口分类的交叉分析显示，是否为流动人口以及省内外流动人口受访者在面对这 15 个选项时有着不一致的认同度（$p < 0.05$）。其中反映出来的在认同度上的最明显不同就是非流动人口受访者对分量表选项的认同度高于流动人口受访者，流动人口受访者中省内流动人口受访者对于选项的认同度高于跨省流动人口受访者。且除题项 4 "大数据让职业生涯规划更清晰，对实现就业有帮助"不具有显著性差异外，其他各题项都表现出了显著性差异，即证明是否为流动人口及省内省外流动人口，这一受访者自身属性会对受访者对题项的认同度造成影响。其中非流动人口对于15 个题项的认同度均处于较高水平，最低值为 78.4%；而流动人口对 15个题项的认同度则处在较低水平，最高值为 21.6%。在流动人口中省内流动人口受访者对题项的认同度处于较高水平，最低值为 74.7%；跨省流动人口受访者对题项的认同度处于较低水平，最高值为 25.3%。这说明在流动人口受访者与非流动人口受访者中，非流动人口受访者更加认同量表中呈现的大数据对于就业创业的促进价值，在流动人口受访者中省内流动受访者更加认同大数据对于就业创业的促进价值。

与地区分类的交叉分析显示，来自东部、中部、西部、南部、北部和直辖市的受访者对大数据对就业创业产生的促进价值的认同度也不尽相同，但是也反映出了受访者的地区属性与大数据就业创业显著性关联，这种关联在 15 个题项中表现得皆比较明显（$p < 0.05$）。在量表题项的整体认同度上，东部地区明显高于其他地区，在题项 3 "大数据让环境适应能力越强的人就业质量越高"上为 24.6%，在认同度最低的题项 8 "大数据让创业者更清楚自己的行业竞争力"和题项 11 "大数据分析能力是创业者创新意识和能力的表现"上也达到了 21.2%。中部地区受访者对于题项的认同度区间为 16.9% ~ 18.2%，西部地区受访者对于题项的认同度区间为17.4% ~ 19.5%，南部地区受访者对于题项的认同度区间为 18.2% ~19.9%，单从区间上下限来看，在认同度上南部地区受访者高于中部与西部地区。北部地区受访者对于题项的认同度区间为 12.0% ~ 13.1%，与前者相比处于较低水平。而直辖市的受访者认同度区间仅为 9.1% ~ 10.1%，处于最低水平。这从某种程度上反映了地区经济发达程度、科技发达程度和信息发达程度都会对受访者对于大数据的就业创业促进价值产生影响，当然这里也不排除受访者所携带的一些自身属性在选择的过程中产生作用。

二　社会保障分量表分析

社会保障是指国家和社会通过立法对国民收入进行分配和再分配，对社会成员特别是生活有困难的人们的基本生活权利给予保障的社会安全制度，其本质是维护社会公平进而促进社会稳定发展，目标是满足居民的基本生活需要。各国的社会保障模式是根据各国独有的政治、经济、人口、环境等特征建立起来的，中国的社会保障制度主要包括社会救助、社会保障、社会福利和社会优抚等内容。在当前中国政治、经济、文化、社会发生重大变化的转型期，中国的社会保障建设面临诸多挑战，有许多问题需要着手解决。主要存在的问题有立法工作相对滞后、顶层设计不完善和法律实施机制弱化等。立法工作相对滞后具体表现为立法理念和制度建设的价值取向不明确，法律体系不够健全和立法缺少整体规划性和前瞻性；顶层设计不完善具体表现为社会保障具体内容适用范围狭窄，社会保障制度的责任分担尚不清晰；法律实施机制弱化具体表现为社会保险费缴费制度执行不严，社会保障基金监管不到位。当前我国社会保障体制中存在的一系列问题，要求我们从更广阔的视野寻找解决方法，以体系化的办法解决体系化的问题。具体而言就是能够在不同层面对于当前社会保障发展的形势有总体感知。由微观到宏观，在微观层面了解基层百姓的社会保障新需求以及现有保障内容的改进方向；在中观层面结合需求调整相关机构与部门的工作方法和工作内容，形成具有地区适应性和群体针对性的问题解决模式；在宏观层面结合不同地区的发展状况，不断完善立法，建立和完善符合本国国情的与时俱进的社会保障制度，完善社会保障的顶层设计。不同层面工作的有序进行需要以不同群体、地区、组织部门的相关数据的有效收集、整合、评估、分析为基础，故而从长远角度看大数据在社会保障领域的应用可以说是势在必行，那么大数据如何在社会保障领域发挥作用，满足人民群众的保障需求并完善当前的社会保障制度，则需要进行相应的实证研究，相应地，我们设计了大数据社会保障分量表，其内容包括：

B74 大数据有助于制定更好的社会保障政策

B75 政府网站应该及时更新社会保障政策的变化

B76 政府网站没有我需要的社会保障信息

B77 大数据能够让政府更清楚不同的社会保障需求

B78 当地政府网站有对社保服务不满意的投诉板块

B79 大数据社会保障信息有助于社会公平

B80 我比较满意所在地区的社会保障服务

B81 我的生活不需要社会保障

B82 我不清楚居住的地方有哪些社会保障政策

B83 大数据社会保障服务有利于推进社会公平

B84 大数据社会保障服务有助于缩小城乡差异

从量表的分析结果来看，目前人们对于大数据社会保障的需求认同处于较高水平，对于受访者而言，其对分量表中的 11 个问题的认同度虽然不完全一致，但从整体上看还是处于较高水平。

82.0% 的受访者认为大数据技术在社会保障领域的应用可有助于制定更好的社会保障政策。社会保障政策是指政府在某种社会价值理念指导下，为了达成一定的社会目标期望，而制定关于社会保险、社会救济、社会福利、社会优抚安置等方面的一系列方略、法令、办法、条例的总和，它们旨在对个人与群体生命周期内的生活风险进行干预，并提供社会安全支持。更好的社会保障政策意味着它更能够针对当前社会大众的某些具有一定共性的具体需求提供相应的解决手段，进而在更大程度上降低受保障者的生活风险。这意味着当前的社会保障机制要有对于人民群众保障需求的更加强大的感知能力和权衡能力，即当前人民群众的社会保障需求存在于哪些具体领域，而这些需求中哪些对人民群众的生存和发展影响最大。要了解这些情况则必须对地区社会保障数据、行业社会保障数据、群体社会保障数据进行无偏好的收集、整理与分析，对某一具体领域乃至全局的社会保障发展情况有总体的了解，进而在不同层面制定出具有针对性的社会保障政策，增强政策的环境适应能力和问题解决能力。

85.2% 的受访者认为政府网站应该及时更新社会保障政策的变化，使公众了解相应的社会保障政策信息。政府网站是某级政府在各部门的信息化建设基础之上，建立起的跨部门的、综合的业务应用系统，使居民、企业与政府工作人员都能快速便捷地接入所有相关政府部门的政务信息与业务应用，使合适的人能够在恰当的时间获得恰当的服务。政策信息发布作为政府网站的一项重要职能，在公众了解当前的政策情况并做出相应决策的过程中发挥着重要作用。在社会保障方面相应的全面的社会保障的相关信息欲使其更好地发挥指导性作用就必须重视其时效性，这立足于信息开放相应模式制度的形成以及模式制度的有效执行。同时要真正能够使信息发挥强大作用，还需建立起政策信息的交流反馈机制，在多方交流的过程中不断缩小政策与现实不适应的可能性，减少错误政策。而这一切绝不仅仅是制度与操作层面的问题，在当前更多地立足于大数据技术的发展与相关算法的建立与完善。

74.0%的受访者认为政府网站没有我需要的社会保障信息。这在某种程度上反映了我国各级政府目前在政务信息公开方面所做工作的不足，以致在信息发布方面在时效性和可利用性上皆有欠缺。政务信息公开作为一项由国家行政机关和法律、法规以及规章授权和委托的组织，在行使国家行政管理职权的过程中，通过法定形式和程序，主动将政府信息向社会公众或依申请而向特定的个人或组织公开的制度，在社会保障方面对相应的政策得到更好的贯彻落实，人民群众社会保障条件优化具有独特作用，其中最重要的就是能够实现政策信息的交互与反馈以达成政策效用最大化的目的。在经济全球化和网络信息技术高速发展的时代，瞬息万变的信息，已成为促进社会经济发展的重要因素。信息社会就是信息和知识扮演主角的社会，作为最重要的信息资源的政府信息涵盖全社会信息的80%，它既是公众了解政府行为的直接途径，也是公众监督政府行为的重要依据。在社会保障领域健全多角度全内容的社会保障服务信息的公开，一方面，能够使广大人民群众更加全面地了解当前自己所属地区的社会保障发展状况，根据自身的切实需要找到可能具有帮助作用的保障内容，同时具有时效性的社会保障信息公开，能够在某种程度上降低需求群体由信息沟通不畅所致保障不足的可能性。另一方面，社会保障信息的公开也能够使政策制定部门和相关行政职能部门更快地了解到针对某种保障需求的社会保障政策的实际效用，之后对其进行预期效用与实际效用间的比较评估，进而对那些收效并不理想的政策进行相应的调整，以使其在最大限度上满足公众需求。当然从另一个角度来看，形成一种具有多方面适应性和有效性的社会保障信息公开系统的过程不是一蹴而就的，它涉及相关法规政策的完善和新兴信息技术的尝试与应用，以及便利性的平台设计探索和在实际操作过程中的磨合。

82.7%的受访者认为大数据能够让政府更清楚不同的社会保障需求。不论是社会保障政策还是其他领域的政策，政府扮演的都是政策的制定者和调节者的角色，而非政策最直接的作用对象，故而其对于政策的实际感知大抵不如受到政策直接作用的社会大众，其对于政策的制定和调整往往基于公众议程或公众对于政策的反馈。政府之于政策制定的间接性，往往是造成政策失误或政策效用不及预期的重要原因，但是我们也能够发现当前这种间接性是无法消除的，只能够通过政府与公众就政策问题的联系面的扩大而逐步降低。具体而言，就是通过双方的广泛沟通在更大程度上了解民众在社会生活的多个方面的显在与潜在需求，进而形成相应的政策议程，在现有政策实施的条件下获知民众对于该项政策的看法，并在现有政策的基础之上依照民众提出的新需求进行相应的政策调整。而在现有条件下我们可以发现针对政策的政府－公众双向沟通机制的作用发挥是十分有限的，地方政府网站虽有对于社会保障信息的公开，但往往起到的只是上传下达的作用，公众方面的政策制定和优化价值并没有充分地发挥出来。社会保障领域大数据技术的应用在发挥政策制定和优化价值方面具有建设性作用，在平台建设方面其可以增强当前政府网站的信息容纳能力并且改善其所发布的相应信息的结构，为现有的社会保障信息获知度的提升创造条件。在沟通机制建设方面其能够搭建起横跨公众与政府稳定的信息沟通桥梁，可以获知针对某一保障政策的公众感受进而发现政策满足的预期需求与民众实际需求之间的差距，进行相应的政策调整，也可以在纵向上实现对民众社会保障需求的追溯，以了解民众社会保障需求的变化过程并发现其中所蕴含的规律，让决策部门对民众社会保障需求有更深层次的洞察力，从而缩小决策失误的比例。同时我们应当意识到在建设层面不论是政府网络平台的改革还是沟通平台的搭建都要经过一定的过程，且在此基础之上的社会保障方面数据的价值的发挥是需要经过搜集、整合与分析的过程的，而这种对于民众社会保障需求的发现也是以巨大的数据储量为前提条件的。

80.6％的受访者表示当地政府网站有对社保服务不满意的投诉板块。这从一些方面看，表明了当前我国各级政府在政府网站建设方面虽还不尽如人意但还是有一定的发展的。针对社会保障服务不满意的投诉板块的建设实际上是政务服务投诉平台建设的一个具体领域，政务服务举报投诉平台是为广泛听取群众和企业意见，充分发挥社会监督作用，切实解决企业和群众在政务服务中遇到的困难和问题而设立的平台。其主要职责就是统一接受社会各界对涉企乱收费、涉企政策不落实、未实现政务服务"一网通办"、群众和企业办事不便利，以及其他政务服务不到位等问题的投诉。其主要职责就是督促有关地方和部门查清问题、查明原因、整改解决，确保国家优化政务服务的政策措施落实到位，加快营造稳定公平透明可预期的营商环境，切实增强群众和企业对"放管服"改革的获得感。对存在失职渎职、懒政怠政情况的，依法依规严肃问责。在社会保障方面其价值就在于能够使公众发挥对于社会保障有关的职能部门在社会保障政策执行和服务推进过程中的监督职能，进而不断降低当前政策失误的可能性以增加满足预期需求的可能。当然当前的政府网站针对社会保障服务的投诉板块建设还需要进一步推进，具体方向就是要更具问题针对性和解决时效性，以增强投诉板块的职能效力发挥。

82.3%的受访者认为大数据社会保障信息有助于社会公平。社会公平是指民众在社会生活过程中处理事情合情合理，不偏袒某一方或某一个人，即参与社会合作的每个人承担着他应承担的责任，得到他应得的利益。如果一个人承担着少于应承担的责任或取得了多于应得的利益，这就会让人感到不公平。社会公平也指按照一定的社会标准（法律、道德、政策等）、正当的秩序合理地待人处事，这是制度、系统、重要活动的重要道德品质。在社会保障方面，现代社会保障的产生与发展，既是基于人生总是充满着各种生活风险并且需要相应的保障，也是基于促进社会公正与共享国家发展成果的需要。但就目前来看我国的社会保障发展在某些地区某些领域公平与效率的关系问题处理得尚不理想，这也就致使社会保障作为维护社会公平"最后一道防线"的作用无法得到充分发挥，那么通过多种手段来促使社会保障效用得到更大程度上的发挥势必对社会公平在更大程度上的实现具有推动作用。大数据技术在社会保障领域中的应用可以改善当前社会保障中存在的资源分配不合理和信息沟通不畅的情况，一方面，在社会保障资源的分配上先前往往是基于相对狭窄的历史经验的推断，其对经济波动和人口流动的适应性较弱，而通过对于某地区、行业或群体的数据分析则可以了解其发展态势和人口变化情况，进而在社会保障资源分配上进行灵活调整，以使其具有对于经济发展的适应性。另一方面，在信息开放与交流上，可以使有关政府机关和行政部门了解当前社会中存在的一些亟待解决的社会保障方面的不公平不合理的问题，进而形成相应的资源倾斜，而且在信息开放的基础上能够对有关政府行政部门进行有效的舆论监督，促使其向着民众满意的方向行进，以最终达成总体上动态的社会保障公平状态，以此推动社会公平。

74.9%的受访者比较满意其所在地区的社会保障服务。这表明当前我国的经济发展与社会保障之间的双向互动态势尚处良性。从物质层面来看，我国改革开放40多年来的经济高速发展是促进社会保障事业快速发展的重要原因，而这种良性的双向互动关系直接影响了民众对于社会保障服务的满意度。一方面，生产力和生产关系的发展状况决定了社会保障的产生和发展的基本面貌，这显示了经济发展对社会保障的直接影响；另一方面，社会保障又通过影响社会稳定、就业率、社会储蓄率、人力资本积累、经济结构调整等因素影响经济发展。但是从西方发达国家的社会保障发展过程来看，社会保障绝不仅仅是资金的筹集、分配与发放的僵硬过程，所以达到物质生活的简单维持也不可被称为其最终目的，主观上的心理满足和客观上的生活和谐应是在物质层面的基本满足之外社会保障需要实现的下一个目标，这一目标的实现具体涉及了养老、医疗、教育、住房、就业等多个方面，需要社会保障服务在适应市场发展状况的条件下跳出原有的物质关怀，拓展出多方面的更具群体适应性和地区适应性的保障服务新内容，一方面提高当前的社会保障水平，另一方面提升受保障者的自主能力。

75.8%的受访者不清楚居住的地方有哪些社会保障政策。这表明当前社会保障相关的组织部门对于社会保障政策信息的开放与宣传还存在许多不足，在公众获知途径上还不够具体和细致。作为政策信息公开的最有效平台的各相关职能部门网站应在政策信息公开与宣传上加大力度，以便使更多的普通民众了解当地与其自身利益相关的政策信息，在了解的前提下做出保障自身合法权益的决定。在社会保障方面，各级职能部门应该发挥多种媒体平台的政策信息传播价值，特别是受众较为广泛的社交媒体，不应仅将政策信息的发布停留在自身的网站上，而是应健全微信、微博等多种公众平台，使政策信息得到更广范围内的有效传递。同时加强自身平台的结构建设也不失为一种拓展政策信息传播范围与深度的可行性方式。通过对平台进行相应的板块设计，最快速度得以获知自己需要的信息；通过对平台进行检索改良来实现民众对政策信息的有效检索。通过这些举措来进一步提升民众对于社会保障政策信息的了解程度，强化政策的应用效果。

80.3%的受访者认为大数据社会保障服务有助于缩小城乡差异。这一方面表明当前我国社会保障的差异在城乡之间还比较显著，另一方面表明当前公众对于缩小社会保障在城乡之间的差异有着迫切的希望。但是从当前城乡社会保障投入的总体比较来看，城市地区所占的社会保障资金远高于农村地区。从城乡社会保障投入的人均比较来看，我国城市社会保障支出占总数的95%，而占据一半人口的农村仅占5%。换言之，城市人口的社会保障费用是农村人口社会保障费用的19倍。从城乡居民社会保险投入的分项比较来看，养老保险制度是社会保障制度中最先引进的。它已经由一开始的保障城镇职工逐渐推广到外资企业、私营企业以及个体工商户等。看起来已经比较完善，但是在我国占据大多数人口的是农村，而农民却没有一套完善的社会保障制度，农民的保障依然是土地。现在，我国的医疗保险已经覆盖全国，可是在实施的过程中还存在很多问题。主要是医疗卫生资源过于集中在城市，招聘的医疗工作人员不愿意到农村工作，这就使得农村医疗条件仍然很差，老百姓有病得不到及时的治疗，甚至病情被耽误。而大数据通过数据收集、整理和分析，在社会保障服务中的应用能够发现当前社会保障体制中城乡保障不均所导致的具体问题，了解保障资源分配的不合理之处，进而进行相应的资源整合，逐步缩小社会保障服务在城乡中的差距。

与性别分类的交叉分析显示，不同性别的受访者对于大数据在社会保障领域是否具有促进价值的态度呈现较为显著的差异（$p < 0.05$）。其中男性受访者对于分量表所提题项的认同度区间为57.9%～62.5%，而女性受访者对于题项的认同度区间仅为37.5%～42.1%。总的来看，男性受访者对于大数据技术在社会保障领域应用所产生的促进价值的认同度是远高于女性的。这一状况的产生实质上是男女社会地位不平等的历史因素变异化作用和不同性别群体对社会生活关注方面的不同所共同促成的。在历史上相较于男性，女性无论在工作还是生活上往往都处于从属地位，即便在今日就业市场上男性也往往是很多企业招聘的首选对象，就业性别歧视还在某种程度上存在；在家庭冲突中我们也能够发现女性往往是冲突中的劣势方甚至是受害者。在对于社会生活的关注上，我们通过经验可以发现男性更加关注那些对于实现自身价值更具实际推动作用的事物，如金钱、权力和名望等，而相对于男性，女性更加关注那些能够满足内心情感需求的事物，这就使得从某些具体角度来看男性相较于女性更加理性，更加重视事物实际的价值，不论是内部还是外部。大数据作为一项新兴技术在未来是

要在社会生活的一些具体领域起到推动作用的，在这一点上男性对于其的关注受到偏好的影响相较于女性可能更加强烈，相对的认同度较高也就可以理解，且受到传统观念影响，女性的内向型思维使得其对于家庭保障的认同度要高于社会保障，这与大部分男性的外向型思维正好相反，相较于女性，男性更愿意从外部获取资源来实现自身更好的生活状态。男性与女性对大数据在社会保障领域中应用可能产生的价值的认同，反映了男性和女性在期望上的不同和目标实现方式上的不同。女性受访者基于上述两种原因对于社会保障以及大数据技术的关注程度要弱于男性，而且希望通过外部条件作用来实现生活预期目标的渴望也低于男性。当然这种状况随着不和谐的传统因素的不断消解，以及社会现代性的不断增强是会逐步减弱的，但是这也需要通过实践来不断推进。

与不同年龄分组受访者的交叉统计显示，不同年龄组的受访者对于大数据在社会保障领域是否具有促进价值的态度呈现较为显著的差异（$p < 0.05$）。从中我们可以得知 20 岁及以下年龄组的受访者对量表所展示题项的认同度区间为 19.5% ~20.8%，21 ~30 岁年龄组的受访者对题项的认同度区间为 30.8% ~32.6%，31 ~40 岁年龄组的受访者对于题项的认同度区间为 21.2% ~23.2%，41 ~50 岁年龄组的受访者对于题项的认同度区间为 14.4% ~16.6%，51 岁及以上年龄组的受访者对于题项的认同度区间为 9.3% ~11.0%。总的来看，21 ~30 岁年龄组的受访者对于题项的认同度水平最高，而 51 岁及以上年龄组的受访者对题项的认同度水平最低。针对具体题项 B80"我比较满意所在地区的社会保障服务"，21 ~30 岁年龄组的受访者对于其认同度最高，有 32.6% 的受访者认同该观点，而相较之下 51 岁及以上受访者中只有 9.3% 的受访者认同这个观点，这反映了社会保障服务在代际的实际以及其所引发的感受是不同的。21 ~30 岁的青年人正处于年富力强的时期，已经成为或者将要成为社会的中坚力量，其获得信息、资源、能力的渠道相较于其他年龄组的人而言更具优势，且在这一阶段其智力水平和身体素质可谓处于人生的顶峰阶段，这使其陷于由失业、疾病等一系列因素造成的困境的可能性大大低于 51 岁及以上年龄组的受访者，故而其对当前的社会保障服务的供给状态往往处于一种满意的状态。而对于那些中年已过行将退休的人而言，当前的社会保障状况对于其可能就不那么乐观了，长期从事某项工作造成的思维僵化，以及在身体上和精神上出现的相较于年轻人更多的颓势预期，很可能使其在工作和生活中丧

失进取精神，进而停止从外界获取更多资源或能力来实现自己的生活目标。这种身体上和精神上走的下坡路往往会使其诉诸社会保障体制下的资源与服务来满足自身的需要，而当具有同样属性的更多人将注意力集中于此，希望从社会保障中获得更多可满足自身需要的资源时，供给与需求的矛盾就会不断产生，进而也会使处在该年龄段的人们对于社会保障服务的满意度产生不同程度的下降。基于这种情况单纯的标准一致的社会保障服务的供给是存在一定弊端的，这种弊端不仅仅存在于人们从服务中获取的实际的能够改善自身生活的资源上，也存在于人们对于社会保障服务的总体感受上。故而，在未来应该更多地通过对多年龄群体的数据跟踪、整理和分析，发现人们在不同年龄段对于社会保障的需要程度，发现需求及其变化的规律，进而供给更具适应性的服务。

与不同受教育程度受访者的交叉统计显示，不同受教育程度的受访者对于大数据在社会保障领域是否具有促进价值的态度有较为显著的差异（$p < 0.05$）。在不同受教育程度群体对于题项的认同度区间表现上，初中及以下学历受访者对于题项的认同度区间为 14.9% ~17.4%，高中或中专学历受访者对于题项的认同度区间为 14.6% ~15.9%，大专学历受访者对于题项的认同度区间为 13.4% ~14.1%，本科学历受访者对于题项的认同度区间为 46.9% ~48.9%，硕士学历受访者对于题项的认同度区间为 3.7% ~4.3%，博士及以上学历受访者对于题项的认同度区间为 2.2% ~3.1%。从总体上看，本科学历受访者对于题项的总体认同度最高，而硕士和博士及以上学历的受访者对于题项的认同度处于较低水平。从中我们可以发现个人的受教育程度会影响其对大数据在社会保障领域是否具有促进价值的态度进而导致对社会保障方面发生的某些变化产生不一致的认知和理解。具体地，在题项 B80 "我比较满意所在地区的社会保障服务"上，本科学历受访者对于这个观点的认同度水平最高，约有 48.9% 的本科学历受访者认同了这个观点，而初中及以下学历受访者对这个观点的认同度水平只有 15.7%，即只有 15.7% 的初中及以下学历的受访者赞同了这个观点。这一方面反映了不同受教育程度的人在参与工作后所享有的社会保障水平实际上是存在差异的，另一方面也反映了不同受教育程度群体对于社会保障系统在感受上或侧重上会有所不同。首先，拥有较高受教育程度的人在参加工作并获取社会保障时往往更加容易获得优质且有效的服务，即便并不如此，他们也更有能力通过制度化的办法来实现，而受教育程度

较低的人往往在实际得到的保障上和争取更多保障的过程中处于被动地位。其次，受教育程度较低的人往往更加关注社会保障服务所发挥的实际效能，并没有广泛地意识到社会保障体制优化可能带来的更多价值，且在保障供给上在乎的更多的是物质层面的保障，故其对于社会保障发展预期的认同度不高。而拥有更高学历水平的受访者则能够意识到，新兴技术特别是大数据应用于社会保障系统之后可能带来的社会保障现有体制的优化，且对于社会保障本质的认识不仅仅拘泥于物质层面，故而其对于未来大数据技术应用于社会保障可能带来的优化的认同度相对较高。

对于不同婚姻状况的受访者的统计表明，不同婚姻状况的受访者对于大数据在社会保障领域是否具有促进价值的态度呈现较为显著的差异（$p < 0.05$）。在认同度区间的表现上，已婚受访者对于题项的认同度区间为 42.6% ~46.4%，未婚受访者对于题项的认同度区间为 50.5% ~54.1%，离婚受访者对于题项的认同度区间为 1.4% ~1.6%，丧偶受访者对于题项的认同度区间为 1.4% ~1.7%。总体来看，未婚受访者对于该题项的认同度高于已婚受访者，而离婚受访者和丧偶受访者对于该题项的认同度都处于较低水平。这反映了婚姻状况这一受访者属性对于受访者对社会保障方面的需求以及对当前社会保障服务体系的看法会产生影响。相对于离婚和丧偶受访者，未婚和已婚受访者从总体上看年龄相对较低，获得保障的系统也存在一些不同，离婚和丧偶受访者因其能够从家庭中获得的支持相对低于已婚和未婚受访者，在满足自身平稳生活的需求方面更多地会诉诸自身或社会，在寻求社会对自身生活水平进行保障的过程中更多关注的是现实条件下已经实行的社会保障政策以及社会保障服务，对其他外力因素所造成的未知的社会保障体制本身的变化并不十分关心，这也就促成其在面对大数据这一新兴技术对于当前社会保障发展可能带来的影响时并不十分积极，对于这种变化并不十分乐观。相比之下已婚受访者和未婚受访者对于大数据可能带来的社会保障方面的变化就乐观得多，他们正处于人生发展的上升期，并能够得到原生家庭和配偶在物质上和情感上的支持，对于社会保障方面的变化有着更强的接纳力，故而其对于大数据应用与社会保障可能带来的影响更加接纳并认为这种变化对于社会保障未来的发展是有建设性作用的。

对有子女和无子女受访者的分类统计显示，不同子女状况的受访者对于大数据在社会保障领域是否具有促进价值的态度呈现较为显著的差异

（$p < 0.05$）。其中有子女的受访者对于题项的认同度区间为 40.6% ~
45.0%，无子女受访者对于题项的认同度区间为 55.0% ~ 59.4%，由此可
以看出无子女受访者对于题项的总体认同度水平要高于有子女的受访者。
其中针对题项 B82"我不清楚居住的地方有哪些社会保障政策"，有子女
的受访者对于这个观点的认同度占总数的 41.5%，而无子女受访者对于其
的认同度占总数的 58.5%。从受访者自身所带有的某种属性来看，有子女
受访者相对于无子女受访者而言年龄较大，基本上均为参加工作多年并已
结婚的人士，而无子女受访者往往年龄较低，为未参加工作或参加工作时
间较短且尚未结婚的人士。无子女受访者因未参加工作或工作经验不足，
家庭压力相对较小，故而其对于社会保障的关注度相对会低于有子女的受
访者。较之于有子女受访者，无子女受访者的主要经济来源或许来源于原
生家庭而不是自身的劳动所得，故而社会保障这一支持系统对于他们而言
可能更加陌生。但对于有子女受访者而言其主要生活来源则主要是自己的
劳动而非家庭系统的支持，在参与劳动和就业的过程中或因经济波动，或
因自身能力的不足往往会存在失业的预期风险，而对于他们来说则需要有
外部的支持系统——社会保障系统来帮助其降低风险和减少风险造成困境
的实际影响。故而相较于无子女受访者，其对于社会保障投以更多的目
光。从社会保障系统本身内容彰显来看，这种状况貌似也属必然，社会保
障所包含的内容主要涉及医疗、住房、教育、就业和养老这几个领域，其
中医疗和教育是阶段性的保障，而住房、就业和养老方面的保障则存在一
定的延续性。无子女受访者从当前来看因其在总体上年龄较低，未参加工
作或参加工作时间较短，往往在学校或者原生家庭中居住，故此在住房、
就业和养老方面的保障需求并不高，而在医疗和教育领域的保障虽会对其
产生影响，但是因其是阶段性保障且这方面问题的解决能够得到家庭系统
的支持，故其投入这些方面的关注也会相对减弱，进而造成对于社会保障
发展的当前情况，可能不仅仅是对政策情况并不十分关注。这种情况的产
生存在一定的合理性，但同时这也反映了当前家庭系统承担的个人保障责
任过重，而社会在保障个人顺利生活过程中的作用没有充分地发挥出来，
从某些角度来看，这需要通过在宣传上的进一步深入和需求精准监测基础
上的保障资源多范围的合理运用来实现。

与不同职业状况受访者的交叉分析显示，不同职业状况的受访者对于
大数据在社会保障领域是否具有促进价值的态度呈现较为显著的差异（$p <$

0.05）。在不同职业状况群体对于题项的认同度区间表现上，供职于小型企业的受访者对于题项所提观点的认同度区间为 11.0% ~ 13.5%，供职于中型企业的受访者对于题项的认同度区间为 5.3% ~ 5.8%，供职于大型企业的受访者对于题项的认同度区间为 4.8% ~ 5.4%，供职于其他企业的受访者对于题项的认同度区间为 4.6% ~ 5.2%，政府工作人员对于题项的认同度区间为 5.4% ~ 6.0%，教师及科研人员对于题项的认同度区间为 7.3% ~ 7.7%，私营企业主对于题项的认同度区间为 6.6% ~ 7.9%，个体经营者对于题项的认同度区间为 5.8% ~ 6.6%，自由职业者对于题项的认同度区间为 7.2% ~ 7.6%，学生对于题项的认同度区间为 29.5% ~ 31.5%，退休人员对于题项的认同度区间为 1.3% ~ 2.8%，其他职业状况群体对于题项的认同度区间为 5.7% ~ 7.0%。从总体上我们可以发现学生在所有职业群体中对于大数据可能对社会保障各个方面产生的促进作用的认同度最高，而退休人员则对大数据在社会保障领域的价值认同度最低，这从学生和退休人员的生活经历来看，学生是要逐步步入社会，不断参与社会生活各个领域的活动之中，相比学生，退休人员则是逐步从社会生活中脱离出来，在社会各领域发挥的作用也会逐步降低。而且学生相较于退休人员从总体上看接受新鲜事物的能力也较强，对于影响其生活质量和未来发展的各方面的建构也更加重视，这可能是影响两者在社会保障领域特别是像大数据这种新兴技术应用于社会保障领域在看法上和认同度上不同的原因。

与不同工作年限受访者认同意向的交叉统计显示，不同工作年限的受访者对于大数据在社会保障领域是否具有促进价值的态度呈现较为显著的差异（$p < 0.05$）。其中工作年限为 5 年以下的受访者对于题项所提出观点的认同度区间为 36.6% ~ 40.7%，工作年限为 5 ~ 9 年的受访者对于题项的认同度区间为 24.2% ~ 25.8%，工作年限为 10 ~ 14 年的受访者对于题项的认同度区间为 8.9% ~ 9.5%，工作年限为 15 ~ 19 年的受访者对于题项的认同度区间为 5.5% ~ 6.3%，工作年限为 20 年及以上的受访者对于题项的认同度区间为 19.8% ~ 23.1%。从中我们可以发现随着受访者工作年限的延长其对于题项中所提观点的认同度呈现先递减后递增的态势，工作年限在 5 年以下的受访者对于题项的认同度最高，而工作年限在 15 ~ 19 年的受访者对于题项的认同度水平最低。工作年限为 5 年以下的受访者工作经验不甚丰富，工作转变的灵活性较强，且处于事业发展的上升阶段，对于可能影响其事业发展的多种因素都较为重视，故而相较于其他工作年

限群体对于新兴科技可能造成的对自身社会保障方面的影响更加重视，认同度也较高，而 15~19 年工作年限的受访者其职业状态已经非常稳定，其在当前所享有的和未来将要享有的社会保障服务在客观上和主观认识上基本已经确立起来，可调整的空间较小，这种情况在很大程度上会造成其对于新生事物可能对其社会保障状况造成影响的认同度较低，从一些角度来看这也是工作年限较长导致的思维形成某种特定模式进而固化的结果，当然这种状况也并不是不会发生改变的，随着人们对于自身职业生涯终点的预见性加强，其思维则有可能从原有的机制中解放出来，对于多种因素对社会保障产生的影响提起重视。

与不同月收入受访者认同意向的交叉统计显示，不同月收入的受访者对于大数据在社会保障领域是否具有促进价值的态度呈现比较显著的差异（$p < 0.05$）。其中月收入为 1000 元及以下的受访者对于题项观点的认同度区间为 18.7%~20.1%，月收入为 1001~3000 元的受访者对于题项观点的认同度区间为 22.8%~25.4%，月收入为 3001~5000 元的受访者对于题项所提观点的认同度区间为 34.2%~36.0%，月收入为 5001~8000 元的受访者对于题项所提观点的认同度区间为 12.8%~14.0%，月收入为 8001 元及以上的受访者对于题项所提观点的认同度区间为 6.7%~8.3%。总的来看，随着收入水平的上升受访者对于量表题项观点的认同度呈现先上升后下降的趋势。在月收入为 3001~5000 元时受访者的认同度水平达到了最高点。这反映了收入发生变化时民众社会保障需求的变化，当收入处于较低水平时人们对外力因素可能促成的社会保障现状的改善并不关注，这有极大可能是由于其更多地关注社会保障当前对其生活稳定的现实价值而非改善预期。当收入达到中等水平时民众对于其所享有的社会保障的认识不仅仅停留在物质的帮扶和具有稳定性的服务，而是更多地关注多种因素对于社会保障现有状态的影响，以及由此而形成的改善预期。但是随着收入水平的进一步提高，个体的相应需求得到了更大程度的满足，新增需求相应也更多，而相对于当前社会保障对于个体需求满足的有限性，此收入水平的人面对需求与满足之间的差距时，势必会将更多的注意力集中于可满足自身需求的其他方面而非社会保障领域，同时也使得其对于低层次需求满足的关注转移向高阶层需求满足。

与来自城市和农村不同受访者的交叉统计显示，来自城乡这一个体区别属性使得受访者对于大数据在社会保障领域是否具有相应促进价值的态度呈现较为显著的差异（$p<0.05$）。在题项的显著性上，具有显著性的题项只有 B76、B77、B80、B82、B83。从总体上看城市受访者对于题项的认同度要高于农村受访者，城市受访者对于题项的认同度区间为 60.6%～62.2%，而农村受访者对于题项的认同度区间为 37.8%～39.4%。特别是在题项 B83"大数据社会保障服务有利于推进社会公平"上，城市受访者中有 62.2% 的人认同此观点，而农村受访者中仅有 37.8%，这表明了城市受访者和农村受访者之间很多自身特性上的差异以及对于提高社会保障水平所能够促成的社会公平的期望在寄托方向上的不一致。相较于城市地区，农村地区的经济发展较为落后，各种资源诸如教育、卫生资源分配所占比例大大低于城市地区，交通和信息流通不甚便利，且受传统思想浸染程度相对较深，故其对于大数据对推动当前的社会保障发展的可能性作用的认识程度不及城市受访者。由此而来的其对于作为外部作用因素的大数据对于社会保障发展的促进作用认同度不高，更寄希望于直接的具有针对性的政策制定以及自身的努力以至于自身福利状态的改善。所以面对相对于城市受访者对于大数据技术应用在社会保障方面的预见性判断、农村受访者在这方面的短视，在当前和未来应不断地进行宣传和在实践领域推进，并使其看到大数据在社会保障领域的应用所能产生的"实际价值"。

与流动人口、非流动人口受访者的交叉统计显示，是否为流动人口这一个体属性使得受访者对于大数据在社会保障领域是否具有相应促进价值的态度呈现较为显著的差异（$p<0.05$）。从总体来看流动人口受访者对于题项的认同度低于非流动人口受访者，跨省流动人口受访者对于题项的认同度低于省内流动人口受访者。流动人口受访者对于题项的认同度区间为 19.8%～20.6%，非流动人口受访者对于题项的认同度区间为 79.4%～80.3%，跨省流动人口受访者对于题项的认同度区间为 22.7%～25.4%，省内流动人口受访者对于题项的认同度区间为 74.6%～77.3%。由此我们可以看出人口的稳定性会对其对于大数据在社会保障领域价值的认识和理解产生影响，即生活和就业在区域上相对稳定的人相对较容易认为大数据技术在社会保障领域具有积极意义，而生活和就业在区域上相对灵活的人较不容易认为大数据在社会保障方面应用会产生相应的价值。特别是在题项 B79 上，非流动人口受访者中有 80.3% 的人认为"大数据社会保障信息有助于社会公平"，而流动人口中仅有 19.8% 的受访者认同这一观点。在题项 B74 上，省内流动人口受访者中有 77.3% 的人认为"大数据有助于制

定更好的社会保障政策"，而跨省流动人口受访者中仅有22.7%的人认同此观点。造成这种差距的因素势必是多方面的，其中社会保障体系在当前尚不健全是影响受访者对于题项认同度不一的最重要原因，当前我国的社会保障体系虽逐步完善但对于转型中社会产生的庞大的流动人口的保障还较为缺乏，故而当前流动人口对于提升社会保障水平的期望更多地集中于政策本身而非影响政策制定的其他外力因素。非流动人口长期在某一地区工作，对于本地区社会保障政策和自身所应享有的社会保障服务相对更为了解，受保障水平相对于外来人口也较高，这使其对于社会保障水平提升的期望较流动性更强的人而言处于更高层次，即更加看重多种因素，特别是新兴科技对于改善当前社会保障机制的运作所能够产生的建设性作用。

与不同地区的交叉统计显示，来自东部、中部、西部、南部、北部地区和直辖市的受访者对于大数据在社会保障领域是否具有相应的促进价值的态度在总体认同度上呈现显著的差异（$p < 0.05$）。其中东部地区受访者对于题项的认同度区间为20.4%~23.7%，中部地区受访者对于题项的认同度区间为17.5%~19.2%，西部地区受访者对于题项的认同度区间为17.7%~19.0%，南部地区受访者对于题项的认同度区间为18.1%~19.2%，北部地区为11.8%~13.2%，直辖市为9.3%~10.0%。总的来看，东部地区受访者对于大数据在社会保障领域可能的推动作用的认同度最高，而中、西部地区虽在具体题项认同度上存在一些差异，但总体上保持在相同水平，南部地区受访者对于题项的认同度也较高，在所有地区中列第二位，仅次于东部地区，而北部地区和直辖市受访者的认同度相对较低。在题项B78"当地政府网站有对社保服务不满意的投诉板块"中，东部、中部、西部、南部、北部地区和直辖市受访者中赞同此观点的人所占比重分别为23.7%、17.5%、18.7%、18.8%、11.8%和9.3%，东部地区相较于其他地区对于该题项的认同度更高，这一方面说明了东部地区受访者更加重视地方政府网站中投诉平台的建设，希望通过完备的平台建设来更好地行使自己对于社会保障相关职能部门的监督权，以使社会保障服务体系更加规范，使相关职能部门工作人员的行为得到约束；另一方面说明当前不仅社会保障部门还有我国政府的其他职能部门的网站建设也应该进一步推进，网站不仅承担上传下达的职能，还能够在多方互动的过程中发现社会需求，更加合理地调配和利用资源，解决社会问题。

第三节　公共事业性服务公众需求分析

作为公共利益的集合体，实现公共服务与需求的精准匹配是公共事业性服务部门应有的责任。在新一代信息技术蓬勃发展的当下，运用大数据技术实现公共服务的灵活性和精准化成为发展趋势（祝阳、顾梓钰，2020）。数据时代政府在累积过去经验的基础上打造民众合理表达公共服务利益诉求的平台，在依靠大数据对多个公共服务领域数据资源的科学分析中提供公共服务，从而实现两方互动交流，政府能对民众真实的公共服务需求做出合理性的反馈以及行动，促进公共服务的供给精准化、精细化。大数据是"颠覆性的创新"（Decker，2014），它将有助于推动政府建设高效、透明的服务型政府。就教育领域而言，大数据、人工智能、区块链技术等正引发新一轮的教育信息化变革，为提升教育决策质量和教育治理能力提供了重要的支撑，促使教育走向个性化和智能化。利用大数据技术可以更有效地分析学生的学习行为，明确学习需求和学习特点，真正实现个性化学习。数据、技术和思维作为大数据价值链的主要构成要素，带来思维方式的变革，也极大地形塑着人们的价值观念，包括对性别观念和社会规范的认知。大数据不仅是当前政府开展社会治理的新工具，更是推动社会性别数据资源深层应用和妇女事业发展的新工作任务。

一　儿童与教育分量表分析

信息时代，大数据给各个领域的发展带来深刻的影响。在商业领域，人们通过大数据，对消费者的消费行为和消费习惯进行分析和预测。同样，在教育领域，大数据也成为教育领域的研究热点。教育大数据不是停留于"数据"，而是立足于"以人为本"的教育理念，提供推动学生核心素养全面发展的数据服务。大数据不仅激发了教育理念、教育模式和教育手段的重大变革，还为儿童教育活动提供了更加科学、准确、直观的基础条件。大数据在儿童与教育领域的公众需求内容包括：

B30 大数据让我有更多的途径了解有关儿童教育方面的知识

B31 大数据让我认识到儿童的心理健康需要学校和家长特别注意

B32 大数据让我了解到儿童的心理健康比学习成绩更重要

B33 大数据让我在讨论孩子教育问题时，更倾向于通过网络平台交流和沟通

B34 大数据让我更容易了解到儿童的课程设置和活动安排

B35 大数据让我更加关注孩子和同龄伙伴之间的交往情况

B36 大数据让我认识到家庭教育对儿童的重要性

B37 大数据可以改善教育不公平的状况

B38 信息交流更有利于家长和学校的沟通

B39 在可以接受的范围内，我会使用网络教育平台学习

不同性别受访者对大数据在儿童与教育领域中的需求的认同度存在显著差异（$p < 0.05$）。男性对于大数据在儿童与教育领域应用的认同度高于女性。其中，57.7%的男性愿意使用网络教育平台进行学习，而女性只占42.3%。由于男女接触和使用新技术的习惯不同，男性比女性更愿意使用新科技（Viswanath et al.，2000）。实际上，重视男性与女性在教育大数据具体的认知、态度和行为上的差异，既有助于有针对性地制定教育策略，也有助于实现对广大女性的"赋权"，以提高女性利用新技术服务自己的能力。

不同年龄段受访者对大数据改变教育不公平状况的认同度存在明显差异（$p < 0.05$）。年龄在21～30岁的受访者中认为大数据可以改善教育不公平状况的比例是32.5%，31～40岁的受访者中认为大数据可以改善教育不公平状况的群体约占21.6%，41～50岁的受访者中认为大数据可以改善教育不公平状况的群体仅占16%。总体而言，人们对于大数据改变教育不公平状况的认同度不高。虽然我国在利用信息化推进教育平等的过程中取得了一定成效，但由于城乡数字化差异大、基础设施薄弱、专业师资匮乏等因素，未能充分利用大数据改变区域教育发展不均衡的状况。

儿童与教育领域与有无子女情况的分组统计显示，无子女的受访者对大数据在儿童与教育领域应用的认同度高于有子女的受访者。其中，在教育孩子问题上，44.6%的有子女受访者更倾向于通过网络平台进行交流和沟通，无子女的受访者则为55.4%。近年来随着我国教育信息化迅猛发展，更高质量和更加多样化的在线教育需求日趋强烈，但在线教育资源供给有限，缺乏质量高、个性化的教育资源，难以满足不同阶层家长学生的个性化需求，这就解释了有子女的受访者在大数据教育应用上的认同度

较低。

儿童与教育领域与婚姻状况的分类统计表明，未婚群体对教育大数据的认同度最高，其次是已婚群体，丧偶和离婚群体对教育大数据的认同度较低。在具体的分变量中，在未婚群体中，通过大数据了解有关儿童教育方面的知识的占比最高，达到 51.4%；在已婚群体中达到 45.8%；在丧偶和离婚群体中，均为 1.4%。

此外，受教育程度也会影响受访者对教育大数据的需求程度。教育作为一种重要的人力资本，父辈的受教育水平对下一代的受教育水平起到重要作用。Aldashev 等（2009）认为受教育水平高的父母因其受益于教育，从而会更加注重对教育的投资，同时更愿意通过多种途径提升子女的受教育水平。因此，本科学历受访者更愿意利用大数据了解儿童的课程设置和活动安排，初中及以下、高中或中专学历的受访者相对较少，调查发现利用大数据了解儿童的课程设置和活动安排的比例分别为 48.4%、17.0%、15.2%，相伴 p 值小于 0.05 的显著性水平。因此，不同受教育程度的受访者对教育大数据的需求存在差异性。

不同职业受访者对大数据在儿童与教育领域的服务需求存在明显差异（$p = 0 < 0.05$），通过调查可知，大数据在儿童与教育领域需求性方面，学生受访者的需求度最高，数值均为 30% 左右，退休人员受访者的需求度最低，数值均为 0.2% 左右。伴随着互联网长大的 90 后、00 后，他们把互联网视为生活的必需品，微信、QQ、微博等已经成为学生群体日常沟通、交流、获取知识的主要工具，网络社交中的"朋友圈"圈群化的进一步巩固与强化，使大学生社会性需求呈现明显的个体性、差异性、多样性特征，促进了学生群体对教育大数据的需求度的提升。在大数据时代，个性化教育要充分运用大数据优势，精准把握学生个性特征，创新教育引导方式，加强个性化教育研究和实践应用，为满足学生教育需求和成长规律，提升教育质量发挥重要作用。

不同工作年限的受访者对大数据在儿童与教育领域的服务需求具有显著的差异（$p = 0 < 0.05$）。通过统计可知，5 年以下工作年限的受访者对大数据教育的认同度大约占 37%，5~9 年工作年限的受访者大约占 25%，10~14 年工作年限的受访者大约占 0.8%，15~19 年和 20 年及以上工作年限的受访者分别大约占 0.6% 和 0.2%。总体而言，随着工作年限的增加，受访者整体的需求度是呈现下降趋势的。其原因与受访者的年龄相

关，年轻人更愿意通过互联网新媒体获取知识和信息，所以对大数据在教育方面的认同度比较高，而老年群体对网络新媒体的认知度低于年轻人，他们更喜欢依靠传统媒介如书本、面对面的教学获取知识，造成对于大数据教育的认同度比较低。

不同月收入的受访者对大数据在儿童与教育领域的服务需求具有明显差异（$p < 0.05$）。其中，月收入为8001元及以上的受访者，其各项指标的频数最低；月收入为3001~5000元的受访者，各项指标的频数最高；其余三个月收入分段中，指标频数由小到大排列的顺序为5001~8000元、1000元及以下以及1001~3000元。

总体来说，儿童与教育领域的分类因素是体现个人阅历和个人素质的特征，这些因素与大数据社会治理对儿童与教育领域的服务需求都有着高度的相关性，所以说受访者的个人阅历与个人素质等因素决定了受访者对服务需求的不同。

来自城市与来自农村的受访者对大数据在儿童与教育领域的服务需求没有明显的差异。而在大数据对儿童心理健康的需要、大数据增加与孩子的沟通途径以及大数据改善教育不公平状况这几项指标上，有明显的差异性（$p < 0.05$），来自城市的受访者认同度明显高于来自农村的受访者。城市受访者的认同度均为60%左右，而农村受访者仅占39%左右。近年来，依托云计算、大数据、人工智能等新兴信息技术，我国教育信息化发展迅猛，逐步成为推进教育优质均衡发展的重要手段。但是由于我国在农村教育建设方面依旧存在很多问题，包括教育经费投入不足、教育基础设施存在短板、教师队伍建设困难、教育管理水平相对落后等问题，从而导致了农村地区教育信息化程度落后，也就造成了来自农村的受访者对大数据在教育领域的服务需求认同度比较低。

流动与非流动的受访者对大数据在儿童与教育领域服务需求有明显的差异，非流动人口的受访者对大数据教育服务需求度最高，均为80%左右。在流动人口中，跨省流动和省内流动的受访者之间有较显著的差异，跨省流动人口的各项指标均低于省内流动人口。随着工业化、城市化的不断提升，大量农村剩余劳动力转移到了城市，带动了城市产业的发展。相应地，城市流动人口子女由于户籍限制，出现了未能适龄入学、管理缺位、家庭教育缺失等问题，故大多数情况下流动人口子女很难有良好稳定的教育环境，导致了对信息化教育的认知程度比较低。

不同地区的受访者对大数据在儿童与教育领域服务需求有显著差异（$p = 0 < 0.05$）。其中，东部地区所有指标的认同度高于其他地区，达到23%，南部地区次之，达到了19%，中部和西部地区均达到18%，北部地区和直辖市的认同度分别达到12%和0.9%。相比较而言，东部地区经济发展水平较高，对于教育发展的重视以及对于教育的资金投入都要高于其他地区。

二　女性与健康分量表分析

随着社会的进步，女性在家庭和社会中的地位不断提高，成为家庭和社会生产建设中不可或缺的重要力量。大数据在教育、交通、医疗保健、商业等领域的广泛应用，不仅提升了女性的自我认知，也促进了女性的自我发展。同时，在互联网信息化的大时代背景下，我们可以充分使大数据新兴技术与医疗技术相结合，以此来帮助我们预防和治疗相关的疾病，起到预警作用。本研究的民众在大数据女性与健康领域的服务需求内容包括：

B62 大数据让我认识到女性不比男性差

B63 大数据让我了解到社会对女性的偏见

B64 女性在遇到家庭问题和困难时，可以通过网络寻求帮助

B65 我从网上知道女性和男性在工作和家庭方面应该被同等对待

B66 我从网上知道心理健康状况不佳是现代人的普遍状况

B67 我在网络平台学习到健康方面的知识

B68 通过微信公众号、微博等网络平台普及健康知识更容易

B69 身体不舒服时，我会上网去寻找解决办法

B70 健康大数据能够让人们更长寿

B71 健康大数据能更准确反映人们的健康需求与困扰

B72 健康大数据能让政府制定更好的医疗规划

B73 医药大数据能够更合理地配置医疗资源

性别、年龄、受教育程度、婚姻状况、有无子女五个因素与大数据在女性与健康领域服务需求存在相关关系。性别差异影响大数据在女性与健康领域应用的认同度，男性受访者对于大数据在女性与健康领域的应用认

同度高于女性受访者。其中，57.9% 的男性从网上知道女性和男性在工作和家庭方面应该被同等对待，女性占 42.1% ；57.9% 的男性受访者通过大数据认识到女性不比男性差，女性则占 42.1% 。可以看出我国在男女平权方面取得了显著成果，只有尊重女性地位，树立正确的性别观，才能帮助两性承认女性在家庭中的价值以及家务劳动的价值，促进良好家风的养成及建设。

不同年龄段的受访者对大数据在女性与健康领域的服务需求存在差异性，年龄在 21~30 岁的受访者中认为健康大数据能更准确反映人们的健康与困扰需求的比例是 32.3% ，31~40 岁的受访者中认为健康大数据能更准确反映人们的健康需求与困扰的约占 21.6% ，41~50 岁和 51 岁及以上的受访者中认为健康大数据能更准确反映人们的健康需求与困扰的分别占 15.5% 和 10.8% 。总体而言，我国整体健康信息素养水平较低，与发达国家相比差距较大，给大数据时代下的健康服务造成了困难。因此为了提升民众的健康信息素养，不仅需要国家和政府的大力宣传，也要从基础设施、系统软件、服务产品、人员素质、技术保障、法律规范、传输渠道等方面综合提高服务和产品质量。

受访者有无子女对大数据在女性与健康领域的服务需求没有显著的差异。但是，在健康信息素养方面，55.8% 的无子女受访者认为健康大数据能让政府制定更好的医疗规划，有子女的受访者则为 44.2% ；55.7% 的无子女受访者认为医药大数据能够更合理地配置医疗资源，有子女的受访者占 44.3% 。《"健康中国 2030" 规划纲要》明确提出 "推进健康医疗大数据应用"，优化健康服务及产品质量是提高大数据医疗健康的公众认同度的重要方式。因此，在医疗过程中，要让用户更加了解自己的身体，参与到自身的健康维护当中，从而让医疗机构为用户提供更加个性化、更准确以及更高质量的服务（泰勒，2016）。

在婚姻状况方面，51.3% 的未婚受访者从网上知道女性和男性在工作和家庭方面应该被同等对待，已婚受访者达到 45.5% ，离婚和丧偶受访者分别为 1.6% 和 1.5% 。随着信息化的发展，人们在学习、工作和生活过程中开始习惯运用网络获取知识和服务。因此，获取知识媒介就变得比知识内容本身更重要。作为社会化网络平台，如何能在准确、快捷地为用户提供知识服务的基础上，改善人与人之间的关系，促进社会的公平和正义是值得探讨的重要课题。

不同受教育程度的受访者对大数据在女性与健康领域应用的需求存在显著差异。15.2%的高中或中专学历的受访者认为通过微信公众号、微博等网络平台普及健康知识更容易，大专学历的受访者占13.8%，本科学历的受访者达到48.6%，硕士和博士及以上的受访者达到0.61%。如今微博、微信朋友圈等深深地影响着每个人，每个人都会或多或少地在网络上获取知识，这类获取途径不会要求受众的学历，无论什么学历都可以在网络平台学习到健康方面的知识，这与受访者的受教育程度没有相关性（$p >$ 0.05）。此外，生活在信息时代，用户在网络社交平台上获取信息的方式更加方便、快捷，这也给健康类谣言提供了一个快速传播的渠道。所以在享受大数据健康服务的同时，要提高大众的媒介素养，强化媒体的责任感，加强政府的控制力。

不同职业受访者对大数据在女性与健康领域的服务需求存在明显差异（$p = 0 < 0.05$），通过调查可知，在大数据对女性与健康领域需求性方面，学生群体受访者的需求度最高，指标值均为30%左右，退休人员群体受访者的需求度最低，指标值均为0.2%左右。目前互联网已经渗透到我们日常生活的各个领域，而网络化、信息化手段刚好为加强老年工作，特别是为老年人获取信息和满足精神文化需求提供了一种全新的途径。面对退休人员对大数据健康服务认同度较低的情况，应该更加合理地利用网络化、信息化手段，通过在退休老年群体中开展网络教育，使更多的退休老人学习新技能、增长新知识，获得更多的成就感。另外，相较90后、00后的青年群体，健康谣言成为中老年群体遭遇比例最高的网络风险，所以需要进行必要的网上监控和监管工作。

不同工作年限的受访者对大数据在女性与健康领域的服务需求具有差异性。通过调查结果可知，5年以下工作年限的受访者对大数据健康医疗的认同度大约占37%，5~9年工作年限的受访者大约占25%，10~14年工作年限的受访者大约占0.8%，15~19年和20年及以上工作年限的受访者分别大约占0.6%和0.2%。总体而言，随着工作年限的增加，受访者整体的需求度是呈现下降趋势的。当前我国人民生活水平日益提升，人均寿命也不断延长，这使得老人的数量不断增多，我国已经进入了人口老龄化阶段，利用大数据推动养老模式的创新与发展，是解决我国基本养老问题的必由之路。因此，只有增强老年人参与大数据医疗的意识，才可以促进信息化养老模式的合理利用。

不同月收入的受访者对大数据在女性与健康领域的服务需求具有明显差异（$p < 0.05$）。其中，月收入为8001元及以上的受访者，其各项指标的频数最低；月收入为3001～5000元的受访者，各项指标的频数最高；其余三个月收入分段中，指标频数由小到大排列的顺序为5001～8000元、1000元及以下以及1001～3000元。

总体来说，个体因素的不同对大数据在女性与健康领域的应用需求存在不同的影响，受访者的基本情况和个人经历决定了受访者对服务需求的不同。

来自城市与来自农村的受访者对大数据在女性与健康领域的服务需求没有明显的差异。但是在利用大数据推进性别平等方面，有显著的差异（$p < 0.05$），来自城市的受访者认同度明显高于来自农村的受访者。60.4%的城市受访者通过大数据认识到女性不比男性差，而农村受访者仅占39.6%。在农村，一方面，传统"男主外，女主内"的分工模式，加深了女性在社会化公共生产活动中的弱势地位，从而制约了性别平等意识的发展；另一方面，经济落后带来的资金投入不足，使农村地区信息化设施十分不完善，间接影响到人们接触先进的性别文化。同时，基层政策在宣传形式和手段上的单一导致了人们性别平等意识的拓展受限。基于这些方面，来自农村的受访者对大数据在女性领域的服务应用上认同度比较低。

流动与非流动的受访者对大数据在女性与健康领域的服务需求有明显的差异，非流动人口的受访者对大数据医疗服务需求度最高，大约占79%。在流动人口中，跨省流动和省内流动的受访者之间有较显著的差异，跨省流动人口的各项指标均低于省内流动人口。经研究发现，与户籍人口相比，流动人口在医疗健康服务的获取上明显处于劣势（侯建明、赵丹，2020）。由于流动人口以农业户籍为主，乡—城流动是其主要流动方向，长期游离于流入地和流出地之间，很难享受到流入城市的健康公共服务。因此，更需要利用互联网和大数据技术，多渠道了解治疗常见疾病的手段，科学地采取有效预防措施。

不同地区的受访者对大数据在女性与健康领域的服务需求有显著差异（$p = 0 < 0.05$）。其中，东部地区所有指标的认同度高于其他地区，均达到23%，南部、中部和西部地区均达到18%，北部地区和直辖市的认同度分别达到12%和0.9%。经济体制结构单一、经济发展不均衡是导致不同地区对大数据服务需求度不同的重要原因。

总体来看，不管是来自农村还是城市的受访者对大数据在女性与健康领域应用的认同度没有明显的差异，但是东部发达地区的受访者无论是大数据技术的掌握程度还是居民对大数据的认识程度都要优于其他地区。

第四节　环境可持续和地区发展公众需求分析

大数据为我国区域空间治理提供了新的思路和途径。当前许多国家已将大数据上升到国家战略高度，并积极探索大数据在医疗卫生、公共交通、公共安全等公益服务领域的应用。大数据作为推动公益服务精准化、智慧化、协同化供给的重要工具，其核心作用体现在能够精准识别公益服务的需求，优化公共服务的资源配置，实现公共服务需求与供给的动态平衡，提升公益服务供给的质量和效果。如今，绿色发展理念已成为指导未来我国经济发展与社会进步的新发展理念之一。环境保护部门发布了《生态环境大数据建设总体方案》，该方案将生态环境大数据的构建作为推动生态文明建设的重要保障措施。随着"智慧地球"概念的提出，利用智慧传感、智慧服务、智慧分析、智慧平台等先进技术手段，将先进技术与环保事业融合，使得环保监测、环保审批、环保决策、环保监督更加方便、快捷，助力我国环保事业登上新的台阶。在地区发展建设方面，大数据也将成为驱动中国区域经济发展模式从要素驱动到集群驱动再到创新驱动的重要引擎之一。在民生领域，推动大数据在智慧医疗、生活智能等方面的应用，重点在医疗健康、食品安全、智慧交通、智慧旅游等具有大数据基础的领域，促进大数据技术成果惠及民众，探索智能制造、智能金融、智能商务等新型商业模式，促进产业发展。

一　环境与可持续发展分量表

"绿水青山就是金山银山"，党的十九大报告要求加快生态文明建设，推进绿色发展。环境可持续发展建设是民众对健康生活的基本要求，也是建设美丽中国的根本遵循。本研究将从环境与可持续发展分量表分析中探索可持续发展的新生产生活方式。主要内容包括：

　　B50 大数据让我更容易了解到目前的环境状况
　　B51 我对可持续发展了解的途径主要是网络

B52 我支持环境可持续发展的观点

B53 大数据可以帮助政府更好地治理环境

B54 大数据可以帮助政府更好地收集环境方面的信息

B55 大数据能够提高环保部门治污的工作效率

B56 网络平台更容易普及环保知识

B57 大数据让可持续发展决策更科学

B58 大数据让环保产品及服务更畅销

B59 我认为政府在环境保护方面的网络宣传不够

B60 我愿意参加可持续发展方面的网络宣传活动

B61 大数据有助于公众监督环境污染

统计分析显示，相同性别的受访者对环境可持续发展的认同度相近。相较而言，男性受访者的认同度普遍高于女性受访者，其认同度区间为57.0%～58.5%，女性受访者的认同度区间为41.5%～42.9%。在B53"大数据可以帮助政府更好地治理环境"和B57"大数据让可持续发展决策更科学"两个问题上，男性受访者的认同度与女性受访者的差异最大，分别是57.8%和42.2%，58.5%和41.5%。在以下五个问题中，男性受访者和女性受访者间不具显著差异，分别是B51"我对可持续发展了解的途径主要是网络"、B55"大数据能够提高环保部门治污的工作效率"、B56"网络平台更容易普及环保知识"、B59"我认为政府在环境保护方面的网络宣传不够"，以及B61"大数据有助于公众监督环境污染"。

不同年龄段受访者对大数据促进环境可持续发展价值方面的认同度存在显著差异，并呈现各自不同的特征。其中20岁及以下受访者对大数据促进环境可持续发展各个方面指标的认同度区间为19%～20.8%，21～30岁受访者为30.6%～32.1%，31～40岁受访者为21.9%～22.4%，41～50岁受访者为15.7%～16.9%，51岁及以上受访者为9.6%～10.5%。总体来看，21～30岁受访者对大数据促进环境可持续发展的认同度最高，这在一定程度上是由于这个年龄段对互联网大数据知识的了解较多，信息累积、流通和受教育程度亦较高，对新生事物的认识能力、理解能力与接受能力也较其他年龄段强。51岁及以上受访者的认同度最低，总体而言，这个年龄段群体对于大数据相关知识的了解相对较少，也很难厘清大数据与环境可持续发展之间的关系。

不同子女状况的受访者对大数据促进环境可持续发展价值的认同度呈现一定的关联。在有显著差异的指标中，我们发现无子女受访者的认同度普遍高于有子女的受访者，家庭环境和获取信息途径差异是导致这一结果的主要原因。

不同婚姻状况受访者对于大数据促进环境可持续发展价值方面的认同度呈现显著差异。其中，未婚受访者在每个存在显著差异问题上的认同度均高于其他三种婚姻状态的受访者，他们认为，大数据分析能力有助于环境可持续发展意识的形成和环境可持续发展能力的提升。年龄也是一个关键性因素，未婚受访者以年轻人居多，多是处于学习状态的学生或者刚刚步入职场的从业人员，他们拥有较强的学习能力，易于接受和理解新事物。

不同受教育程度受访者对大数据促进环境可持续发展价值的认同度呈现显著差异。其中，本科学历受访者对大数据促进环境可持续发展价值的认同程度最高，认同度区间为 46.4% ~ 49.5%，初中及以下的认同度在 16.0% ~ 17.0%，高中或中专的认同度在 15.0% ~ 16.1%，大专的认同度在13.1% ~ 14.6%，硕士的认同度在 3.5% ~ 3.9%，博士及以上的认同度在 2.0% ~ 2.5%。这一方面体现出受访者对于大数据促进环境可持续发展价值的重视程度，另一方面也体现出教育对于推动大数据可持续发展的促进作用，受教育程度的分层导致大数据促进环境可持续发展价值认同程度的不同。

统计分析显示，分属不同职业群体的受访者，因其所从事职业本身所带有的某些特性以及这种特性基础上的个体化的价值判断的差异，导致其对大数据促进环境可持续发展价值的认同度也有所不同。总的来看，学生对于大数据促进环境可持续发展价值的认同度明显高于其他群体，在所有群体中认同度最低的是退休人员。

根据对不同工作年限受访者的统计，工作年限不同的受访者对于大数据对环境可持续发展的认识程度、相关知识的渴望程度以及当前大数据与环境可持续发展的知识需求满足度是不同的。工作年限在 5 年以下的受访者对于大数据对环境可持续发展的促进作用具有相较于其他工作年限受访者群组更高的认同度，其对于大数据促进环境可持续发展价值的认同度区间为 36.0% ~ 38.2%，工作年限为 5 ~ 9 年的受访者对于指标的认同度区间为 24.2%～25.6%，工作年限为 10～14 年的受访者对于指标的认同度区间为 8.5%～9.2%，工作年限为 15～19 年的受访者的指标认同度区间为 5.4%～6.5%，工作年限为 20 年及以上的受访者的指标认同度区间为 22.0%～23.4%。从中我们可以发现这样一种变化趋势，即随着工作年限的不断延长受访者对于指标的认同度逐步下降，而等到这些受访者的工作年限达到 20 年及以上时这种趋势却发生了逆转，这说明受访者在从业 20 年之后，更喜欢关注一些具有时代性的先进的科学技术领域的知识，从中我们可以预见未来对于大数据与环境可持续发展不止有年轻人这一个主角，具有丰富工作经验的、工作年限长达几十年的工作者同样扮演着非常重要的角色。

根据对不同月收入的受访者的统计，不同月收入的受访者对于大数据促进环境可持续发展价值的认同度呈现显著的不同。其中月收入在 3001～5000 元的受访者对于量表的认同度最高，认同度区间为 35.2%～36.7%。从整个量表来看，月收入在 1000 元及以下的受访者的认同度区间为 18.0%～19.9%，1001～3000 元的受访者的认同度区间为 24.0%～24.9%，3001～5000 元的受访者的认同度区间为 35.2%～36.7%，5001～8000 元的受访者对于指标的认同度区间为 12.7%～13.5%，8001 元及以上的受访者对于指标的认同度区间为 6.8%～7.5%。3001～5000 元收入水平的受访者对于指标的认同度在所有收入水平分组的受访者中处于最高水平。

根据受访者是否为流动人口的统计，非流动人口受访者对分量表选项的认同度高于流动人口受访者，流动人口受访者中省内流动受访者对于选项的认同度高于跨省流动受访者。由此可见，在流动人口受访者与非流动人口受访者中，非流动人口受访者更加认同大数据对于环境可持续发展的促进价值；在流动人口受访者中，省内流动的受访者更加认同大数据对于环境可持续发展的促进价值。

二　地区发展建设分量表

在中国经济由高速增长向高质量增长阶段迈进的大背景下，只有通过大数据解决传统产业面临的困境，才能推动地区经济获得长足的发展。其中，缩小贫富差距、发展落后偏远地区是中国经济工作的重要内容之一。基于此，大数据的广泛应用可以解决信息不对称等问题，有助于提高偏远地区的经济发展水平与人民生活水平。本研究将大数据在地区发展建设领域的作用归纳如下：

> B16 大数据让建设规划更适合当地的经济发展
>
> B17 地区发展建设规划是政府的决定，不关大数据的事
>
> B18 大城市发展建设需要大数据，小城市和农村不需要
>
> B19 本地区发展建设中应该加大公共设施服务大数据业务
>
> B20 大数据已经在本地发展建设中扮演重要的角色
>
> B21 民意大数据已经在本地发展建设过程中发挥作用
>
> B22 大数据可以帮助完善休闲活动场所的建设
>
> B23 大数据能帮助文化设施建设更完善
>
> B24 工厂可以随便建，不关大数据的事
>
> B25 地区发展建设大数据可以提升政府的服务能力
>
> B26 地区发展应该高大上，决策中不用考虑民意大数据
>
> B27 大数据的发展建设让城乡居民有更强的获得感
>
> B28 大数据的发展建设让城乡居民有更高的参与度
>
> B29 大数据企业在地区发展建设中发挥重要作用

不同性别的受访者与各题项内容有一定的关联，但在不同性别间呈现明显的差异。在认同度上男性受访者的认同度普遍高于女性受访者，在变量 B17 "地区发展建设规划是政府的决定，不关大数据的事"、B18 "大城市发展建设需要大数据，小城市和农村不需要"、B24 "工厂可以随便建，不关大数据的事"以及 B26 "地区发展应该高大上，决策中不用考虑民意大数据"四个问题上，男性受访者的认同度与女性受访者的差异最大，分别为 60.4% 和 39.6%，60.9% 和 39.1%，60.8% 和 39.2%，61.0% 和 39.0%。男性受访者的认同度皆高于女性受访者，男性受访者的认同度区间为 57.3% ~60.9%，女性受访者的认同度区间为 39.0% ~42.7%。造成这种差异的原因总的来说有很多情况，基本是男女之间所关注内容的差异，以及性别因素影响而造成认知的不同。

不同年龄受访者对于大数据促进地区发展价值的认识呈现显著差异。其中 20 岁及以下受访者对大数据促进地区发展各个方面指标的认同度区间为 19% ~20.7%，21 ~30 岁受访者的认同度区间为 31.2% ~34.0%，31 ~40 岁受访者的认同度区间为 21.4% ~23.8%，41 ~50 岁受访者的认同度区

间为 14.3% ~16.2%，51 岁及以上受访者的认同度区间为 9.4% ~10.5%。总的来看，年龄阶段在 21~30 岁的受访者对大数据促进地区发展的问题认同度最高，这一定程度上是由于这个年龄段正处于学习阶段或者刚刚走入职场，并且随着文化程度的提升，对于新生事物的理解以及接受能力、知识储备能力均有所增强，对互联网大数据知识有一定的了解，而且作为当前社会建设和发展的中坚力量，比较关注地区发展建设方面的信息，因此这个年龄阶段的认同度最高。而 51 岁及以上受访者的认同度最低，产生此结果的原因可能在于这个年龄段的群体对于大数据相关的互联网知识了解得相对较少，也不太关心地区发展建设问题，并且很难厘清大数据与地区发展建设之间的关系。

不同婚姻状况的受访者对于大数据对地区发展具有促进价值的认识呈现一定的差异。由于四种婚姻状况的不同，受访者对量表所提出的大数据促进地区发展建设的认同度也不同。其中未婚受访者在每个存在显著差异的问题上的认同度均高于其他三种婚姻状态的受访者，这说明未婚受访者更加关注大数据在地区发展建设中的作用，认为大数据分析能力有助于地区发展建设意识的形成和地区发展能力的提升。未婚受访者认同度高于其他三种婚姻状态的受访者还有一个关键性因素就是年龄，未婚受访者绝大多数是处于学习状态的学生或者刚刚步入职场的从业人员，他们对于知识技术的学习能力很强，乐于接受和理解新事物，而其他三种婚姻状态下的人则生活基本稳定，甚至年龄大一些的都已经退休，更多的精力在于打理好自己的生活，对于互联网、大数据、地区发展会对生活带来哪些影响的关心少之又少，因此认同度较低。

根据对不同受教育程度受访者的统计，其中本科学历受访者对于大数据对地区发展的促进价值的认同度最高，认同度区间为 47.2% ~49.1%，初中及以下的认同度区间为 15% ~17.1%，高中或中专的认同度区间为 14.7% ~16.3%，大专的认同度区间为 13.4% ~14.9%，硕士的认同度区间为 3.5% ~4.1%，博士及以上的认同度区间为 2.2% ~3.3%。这体现出了本科学历受访者对于大数据与地区发展更加重视，并希望寻求积极手段来了解和学习。而其他学历的受访者对于大数据对地区发展价值的认同度不及本科学历受访者，可能由于其对于大数据在地区发展上的价值尚不明确或有更深层次的理解。由此可见在既有的受教育程度分层上形成理解程度高低不同的认同度。

　　根据对不同职业受访者的统计，分属不同职业群体的受访者，因其所从事职业本身所带有的某些特性以及这种特性基础上的个体化的价值判断的差异，对于大数据对地区发展促进价值的认同度也有所不同。总的来看，学生对于大数据促进地区发展价值的认同度是明显高于其他职业群体的，其他职业群体对于大数据的价值认同度水平相对较低，特别是退休人员，其对于大数据对地区发展促进价值的了解和看法的认同度水平是所有测量群体中最低的。除上述两者以外，其他职业群体的受访者对于大数据价值的认同度基本上处于相差不大的数值，但均低于学生。学生正处于学习先进知识的阶段，经常接触互联网，了解大数据的优势，对于地区发展建设方面的知识也会有所涉猎，所以相较于其他职业群体而言能够对具有时代性的知识有更全面、更系统的认识和理解，这种认识的结果使其对于大数据对地区发展建设的价值抱有更高期望。

　　根据对拥有不同工作年限的受访者相关信息的统计，工作年限不同的受访者对于大数据促进地区发展的认识程度、相关知识的渴望程度以及当前大数据促进地区发展的知识需求满足度是不同的。工作年限为 5 年以下的受访者对于大数据对地区发展的促进作用具有相较于其他工作年限受访者群组更高的认同度，其对于大数据对地区发展促进价值的认同度区间为 36.0%～38.5%，工作年限为 5～9 年的受访者指标的认同度区间为 24.6%～26.5%，工作年限为 10～14 年的受访者对于指标的认同度区间为 8.2%～9.5%，工作年限为 15～19 年的受访者的指标认同度区间为 5.3%～6.5%。工作年限为 20 年及以上的受访者的指标认同度区间为 20.3%～23.3%。从中我们可以发现这样一种变化趋势，即随着工作年限的不断延长，受访者对于指标的认同度逐步下降，而等到这些受访者的工作年限达到 20 年及以上时这种趋势却发生了逆转，这说明受访者在 20 年之后，更喜欢关注一些具有时代性的先进的科学技术领域的知识，从中我们可以预见到未来在大数据与地区发展建设中不止年轻人这一个主角，具有丰富工作经验的、工作年限长达几十年的工作者同样扮演着非常重要的角色。

　　根据对不同月收入受访者的统计，在某种程度上反映了伴随着人们收入水平的变化，人们对于大数据对地区发展价值的认同度的不甚相同。从整个量表来看，月收入在 1000 元及以下的受访者的认同度区间为 18.3%～19.6%，1001～3000 元的受访者认同度区间为 22.6%～24.3%，3001～5000

元的受访者对于指标的认同度区间为 35.3% ~ 37.1%，5001 ~ 8000 元的受访者对于指标的认同度区间为 12.6% ~ 13.9%，8001 元及以上的受访者对于指标的认同度区间为 7.0% ~ 8.2%。由此可见月收入在 3001 ~ 5000 元的受访者对于指标的认同度在所有收入水平分组的受访者中处于最高水平。以上五种收入水平的受访者群体对于大数据在地区发展方面的认同度呈现一个从低到高又再次降低的趋势。

根据对是否为流动人口的受访者统计，非流动人口受访者对分量表选项的认同度高于流动人口受访者，而流动人口受访者中省内流动受访者对于选项的认同度高于跨省流动受访者。由此可见，在流动人口受访者与非流动人口受访者中，非流动人口受访者更加认同量表中呈现的大数据对于地区发展的促进价值，在流动人口受访者中省内流动的受访者更加认同大数据对于地区发展的促进价值。

第五节　公共安全性服务公众需求分析

公共安全问题关系到社会稳定和谐，公共安全治理也是实现国家治理现代化的重要组成部分。当前我国正处于社会转型阶段，社会矛盾的复杂性和不确定性加剧，社会风险呈现多样化和复杂化的格局，更加凸显社会公共安全问题的重要性。学者任勇（2020）认为大数据在社会公共安全体系建设中的应用对社会公共安全源头治理产生了重要影响，面对社会公共安全治理新要求，迫切需要完善社会公共安全源头治理的大数据路径，即通过优化决策结构、完善文化观念、改进策略手段等措施促进源头治理的实现。在大数据时代，仅拥有数据资源是不够的，数据资源的整合和开放共享是极为重要的一环，要真正利用好大数据战略资源的价值，"开放数据"无疑是问题的关键。实践证明，开放数据在政府治理、经济运行和社会生活等环节中产生了巨大价值，只有多维度挖掘大数据资源的使用价值，提高我国大数据产业资源的开发水平，才能更好地为社会服务。

一　社会安全分量表

社会安全是国家安全的基本构成要素，是影响国家安全的重要因素。社会安全就其范围而言，包括社会治安、公共卫生、生活安全、生产安全、交通安全。作为国家安全基本构成要素的社会安全既是民生问题，也是社会治理的热点问题。当前，社会性、市场化的安全防范组织不断壮大，社会安全领域呈现多元主体互动合作的良好态势。但是，新媒体的发展应用及其技术的快速发展带来的社会变革及引发的各类案件和事件，也将我们的传统社会带入了"风险社会或信息风险社会"。在这样的社会中，对社会问题进行及时、有效的预测、监控与防范的难度加大。随着信息技术的迅猛发展、大数据的全方位应用，社会安全治理面临新的机遇与挑战。本研究中大数据社会安全分量表的内容包括：

> B85 大数据有助于提高社会安全程度
>
> B86 大数据交通信息有助于人们更遵守交通规则
>
> B87 信息泄露不会对个人网络安全构成威胁
>
> B88 当登录需要输入密码时，我会毫不犹豫地输入
>
> B89 我认为加强政府网络监管十分必要
>
> B90 我从网上知道有关食品安全的信息
>
> B91 大数据有助于政府对食品安全的监管
>
> B92 大数据有助于相关部门及时疏导不安全的网络舆情
>
> B93 在遭遇抢劫盗窃等情况时，通过网络平台发布求助信息更管用
>
> B94 我工作或生活的周围经常会出现突发性公共安全事故
>
> B95 我觉得社会安全知识的网络宣传很有用

不同性别的受访者对社会安全分量表各题项的认同度呈现明显的差异（$p < 0.05$）。男性受访者的认同度普遍高于女性受访者，男性受访者的认同度区间为 57.7% ~ 60.5%，女性受访者的认同度区间为 39.5% ~ 42.3%。其中，对于题项 87 "信息泄露不会对个人网络安全构成威胁"的认同度，男性受访者与女性受访者相比差异最大，分别为 60.5% 和 39.5%。男女作为分类变量，对题项 91 "大数据有助于政府对食品安全的监管"的认同度差异最小，分别为 57.7% 和 42.3%。

不同年龄阶段的受访者对于大数据在社会安全领域的促进价值在认同度上是不一致的，并随着受访者年龄阶段的变化呈现一定的显著性差异（$p < 0.05$）。其中，20 岁及以下的受访者对大数据在社会安全领域各个方面题项的认同度区间为 18.8% ~ 20.2%；21 ~ 30 岁的受访者的题项认同度区间为 31.2% ~ 32.5%；31 ~ 40 岁的受访者的题项认同度区间为21.2% ~

24.3%；41～50 岁的受访者的题项认同度区间为 14.8%～16.3%；51 岁及以上受访者的题项认同度区间为 9.7%～10.6%。总的来看，21～30 岁的受访者对于 11 个题项的认同度最高，其次是 31～40 岁的受访者，这两个年龄层群体对于社会安全的相关话题较其他年龄层更为关注。此外，对大数据在社会安全领域促进价值的认同度也随受教育年限增加而提高，对相关问题的理解能力也相对更强。

不同子女状况的受访者对于大数据在社会安全领域是否具有促进价值的认识呈现一定的差异（$p < 0.05$）。当然这种差异的显著性并没有在分量表的所有题项中皆显现出来，而只在部分题项中显示出来。在受访者认同度具有显著性差异的题项中，我们发现无子女的受访者在认同度上要普遍高于有子女的受访者。例如，在题项 93 "在遭遇抢劫盗窃等情况时，通过网络平台发布求助信息更管用"上，有子女受访者的认同度为 43.3%，而无子女受访者的认同度为 56.7%，在分量表所有题项中差异最大，这也和无子女受访者多为年轻人，对网络数据的接触和使用相对较多有关。在题项 91 "大数据有助于政府对食品安全的监管"上，有子女的受访者的认同度为 45.0%，而无子女的受访者认同度为 55.5%，在分量表所有题项中差异最小，说明有无子女的受访者对食品安全的关注度差异不大。

不同婚姻状况的受访者对于大数据在社会安全领域是否具有促进价值的认识呈现一定的差异（$p < 0.05$）。由于四种婚姻状况的不同，受访者对量表所提出的大数据在社会安全领域的多种具体价值的认同度也不同。其中未婚受访者在全部题项认同度上都高于已婚、离婚和丧偶受访者。这说明未婚受访者更加关注大数据在社会安全领域的作用，认为大数据分析能力有助于社会安全意识的提升。与未婚受访者相比，已婚、离婚和丧偶受访者对大数据的社会安全促进价值认同度相对较低，特别是离婚受访者和丧偶受访者的认同度远远低于未婚受访者。这是因为其处在不同的婚姻状况下，生活境遇的不同导致的对于社会安全在认知上的差异。

不同受教育程度的受访者对于大数据在社会安全领域是否具有促进价值的认识呈现一定的差异（$p < 0.05$）。不同受教育程度的受访者中本科学历受访者对于大数据在社会安全领域的促进价值的认同度最高，在 11 个具有显著性差异的题项中其认同度区间为 46.4%～48.9%，而初中及以下学历受访者对题项的认同度区间为 16.3%～17.6%，高中或中专学历受访者的认

同度区间为 14.6% ~ 16.0%，大专学历受访者的认同度区间为13.5% ~ 14.8%，硕士和博士及以上学历受访者的认同度区间分别为 3.6% ~ 4.0% 和2.3% ~ 3.0%。在题项 86 "大数据交通信息有助于人们更遵守交通规则" 上本科学历受访者与其他学历受访者相比在认同度上差异最大，这体现出了本科学历受访者对于社会安全交通安全更加重视，并希望寻求积极手段来使当前其所面临的社会安全交通安全状况得到改善。而其他学历的受访者对大数据在社会安全领域的价值认同度不及本科学历受访者，由此可见在既有的受教育程度上形成的理解程度高低的不同和认同度的不一。

不同职业的受访者对于大数据在社会安全领域是否具有促进价值的认识在总体上呈现了比较显著的差异 （$p < 0.05$）。这反映了分属不同职业群体的受访者，因其所从事职业本身所带有的某些特性以及这种特性基础上的个体化的价值判断的不同，故而其对大数据应用的社会安全促进价值的认同度不同。总的来看，学生对于大数据应用的社会安全促进价值是明显高于其他职业群体的，在 11 个题项中大致有 30% 的受访者认同了题项中所提出的观点。因为学生相较于其他职业群体而言更具有时代性的知识，能够更全面、更系统地认识和理解大数据对于促进社会安全的重要性。而其他职业群体对于大数据的价值认同度水平相对较低，特别是退休人员，其对大数据价值的认同度水平为所有测量群体中最低的。

不同工作年限的受访者对于大数据在社会安全领域是否具有促进价值在总体认同上呈现了比较显著的差异 （$p < 0.05$）。这反映了工作年限不同的受访者对于社会安全的认识程度是不同的。在具有显著差异的 9 个题项中我们可以发现，工作年限为 5 年以下的受访者对于大数据在社会安全领域的促进作用具有相较于其他工作年限受访者更高的认同度，其对于题项的认同度区间为 36.8% ~ 38.1%。工作年限为 5 ~ 9 年的受访者对于题项的认同度区间为 24.2% ~ 25.8%，工作年限为 10 ~ 14 年的受访者对于题项的认同度区间为 9.0% ~ 9.9%，工作年限为 15 ~ 19 年的受访者的题项认同度区间为 5.8% ~ 6.2%，工作年限为 20 年及以上的受访者的题项认同度区间为 20.8% ~ 23.1%。从中我们可以发现这样一种变化趋势，即随着工作年限的不断延长受访者对于题项的认同度呈现一种逐步下降的趋势，而等到这些受访者的工作年限达到 20 年及以上时这种趋势却发生了逆转。造成这种情况的原因是多样的，可能是工作年限较少的年轻人对于网络更加关注，对于大数据在社会安全领域的促进价值也更加注重。

不同月收入的受访者对于大数据在社会安全领域是否具有促进价值在总体认同上呈现了比较显著的差异（$p < 0.05$）。这在某种程度上反映了伴随着人们收入水平的变化，人们对于大数据在社会安全领域的价值的认同度的不同。其中月收入在3001～5000元的受访者对于量表题项的认同度最高，认同度区间为33.9%～36.4%。月收入在1000元及以下的受访者对于量表中11个题项的认同度区间为18.1%～20.6%，1001～3000元的受访者对于11个题项的认同度区间为23.1%～24.8%，5001～8000元的受访者对于题项的认同度区间为12.7%～14.2%，8001元及以上的受访者对于题项的认同度区间为6.8%～8.1%。月收入在3001～5000元的受访者对于题项的认同度在所有收入水平分组的受访者中处于最高水平。总体来看，五个收入水平的受访者群组对于大数据在社会安全领域的认同度呈现一个从低到高又再次降低的趋势。

来自城市和农村的受访者对于大数据对社会安全的促进价值的认同度不一致，且在很多题项上具有显著差异（$p < 0.05$）。所有城市受访者在社会安全领域都比农村受访者认同度高，这反映出从总体上城市更受益于大数据下社会治理安全的保障。城市地区经济发达，大数据相关的企业和设施也更加完备和健全，城市地区的受益也较农村地区高出很多，所以城市地区对大数据下社会安全更加认同。

是否为流动人口以及省内外流动人口受访者在面对这11个题项时有着不一致的认同度（$p < 0.05$）。其中反映出来的在认同度上的最明显不同就是非流动人口受访者对分量表选项的认同度远远高于流动人口受访者，流动人口受访者中省内流动受访者对于选项的认同度大部分高于跨省流动受访者。其中非流动人口对于11个题项的认同度均处于较高水平，最低值为79.0%；而流动人口对11个题项的认同度则处于较低水平，最高值为20.7%。在流动人口中，省内流动受访者对题项的认同度处于较高水平，最低值为23.1%；跨省流动受访者对题项的认同度处于较低水平，最高值为21.9%。这说明在流动人口受访者与非流动人口受访者中，非流动人口受访者更加认同量表中呈现的大数据对于社会安全的促进价值，在流动人口受访者中省内流动受访者更加认同大数据对于社会安全的促进价值。非流动人口所处的城市较流动人口更加固定，所以非流动人口更能享受到大数据带来的便利，对于大数据对社会安全的价值也更加认同。

来自东部、中部、西部、南部、北部地区和直辖市的受访者对于大数据能够对社会安全产生促进价值的认同度也不尽相同，但是也反映出了受访者的地区属性与大数据促进社会安全显著性关联，这种关联在 11 个题项中表现得均比较明显（$p < 0.05$）。在问卷题项的整体认同度上，东部地区明显高于其他地区，认同度区间为 22.2% ~ 25.1%，中部地区受访者对于题项的认同度区间为 16.3% ~ 18.8%，西部地区受访者对于题项的认同度区间为 17.6% ~ 19.3%，南部地区受访者对于题项的认同度区间为17.2% ~ 19.2%，单从区间上下限来看，在认同度上西部和南部地区受访者均高于中部地区。北部地区受访者对于题项的认同度区间为 11.6% ~ 12.9%。而直辖市的受访者认同度区间仅为 9.3% ~ 10.0%，处于最低水平。

二　开放数据接口分量表

数据开放是当前多个学科领域的研究热点，数据开放是指政府、企业及其他社会组织在一定的政策体制、技术支持和保障体系的基础上，将自己的可开放数据资源提供给公共信息平台，以实现开放数据的可获得性。其中政府掌握的数据占绝大部分，各级政府积累了大量与民众生产生活息息相关的数据，掌握着全社会信息资源的 80%。因此，不论是推进服务型政府的建设还是推进新型工业化、城镇化、农业现代化，最终建成智慧城市，开放政府数据都是必要举措。开放政府数据以建立"一站式"数据开放平台为主。所谓"一站式"数据开放平台，就是将城市各个运行部门的实时数据收集、整合到统一的数据入口，以统一的标准加以分类管理，并提供检索、访问、下载、查看分析报告等功能。《促进大数据发展行动纲要》中明确提出，我国将在 2018 年底前建成国家政府数据统一开放平台。截至 2017 年，我国已建成 19 个地方性政府数据开放平台。这些平台可以说是国家政府数据统一开放平台的前身和蓝本，对国家政府数据统一开放平台的建设做出了有益的探索，同时也暴露出不少亟待完善的问题。本研究的开放数据接口分量表内容包括：

B40 因为涉及隐私、机密、安全和其他限制，所以政府不应该公开数据

B41 开放政府数据，有利于提高政府的治理能力和办事效率

B42 开放数据和我没什么关系

B43 政府各部门的数据应相互连通，以便共享

B44 政府开放数据能够创新发展

B45 开放数据有利于提高政府工作透明度

B46 数据是政府极为重要的资源，不应该共享

B47 不用开放数据也能从微信、微博等媒介获取数据信息

B48 开放数据是电子政务发展的必要条件

B49 现阶段数据已经足够开放了

除题项 46"数据是政府极为重要的资源，不应该共享"在男性和女性受访者间不具显著性差异外，不同性别受访者对数据开放各题项的认同度均呈现明显的差异性（$p < 0.05$）。其中，男性受访者对于各题项的认同度普遍高于女性受访者，对于题项 49"现阶段数据已经足够开放了"，男性受访者的认同度与女性受访者相比差异最大，分别为 60.4% 和 39.6%。而题项 43"政府各部门的数据应相互连通，以便共享"，男性受访者与女性受访者认同度差异最小，分别为 58.0% 和 42.0%。男性受访者对于数据开放的认同度区间为 58.0% ~ 60.9%，女性受访者的认同度区间为 38.8% ~ 41.0%。可见，当前中国社会确实存在男女对数据开放需求层次不同的状况，这也会在一定层面上影响到基于性别的数据开放政策制定。

大数据在开放数据接口领域的促进价值在不同年龄群体中的认同度不一样，在总体上也存在显著性差异（$p < 0.05$）。其中 20 岁及以下受访者对大数据在开放数据接口领域各个方面题项的认同度区间为 19.3% ~ 20.5%；21 ~ 30 岁的受访者的题项认同度区间为 31.3% ~ 32.3%；31 ~ 40 岁的受访者的题项认同度区间为 20.9% ~ 22.8%；41 ~ 50 岁的受访者的题项认同度区间为 14.9% ~ 16.3%；51 岁及以上受访者的题项认同度区间为 9.7% ~ 11.2%。总的来看，21 ~ 30 岁的受访者对于 10 个题项的认同度最高，对于题项 48"开放数据是电子政务发展的必要条件"的认同度最低，为 31.9%；而 51 岁及以上受访者对于题项的认同度最低，对于题项 42"开放数据和我没什么关系"和题项 49"现阶段数据已经足够开放了"的认同度最低，同为 9.7%。总的来看，21 ~ 30 岁的受访者的题项认同度高于 31 ~ 40 岁的受访者，而这两个年龄阶段的受访者在认同度横向比较上分列第一、第二。这主要是因为在这两个年龄阶段的受访者是当前社会对于数据开放的主要受益者，他们对于数据开放的相关话题较其他年龄阶段群体更为关心，而且作为当前社会发展的中坚力量，随着信息的快速增长与

流通以及受教育年限的不断延长，他们对于新生事物的认识与理解能力相较于他人也更强。在数据日趋开放的今天，他们会得到更多的支持。

不同子女状况的受访者对于大数据对开放数据接口是否具有促进价值的认识呈现一定的差异（$p < 0.05$）。当然这种差异的显著性并没有在分量表的所有题项中都显现出来，而只在部分题项中显示出来。在受访者认同度具有显著性差异的题项上，我们发现无子女的受访者在认同度上要普遍高于有子女的受访者。例如，在题项 42 "开放数据和我没什么关系"上，有子女受访者的认同度为 41.1%，而无子女受访者的认同度为 58.9%，这在分量表所有题项中在子女状况方面不同受访者间的差异最大；题项 43 "政府各部门的数据应相互连通，以便共享"和题项 49 "现阶段数据已经足够开放了"，有子女受访者的认同度均为 45.0%，而无子女受访者的认同度均为 55.0%，这在分量表所有题项中在子女状况方面不同受访者间的差异最小。有子女的受访者对题项的认同度普遍低于无子女的受访者，这是多种因素促成的。总的来说，有子女的受访者往往是已经有一定年龄和工作年限的人，其在数据开放选择上或多或少呈现一定的经验性，更希望数据开放带来一定的价值。

不同婚姻状况的受访者对于大数据在开放数据接口领域是否具有促进价值的认识呈现一定的差异（$p < 0.05$）。由于四种婚姻状况的不同，受访者对量表所提出的大数据在开放数据接口领域的多种具体价值的认同度也不同。其中未婚受访者在所有题项中的认同度都高于已婚、离婚和丧偶受访者。这说明未婚受访者更加关注大数据在开放数据接口领域的作用。与未婚受访者相比，已婚、离婚和丧偶受访者对大数据在开放数据接口领域的促进价值认同度相对较低，特别是离婚受访者和丧偶受访者的认同度远远低于未婚受访者。这是因为其处在不同的婚姻状况下，生活境遇的不同导致的对于数据开放在认知上的差异，其在生活目标上的不同，往往也引发了其在数据开放方面的理解不同和动机不同，未婚受访者往往较为年轻，对数据开放有着更广阔的向往需求，而其他婚姻状况的受访者往往人到中年或已然退休，他们对于数据开放不是很懂，也不在乎。

不同受教育程度的受访者对于大数据在开放数据接口领域是否具有促进价值的认识呈现一定的差异（$p < 0.05$）。不同受教育程度的受访者中本科学历受访者对于大数据技术的应用在数据开放领域的促进价值的认同度最高，在 10 个具有显著性差异的题项中其认同度区间为 46.6% ~ 48.4%，

而初中及以下学历受访者对题项的认同度区间为 15.5% ~17.6% ，高中或中专受访者的认同度区间为 14.8% ~16.0% ，大专受访者的认同度区间为 13.1% ~14.7% ，硕士和博士及以上受访者的认同度区间分别为 3.4% ~4.1% 和 2.2% ~3.3% 。在题项 40 "因为涉及隐私、机密、安全和其他限制，所以政府不应该公开数据"上，本科学历受访者与其他学历受访者相比在认同度上差异最大，这也体现出了本科学历受访者对于数据开放的需求最大。而其他学历的受访者对大数据在数据开放领域的价值认同感不及本科学历受访者，可能由于统计人数时本科学历受访者过多以及理解数据开放这个领域的程度较高。由此可见在既有的受教育程度上形成的理解程度高低的不同和认同度的不一，需要一定的外力手段来加以调节。

对于不同职业受访者的统计显示，不同职业的受访者对于大数据在开放数据接口领域是否具有促进价值的认识呈现较为显著的差异（$p < 0.05$），这反映出不同职业受访者对数据开放的要求会依据职业自身的特性而有所不同。总的来看，学生对于大数据应用的数据开放需求明显高于其他职业群体，在 10 个题项中大致有 30% 的受访者认同题项中所提出的观点；退休人员对大数据价值认同度水平相对较低，在所有测量群体中最低；其他职业群体的受访者对于大数据价值的认同度基本相同，但均低于学生。数据开放对于需要学习大量信息的学生更重要，也使得这个群体对数据开放价值的认同度最高，有更深的认识和理解。

不同工作年限的受访者对于大数据在开放数据接口领域是否具有促进价值的认识呈现了较为显著的差异（$p < 0.05$）。这反映了工作年限不同的受访者对于开放数据接口的认识程度和需求满足度是不同的。在具有显著性差异的 10 个题项中我们可以发现，工作年限为 5 年以下的受访者对于数据开放领域的促进作用具有相较于其他工作年限受访者群体更高的认同度，其对于题项的认同度区间为 36.0% ~39.6% ，工作年限为 5 ~9 年的受访者对于题项的认同度区间为 24.3% ~26.2% ，工作年限为 10 ~14 年的受访者对于题项的认同度区间为 7.8% ~9.2% ，工作年限为 15 ~19 年的受访者的题项认同度区间为 5.5% ~6.3% ，工作年限为 20 年及以上的受访者的题项认同度区间为 21.3% ~23.7% 。从中我们可以发现这样一种变化趋势，即随着工作年限的不断延长，受访者对于题项的认同度呈现一种逐步下降的趋势，但工作年限达到 20 年及以上时这种趋势却发生了逆转。随着工作年限的延长，人们对数据开放的需求逐渐下降，但当前工作

年限较长的人在大数据时代多需要更新知识，出于工作和生活的需要有更大的动力去加强大数据的学习。

不同月收入的受访者对于大数据在数据开放领域是否具有促进价值在总体认同上呈现了比较显著的差异（$p < 0.05$）。这在某种程度上反映了伴随着人们收入水平的变化人们对于大数据在数据开放领域的价值的认同度的不同。其中月收入在 3001~5000 元的受访者对于大数据开放数据接口分量表题项的认同度最高，认同度区间为 34.7%~37.0%，特别是在题项 40 "因为涉及隐私、机密、安全和其他限制，所以政府不应该公开数据"上，月收入在 3001~5000 元的受访者中有 37.0% 认为大数据在隐私方面应加强保护。反观其他收入水平群组，1000 元及以下的受访者对于题项 40 的认同度为 18.2%，1001~3000 元的受访者对于题项 40 的认同度为 23.6%，5001~8000 元的受访者对于题项 40 的认同度为 13.3%，8001 元及以上的受访者对于题项 40 的认同度为 7.9%，均低于月收入为 3001~5000 元的受访者。从整个量表来看，月收入在 1000 元及以下的受访者其对于量表中 10 个题项的认同度区间为 18.2%~20.1%，1001~3000 元的受访者对于 10 个题项的认同度区间为 22.2%~25.1%，3001~5000 元的受访者对于题项的认同度区间为 34.7%~37.7%，5001~8000 元的受访者对于题项的认同度区间为 12.7%~14.2%，8001 元及以上的受访者对于题项的认同度区间为 6.9%~8.8%。3001~5000 元收入水平的受访者对于题项的认同度在所有收入水平分组的受访者中处于最高水平。总体来看，五个收入水平的受访者群体对于大数据在数据开放领域的价值的认同度呈现一个从低到高又再次降低的趋势。8001 元及以上受访者对于题项的认同度最低，从题项 42 "开放数据和我没什么关系"中 8001 元及以上受访者在所有题项中认同度最高，说明这类群体对数据开放的需求不是太高，不是很关心数据开放能带来什么好处，可能是这类群体多是高收入群体，已经有他们需要的数据开放了。

来自城市和农村的受访者对于大数据对数据开放的促进价值的认同度不一致，且在很多题项上具有显著性差异（$p < 0.05$）。所有城市的受访者比农村的受访者认同度高，反映出从总体上看对于数据开放受益更多的是城市人口，这在某种程度上是信息交流不畅与实际应用影响范围受限造成的。

是否为流动人口以及省内外流动人口受访者在面对这 10 个题项时有着不一致的认同度（$p < 0.05$）。其中反映出来的在认同度上的最明显不同就

是非流动人口受访者对分量表题项的认同度高于流动人口受访者，流动人口受访者中省内流动受访者对于题项的认同度高于跨省流动受访者。其中非流动人口对 10 个题项的认同度均处于较高水平，最低值为 77.7%；而流动人口对 10 个题项的认同度则处在较低水平，最高值为 22.3%。在流动人口中，省内流动受访者对题项的认同度处于较高水平，最低值为 25.5%；跨省流动受访者对题项的认同度处于较低水平，最高值为 25.4%。这说明在流动人口受访者与非流动人口受访者中，非流动人口受访者更加认同量表中呈现的大数据对于数据开放的促进价值，在流动人口受访者中省内流动受访者更加认同大数据对于数据开放的促进价值。

　　来自东部、中部、西部、南部、北部地区和直辖市的受访者对大数据对于数据开放产生的促进价值的认同度也不尽相同，但是也反映出了受访者的地区属性与大数据开放的显著性关联，这种关联在 10 个题项中表现得均比较明显（$p < 0.05$）。在问卷题项的整体认同度上，东部地区明显高于其他地区，在题项 46 "数据是政府极为重要的资源，不应该共享"上为 24.3%，在认同度最低的题项 47 "不用开放数据也能从微信、微博等媒介获取数据信息"上达到了 22.6%。中部地区受访者对于题项的认同度区间为 16.9% ~ 18.9%，西部地区受访者对于题项的认同度区间为 17.2% ~ 18.9%，南部地区受访者对于题项的认同度区间为 18.3% ~ 19.1%，单从区间上下限来看，在认同度上南部地区受访者高于中部与西部地区。北部地区受访者对于题项的认同度区间为 12.2% ~ 13.8%，而直辖市的受访者认同度区间仅为 9.3% ~ 9.7%，处于最低水平。

第五章　大数据社会治理精细化推进策略分析

　　21 世纪以来，互联网、物联网、云计算、大数据、人工智能等新兴技术发展方兴未艾，大数据无疑是这里面最引人注目的光环，以数据、信息为主要资源的大数据开始进入我国民众的视野，进而引发了生活、工作和思维等领域的新一轮变革，大数据时代的到来也为我国社会治理模式创新提供了重要契机，将大数据技术应用到社会治理领域不仅是我国经济社会转型的内在要求，也是不断推进社会治理现代化进程的要求。大数据时代，社会生活的数字化使得人们的行为无时无刻不被大数据记录和分析，如公众使用智能手机进行移动支付、位置定位，浏览各类网页的记录，银行卡的交易记录，淘宝等购物软件中的消费记录，等等，它们所连接的数据终端记录并保存着所有数据，人们的日常行为因此变得数据化。通过对这些数据记录进行技术处理分析，从而区分不同群体，对其准确定位，在明确服务对象特征基础之上，快速实现对服务对象的细化和分类，不仅使治理主体精确掌握社会治理服务内容和服务对象，还能为社会治理政策的制定提供丰富的数据信息支持，使我国依靠经验判断进行决策的传统社会治理模式落下帷幕，实现以数据分析为基础进行科学决策模式的转变，进而满足我国社会治理的创新发展需求。目前，大数据技术在社会治理的众多领域已经得到推广和应用，不同行业领域的数据创新层见叠出。当前我国各地城市纷纷依托大数据的分析和预测功能进行智慧城市建设，从利用大数据进行社会治理取得的成果来看，辽宁省盘锦市在社会治理方面进行全市的电网数据化，保证全市视频资源整合的高效率化，率先建立了市内四级电网互联互通的管理平台。福建省厦门市于 2012 年进行了大数据基础性平台建设，从而将不同部门、不同层次的数据资源统一起来共同为城市发展提供服务。各领域对大数据价值的正确认识和合理利用都大幅提高，这些都为社会保障、民生改善提供了重要的技术支持，社会治理能力得到显著提高。

随着大数据的广泛应用，民众对社会治理服务和民生保障的诉求呈现个性化、多样化的新特点，民众参与社会治理的积极性也得到了鼓励。在社会治理服务中，民众既是社会治理的参与主体之一，又是社会治理提供服务的对象，在开展社会治理工作过程中率先考虑民众的感受，提高服务质量和强化服务意识，以民众对社会治理的满意度作为衡量社会治理质量的重要指标是世界各国社会治理改革的趋势，民众的满意度对社会治理服务水平具有主导性，同时也对民众的行为倾向具有引导作用。一方面，高满意度会极大加深社会治理参与的广泛程度，为决策者提供更准确的信息，从而降低社会治理决策的信息成本；另一方面，民众积极参与社会治理有利于提高政策制定的及时性和科学性。

第一节　大数据社会治理精细化推进目标与策略

大数据思维的出现和形成，广泛渗透于社会生产和生活的各个领域，推动了社会治理理念的改变与提升。在社会治理领域，传统的社会治理模式一般是以宏观为主，在治理方式上很难关注到社会的每个个体的需求，但是在大数据时代，它以改变社会个体、满足社会个体需求为导向，从而更有利于社会公平的实现，有利于社会治理效率的提升，同样也存在利用的风险和发展的困境。

一　大数据社会治理精细化的推进目标

对于社会生活中的个体来说，每天都会在网络上产生数据，尤其是网络社交平台，这些新兴的媒体为参与社会治理提供了有效的渠道。个人的需求在大数据的协助下能够更直观清晰地反映出来。如将政务平台作为治理服务的一方主体的话，它的用户就是公众、各类企业以及各种市场主体，通过对比顾客的消费倾向，分析顾客的消费需求，不断提升自身商品的使用价值。但是从调查和已有研究来看，民众在办事的时候，经常有办事难的现象，多次前来却无功而返。如果政府部门能够采用这种"用户思维"，在治理过程中遵循用户至上的理念，以满足民众的多元化需求为治理任务，就能够更好地实现便民利民。

（一）通过大数据预测提升社会治理科学性

社会治理的重点在于夯实基础，难点在于做实基层。大数据使得数据之间的分享与流动变成了现实，有利于政府做出正确合理的决策。现阶段，社会治理需要处理的公共事务类型众多，内容复杂，只是单纯地依附于传统经验主导型的决策模式，难以真正做出精准、科学、合理的决策，也不能达成预期目标。因此需要从明确决策根据、调整决策流程、追踪决策成效处着手，提升决策的精准性、完善性和合理性，将大数据技术和思维应用到决策和管理过程里来，实现大数据社会治理的科学性目标。

（二）通过大数据决策提升社会治理的公信力

大数据有效建立了民众与政府间的沟通渠道，并利用它开展相关工作，因此社会治理主体都需要加深数据的开放程度，认识到开放数据对决策的重要性，有效打通数据使用流程中基础信息的共建共享，通过民众参与治理的过程，进一步推动治理难题的解决和矛盾纠纷的化解，让信息通联贯穿于政策的制定、执行和监督之中，提升决策部门的公信力。

（三）通过大数据分析提升社会治理服务性

以改善、保障和服务民生为出发点，运用交通、教育、就业、社保、环境、医疗卫生等社会治理内容开展大数据的深入挖掘和综合分析，不仅可以提高社会治理的公共服务水平，还可以动态地分析生态环境的变化趋势；通过运用大数据抓取并精确分析民众对不同公共服务的具体需求数据，设计并开展定制服务，提升公共决策的前瞻性和科学性，做出符合民众需求的决策，提高社会治理服务的精细化程度。

（四）通过大数据共享提升社会治理的公平性

大数据为社会治理体系提供共建共享的技术平台，各主体秉持公平公正的价值观参与社会治理，也成为大数据治理推动的非制度性准则，自愿而非强制的，义务而非强权的。因此在大数据社会治理中，依据大数据的共享性合理配置信息资源，缩小城乡和地区差异，对提升大数据社会治理的公平性具有重要意义。

（五）通过大数据应用提升社会治理的效率

从国家角度来看，大数据是重要战略资源；从社会角度来看，大数据是必需的管理资本和管理手段。随着数据来源的急剧增加，各种数据的应用数量也在大幅增加。在这些数据当中，埋藏着社会个体的需求、消费行为习惯、市场变化走势等海量历史记录，这些关键数据对于政府治理、企业管理和社会发展都极为重要。所以，在社会治理中，大数据运用的核心在于对数据的加工和应用，从而提升社会治理的效率。

二 大数据社会治理精细化的推进对策

大数据时代给社会治理带来了前所未见的变革，在这个机遇与挑战并存的时代，社会治理有了新的内涵和要求，在新时代背景下为了实现有效的社会治理创新，我国社会治理应全面推进大数据治理战略。

（一）树立大数据治理意识转变传统社会治理理念

大数据时代下的技术为人们提供了无数种动态采集、即时分析、实时存储以及应用海量数据的途径和方式，这些数据经过处理之后就成为社会治理主体制定公共决策的重要依据。这就要求社会治理主体从思想上意识到整合与建设社会治理大数据体系的重要性和紧迫性，从而将一些基础性的大数据纳入大数据体系中，从根本上预防和控制因社会各领域"不可治理"问题而引发的风险，才能在一定程度上消除"信息不对称"的现象。

（二）拓宽公众参与渠道促进大数据治理主体多样化

大数据时代，治理主体更加丰富，居民参与是时代需求，居民不再是治理的旁观者，而应当成为治理的主体，治理不再是政府一方之责，政府也不再是唯一主体。因此，应完善"微博""微信"等社交媒体技术和管理体系，提高信息开发和发布的技术，将政府与社会个人之间联系起来，达到一个双向互动的良好局面。

企业在技术研发和创新方面有很大的优势，在专业化工具和专业化人才拥有量方面要高于政府，并且与政府相比，企业注重鼓励创新。同时政府拥有绝对的资金优势，因此政企大数据合作得以形成，在合作中实现思想观念的交流。在数据拥有和使用上，可实现二者的互补，企业掌握着很多有关企业发展的数据，将其提供给政府部门，使得政府更好地实现社会管理。同时，企业拥有的专业人才和技术，可为政府大数据治理提供技术支持和人才保障，二者优势互补实现共赢。先进的技术能够给政府治理的方式和方法带来变化，提高社会服务水平，提升服务能力。

（三）完善法律规范推进大数据治理规范化

法律法规的完善程度影响着大数据社会治理的发展路径和发展前景。无论是政府、居民个人还是企业获得数据的途径都是大数据信息平台，数据传输过程中面临数据安全问题，以及企业和个人的隐私保护问题，数据开放可能带来政府敏感数据和居民个人隐私被侵犯的风险。政府职责就在于在维护数据安全、保护居民隐私权以及针对大数据技术处理流程中的规范化制定法律法规加以约束。建立和完善数据安全体系，不断出台相应法律法规，完善现有法律法规体系，推进大数据社会治理规范化。

（四）培养数据科学专业人才强化政府治理智力支持

现阶段限制大数据技术应用与发展的主要因素包括缺乏相应的技术人员。社会治理因需处理的数据太过繁杂且数量庞大，所以对相关技术人员提出了更高的要求。因此，在社会治理过程中更应该重视对数据人才的培育，为大数据治理的发展储备好人才。

首先，应该在高等院校积极推进大数据有关人才的培训。随着大数据时代的到来，与诸如云计算、数据采集与物联网等专业有关的人才需求量也会随之增加，所以在高等院校中积极推进大数据相关专业的开设，是地方政府培训大数据人才的主要方式之一。其次，从广度和深度方面推进人才的联合培育。大数据技术既属于一门技术也属于一门科学，不仅对理论知识有相应的要求，还要求具备一定的实践能力，而联合培育这种方式便可有效解决这一问题。最后，积极引进人才与技术。就现阶段来讲，大数据还属于新鲜事物，所以地方政府没有足够的专业人才与相应的技术也属于正常现象。但大数据是今后发展的必然趋势，地方政府必须正视人才储备不足这一现状，通过人才与技术的积极引进，以突破现有僵局，从而为大数据治理储备相应的人才与技术。

第二节　大数据社会治理服务质量分析

虽然我国政府对大数据背景下社会治理有一定的认识，但对大数据背景下社会治理的满意度研究还缺少透彻的理解和清晰的定位，学者对这一领域的研究也相对较少。从国内学术界相关研究成果来看，有关社会治理满意度的实证研究匮乏，对社会治理公众满意度的构成维度的认识不统一，有必要从理论和实证上深入挖掘和探讨大数据背景下社会治理的满意度，从新的研究对象着手，探讨公众的心理感受、具体行为和做出的主观评价。本研究采用多种方法探究社会治理满意度的构成要素和具体的影响因素，构建大数据背景下社会治理公众满意度影响因素模型，并进行实证研究，拓展了大数据社会治理的实证研究思路，对大数据社会治理实践具有一定的指导意义。

我国大数据在社会治理领域中的应用已经涉及教育、就业、医疗、环境等众多行业和领域，大数据背景下，民众的满意度对社会治理发展具有重要的价值和意义，通过对社会治理公众满意度的实证研究，深入分析民众对社会治理满意度的影响机制，从而为提升民众的社会治理满意度提出有效建议，有利于合理配置社会资源，降低社会治理成本，提升社会治理效率。

大数据时代的到来打破了政府与民众之间信息不对称的局面，各种社会治理数据平台的建立不仅拓宽了政府征求民众意见和民众参与社会治理的渠道，而且也为民众表达诉求与意见提供了更为直接的平台，最终提升了政府与民众间互动的积极性。满足民众的个性化需求是社会治理的目标之一，而这种需求的满足必须建立在政府与民众良好互动的基础上。通过民众对社会治理满意度测评，不仅可以弄清楚社会治理中存在的不足、社会治理公众满意度的影响因素，还可以了解社会治理过程中民众的真实需求，从而真正使政府在社会治理中提供的服务凝聚到满足民众的需求上来，只有了解并积极回应民众的需求、要求和期望，不断满足其现实需求，才能提高民众对社会治理的满意度，促进民众广泛参与。

这部分研究旨在探索能否通过感知服务质量来提高社会治理公众满意度，并在此基础上探讨社会治理公众满意度的提升路径是目前研究的重要方向。为此，本研究的自变量设为感知服务质量，即民众对社会治理所提供服务的认知程度和实际感受水平，在接受社会治理服务的过程中，民众通过亲身经历和体验政府对社会治理公共资源的具体分配，在此基础上形成对社会治理服务质量的看法和感受。本研究的因变量为社会治理公众满意度，即民众对政府在当前社会治理下提供的各项服务的态度和情感反应。

一　感知服务质量影响因素分析

公众对社会治理服务质量的感知如果高于他们的预期，将对社会治理服务有更高的评价，表现为信赖和满意；反之，如果低于预期，评价就会降低，表现为不信任和不满。感知服务质量指标的选择源自服务质量模型。该模型是服务行业新的服务质量评估系统，包括五个维度：有形性、可靠性、反应性、保证性和关怀性。

感知服务质量的有形性主要是指政府提供信息资源服务产品的有形部分。主要包括政府的信息资源服务设施和设备，服务办公室及工作站等工作地点的选择，政府工作人员的形象。政府提供的有形部分需要遵循适度原则，过于复杂则会使居民产生抵触和反感心理，过于简单则可能导致居民认为政府在提供服务的有形性方面有所欠缺。

感知服务质量的可靠性是指公众希望政府能够表现出良好的服务意愿，所做出的服务承诺能够在规定时间内行之有效，并按照承诺及时解决民众的实际问题；政府工作人员的工作是值得民众信赖的，在民众寻求帮助和咨询信息的过程中，能够得到政府工作人员的主动帮助；政府和民众通过大数据平台进行频繁互动，民众积极参与，能够快速有效地回应和解决居民投诉。

感知服务质量的反应性意味着提供服务的政府工作人员已准备好并愿意为民众提供快速有效的服务。反应性指标对政府服务效率的提升大有裨益，也确保政府服务质量得到显著上升，应该从民众的角度了解他们的需求和偏好。

感知服务质量的保证性是指政府工作人员对服务对象所持有的态度是诚恳和友好的，政府工作人员具有丰富的知识储备和良好的职业能力素养，能够顺利解决问题，增强公众对政府服务质量的信心和安全感。

感知服务质量的关怀性在一定程度上反映了政府信息资源服务质量的智慧性，它指的是政府工作人员对民众需求的理解，以合理合法为前提件，可以为不同的居民提供个性化的服务。

在本研究中，社会治理服务的对象是社会生活中的个人。这要求社会服务质量评估应突出体现为民服务、满足个性化的需求。因此，本研究选择反应性、可靠性、保证性和关怀性作为感知服务质量的指标。详细指标见表5－1。

表5-1 感知服务质量测量指标

一级指标	二级指标	三级指标	操作定义
感知服务质量	反应性	提供的信息服务全面完整； 能准时提供所承诺的服务； 快速有效地解决公众的投诉； 突发事件稳妥处理	提高服务水平的意愿和反应速度
	可靠性	提供的信息能够及时更新； 准确记录所提供的服务； 现代化的服务设施； 政策法规合情合理	准确地履行服务承诺的能力
	保证性	工作人员态度好； 工作人员有良好的专业能力； 工作人员信守承诺； 提供的信息服务内容很准确； 服务制度公开、透明	工作人员表现出具备良好工作素养和可信任的能力
	关怀性	为特殊对象提供个性化服务； 了解公众的需求和意愿； 乐意帮助公众获取服务信息； 多渠道向公众提供服务； 保护公众的信息服务隐私	为公众提供个性化服务和人文关怀的程度

二 社会治理满意度指标

社会治理是针对治理过程中存在的社会问题，完善社会保障服务体系，改善民生，促进社会公平发展，以期满足公众利益和需求的服务过程。根据本研究文献综述中国内外关于满意度测评指标的选取，建立社会治理满意度测量指标，其中，一级指标为社会治理满意度，用于测量公众对社会治理的总体满意度评价；二级指标包括8个指标，分别是就业创业满意度、社会保障满意度、儿童教育满意度、女性健康满意度、环境保护满意度、地区发展满意度、数据开放满意度、社会安全满意度，用于测量公众对社会治理各项服务的满意度评价；三级指标包括34个指标，分别用于测量对应的二级指标，详细指标及其操作定义如表5-2所示。

表 5 - 2 社会治理满意度测量指标

一级指标	二级指标	三级指标	操作定义
社会治理满意度	就业创业满意度	就业指导、创业扶持	公众对社会治理中所提供的就业创业服务的满意度
		政策支持、劳动权益保护	
	地区发展满意度	娱乐设施建设、文化设施建设	公众对社会治理中所处地区的发展程度的满意度
		政府服务能力、建设规划	
		公共设施服务	
	儿童教育满意度	心理健康教育、网络教育平台	公众对社会治理中儿童教育服务的满意度
		家庭教育、教育公平	
	数据开放满意度	资源获取便利性、数据安全	公众对社会治理中体验到的数据开放程度的满意度
		数据资源共享	
	环境保护满意度	污染治理、环境可持续	公众对社会治理中的环境保护的满意度
		环保产品服务、网络宣传	
		环境监督	
	女性健康满意度	网络健康服务、网络知识普及	公众对社会治理中的女性健康服务的满意度
		满足健康需求、医疗资源配置	
	社会保障满意度	政策变化更新、社保信息服务	公众对社会治理中政府提供的各种保障措施的满意度
		推进社会公平、服务投诉平台	
		社会保障覆盖面	
	社会安全满意度	交通安全、舆情疏导	公众对社会治理中体验到的安全和信任程度的满意度
		食品安全、网络安全监管	

三 基于归因理论的研究假设

在对社会治理满意度进行主观评价时，不同公众对社会治理同一项服务的感受和评价也可能大相径庭，大部分原因在于公众的归因类型具有差异性，相关研究表明，归因方式的形成受遗传、家庭教育、社会教育等影响，具有一定的稳定性，即归因具有倾向性或者归因偏好。归因理论源自社会心理学的研究，归因理论的创始人海德认为，行为原因分为主观条件和情境因素，又称为内因和外因。从个人倾向归因的，如个人动机、情绪、努力等一类是主观条件；从社会条件归因的，如社会环境、社会条件等一类是情境因素。Folkers（1998）在归因理论基础上进一步提出了消费者满意度归因理论，该理论认为消费者对满意度的判断并不是基于感知与期望之间的差异所做出的，而是根据其能够发现的解释原因不同而具有差异，例如，消费者在使用产品的过程中出现故障，依据所出现的故障从厂家失误和自身操作不当两方面进行外部和内部归因，这两种归因所导致的满意度是不同的。因此，政府难以通过改变公众的归因倾向来提高其对社会治理的满意度，但通过提高服务质量和服务态度，可以促使公众对社会治理的满意度做出积极评价，公众的归因偏好是不同的，对社会治理的满意度必然存在差异。因此，从归因的类型来看，公众的个人特征可能会影响其对社会治理的满意度，感知服务质量也会影响公众对社会治理的满意度。本研究基于此提出两个假设。

假设 H1：公众的个人特征（公众的性别、年龄、婚姻状况、有无子女、职业、工作年限、收入、受教育程度、户口所在地、流动人口与否、所在区域）影响社会治理满意度。

假设 H2：感知服务质量影响社会治理满意度。具体分为各个维度的感知服务质量与公众满意度之间呈显著正相关。

（1）反应性影响社会治理满意度（H2－1）。

实际的服务过程即公众和政府工作人员之间的沟通过程。在此过程中，公众会感知工作人员的服务态度和服务质量，公众将根据工作人员服务的具体表现进行服务评估。这种基于反应性的评价将直接决定公众对社会治理的满意度。

（2）可靠性影响社会治理满意度（H2－2）。

可靠性服务是社会治理服务的基础。公众对这一因素服务的看法决定了公众对社会治理服务满意度评价的最低水平，公众感知到的服务可靠性程度直接作用于社会治理公众满意度的形成。

（3）保证性影响社会治理满意度（H2－3）。

公众通过在处理事务过程中形成服务经验，从而对政府服务形成一定程度的信任。这种对政府服务保证性的评价也与社会治理的公众满意度密切相关。

（4）关怀性影响社会治理满意度（H2－4）。

不管是公众之前就已存在的需求，还是公众临时产生的服务需求，不同公众的服务需求总是具有独特性，一旦这种独特性需求被充分满足，公众对服务的体验感知必然会超出预期目标，最终直接影响社会治理公众满意度的形成和产生。

四　基于需求理论的研究假设

社会治理中要想满足和协调各方的利益很难实现，但保护公众的根本利益是社会治理的关键所在，建立以人为本的治理理念，满足公众的各层次需求是社会治理的重点，而人们需求的产生与社会情感密切相关，具有相当高的动态性和复杂性，并对社会治理产生重大影响。马斯洛的需求层次理论包括生理需求、安全需求、社交需求、尊重需求和自我满足需求，前三种需求是低一级的需求，后两种需求属于高级需求，这五种需求的发展是相互重叠并且相互依赖的循序渐进的过程。公众的物质生活等基本需求被充分满足后，他们将向高层次需求发展，去追求社会生活中的集体归属感和社会保障感，并希望能够有效参与社会治理，以避免社会的排斥和孤立，在满足了公众的基本需求和归属感之后，他们希望自己能够在精神生活中自由思考和选择，并得到社会的认同和尊重。个人的低层次需求得到满足后，将导致其寻求更高层次的需求的满足，人们可以通过满足每个层次的不同需求来达到自我实现，只有当人们较高层次的需求得到满足后，才能带来持久而真实的满足感。基于需求理论，本研究提出社会治理八个维度因子间的因果路径假设。

（1）地区发展满意度对其他七个维度的满意度都存在直接影响。

地区发展包括娱乐设施建设、文化设施建设、政府服务能力、建设规划和公共设施服务，改善地区发展中各种服务设施的建设条件，提高政府的服务能力，不仅能够使公众的生活水平得到提高，而且改善了人们的生活和居住环境。地区发展建设能够持续满足居民生活和社会急剧发展的需要，已成为社会治理的重要基础，无疑对公众在就业创业、社会保障、儿童教育、女性健康、环境保护、数据开放和社会安全方面的需求满足都具有重要影响。

一是地区发展满意度直接影响其他七个维度的满意度，此为直接效应（H3 - 1）。

二是地区发展满意度以社会保障满意度为中介变量，从而影响就业创业满意度，此为间接效应（H3 - 2）。

三是地区发展满意度以社会保障满意度为中介变量，从而影响女性健康满意度，此为间接效应（H3 - 3）。

四是地区发展满意度以就业创业满意度为中介变量，从而影响女性健康满意度，此为间接效应（H3 - 4）。

五是地区发展满意度以社会保障满意度为中介变量，从而影响儿童教育满意度，此为间接效应（H3-5）。

（2）社会保障满意度对儿童教育满意度、女性健康满意度、就业创业满意度都存在直接影响。

社会保障包括政策变化更新、社保信息服务、推进社会公平、服务投诉平台、社会保障覆盖面。王舵（2018）认为社会发展的不平衡要求社会保障制度具有更高的综合性，健全的社会保障制度是社会治理创新的前提。社会保障制度的不断优化，增加了社会的稳定因素，可以促进社会的稳定发展，也能够在一定程度上增加公众对社会治理的满意度。而我国社会保障制度的逐渐完善，在一定程度上满足了公众对儿童教育、女性健康和就业创业方面的客观需求。

一是社会保障满意度直接影响儿童教育满意度，此为直接效应（H3-6）。

二是社会保障满意度直接影响女性健康满意度，此为直接效应（H3-7）。

三是社会保障满意度直接影响就业创业满意度，此为直接效应（H3-8）。

四是社会保障满意度以就业创业满意度为中介变量，从而影响女性健康满意度，此为间接效应（H3-9）。

（3）社会安全满意度对地区发展满意度、社会保障满意度、数据开放满意度都存在直接影响。

社会安全包括交通安全、舆情疏导、食品安全、网络安全监管。社会安全关系到社会公共秩序和社会和谐稳定，食品安全、交通安全等的监管不到位，直接威胁社会公众的生活和社会发展，也是对社会治理的挑战，社会安全是社会治理的重要领域。社会安全水平的提高不但能为地区发展和政府数据开放提供良好的外部环境，还能为社会保障信息系统的安全保驾护航，减少社会冲突，促进社会稳定发展。

一是社会安全满意度直接影响地区发展满意度，此为直接效应（H3-10）。

二是社会安全满意度直接影响社会保障满意度，此为直接效应（H3-11）。

三是社会安全满意度直接影响数据开放满意度，此为直接效应（H3-12）。

四是社会安全满意度以地区发展满意度为中介变量，从而影响社会保障满意度，此为间接效应（H3-13）。

五是社会安全满意度以地区发展满意度为中介变量，从而影响数据开放满意度，此为间接效应（H3-14）。

（4）就业创业满意度对女性健康满意度存在直接影响，此为直接效应（H3-15）。

第三节 大数据社会治理实践效度研究

大数据在社会治理领域的应用情况。随着大数据热潮的研究和开发，大数据几乎在我们所有的生活领域都很活跃。在治理理论的指导下，大数据被广泛应用于社会治理各个领域，数据来源的丰富性和精确度也都大幅提高。例如，美国和欧洲率先实行大数据社会治理，大数据技术已经深入渗透到社会保障、社会安全、城市建设、儿童和教育、就业和创业以及环境可持续发展等社会治理领域，并取得了卓越成效。大数据以其分析和处理数据的优势不仅避免了大量人力物力的浪费，而且极大提高了目标的准确性，大大提高了社会治理的效率。

一 大数据促进社会治理技术变革

大数据推进社会治理创新发展。大数据作为信息时代以来又一种新的突破，对社会治理创新发展做出了重要的积极贡献。大数据权威维克托·迈尔－舍恩伯格、肯尼思·库克耶（2013）认为，大数据时代的数据具有加速信息社会发展的作用。它可以促进社会成员之间的交流，充分考虑了公众的人性化需求，增加了社会发展的最优化选择概率。大数据时代，社会治理信息的开放程度显著提高，居民更热衷于参与公共治理活动，不仅可以帮助政府走出当前的工作效率低下的困境，摆脱机构的腐败和臃肿，还能够及时披露政府信息，减少公众与政府间的误会（Clarke & Margetts，2014）。与此同时，大数据技术也对社会治理方法的改革提供了指导。根据著名的数据库专家姆·格雷（Gray，2009）所提出的观点，人类科学史经历了实验、理论和计算三种范式，大数据背景下，随着数据量的持续增加及数据结构的愈加复杂化，出现一种被称为"数据探索"的新型数据研究方法，用于指导更新领域的科学研究，弥补上述三种范式无法满足新研究领域发展的缺陷。

可以看出，大数据技术对社会治理信息披露、人类社会交往方式和科研方法影响很大，对社会治理各领域的重大变革具有重要意义。面对复杂多样的大数据，我们需要从中提取多样化的数据，寻找数据之间的关联性，并在此基础上，制定和实施理性和差异化的社会治理体系，从而实现社会治理的精准化，集结各方力量共同促进社会发展。

国内大数据战略起步较慢，但也在逐步探索和发展大数据在社会生活中的应用。一方面，我国高度重视并积极推动大数据发展战略的实施，全国各地也迅速发展了大数据的建设和应用，取得了初步成效；另一方面，学术界关于大数据的研究热度也持续不减。不同的研究机构和学者都依据自身学术特点对大数据定义展开了探讨。大数据的发展是动态演化的过程，其衍生品是随之而来的信息科学技术的巨大变革，大数据及其衍生品共同作用产生巨大的商业价值和社会效益，是一种在内外因素的相互作用下自发组织起来的大型系统数据集，该系统数据集是由大量的、分层的和纠缠的数据集组成的，具有动态性和开放性。关于大数据特征的研究大多将其归纳为"4V"，即数据量大、数据多样性、数据速度快、数据价值高。这也是最广为人知的大数据功能。陈明（2015）在《大数据概论》一书中为大数据添加了真实性特征，将其特性升级为"5V"。上述学者从信息、技术、价值等角度对大数据的定义和特征进行研究，都有其各自的道理，但研究的具体内容不同，对定义的界定也有所差异。新时期，推进社会治理体系和治理能力现代化成为我国改革的首要目标，对这一目标的贯彻执行离不开有效的社会治理，这就需要大数据技术的良好发挥。

二 大数据社会治理实践与应用

大数据在基层社会治理实践与实用方面具有优势，也提高了社区居民的治理参与度。郑磊（2015）认为，大数据背景下社会治理平台的建立，有利于公众在第一时间获得相关的治理信息，也有利于政民之间的互动。李霞（2018）认为大数据时代社会对信息的开放性和共享性需求呼声不断增加，而大数据时代的数据挖掘、收集、整合和分析能力的高效性减少了传统治理方式导致的决策失误，使社会治理在满足不同群体需求的过程中走数据化精准道路，为不同社会群体参与社会治理创造了有利条件。在调查辽宁抚顺市高山社区的基础上，李拔萃（2016）发现采用大数据技术收集社区基础信息，对创新社区管理服务和实施社区网格服务发挥着重要作用。刘叶婷、唐斯斯（2014）从政府治理和治理模式的概念出发分析了大数据对社会治理的影响，他们指出，大数据的监控和预测功能可以减少社会危机的不确定性，降低社会风险治理成本，同时增强了社会治理社会化的倾向性，加强了政府与公众之间的实质性沟通。陶希东（2016）从大数据时代的社会治理路径和选择出发，指出大数据时代为传统经验性社会治理转向精确性社会治理提供了稳定的社会基础，将封闭、碎片化的治理信息数据组成聚类，系统把握社会治理，形成开放、整体性的社会治理格局，与此同时有必要改变过去政府主导的形势，倡导多元主体共同参与。裴元元（2017）从大数据时代的社会治理特点、面临的挑战以及如何应对挑战出发，提出了新的政府社会治理方法，如公众意识、机构安全、技术支持、数据共享和网络安全监管等。

在治理理论与实践成果的基础上，国内学者纷纷开始探讨大数据背景下社会治理创新发展路径。曾庆华、陈成鑫（2018）相信通过大数据对治理信息潜藏的关联性进行分析，发现社会治理的特征，科学预测社会治理的养老、交通、环境等领域的发展前景，以促进人民安全感和满意度的不断提高。通过大数据技术提高治理能力是治理模式改革的根本所在，从思维、技术和制度三个层面出发，在治理理论的指导下，提出了重塑地方治理的大数据技术思想、扩大地方治理中的大数据技术以及提高大数据系统的保障水平的治理对策。基于以上研究，可以发现大数据技术在社会治理中的应用，极大地提高了我国社会治理能力，并取得了一定的成效。在社会治理领域，在新时期我国经济社会发展的新动向下改善民生、创新社会治理已成为当务之急。

三　大数据社会治理满意度与成效

在基于公众满意度的社会治理成效研究方面。张亚青（2014）认为社会治理成效性的检验和测量必须以群众满意度作为重要标杆，它通过问题解决的有效性来判断社会治理结果，建立和完善科学有效的社会治理评价机制和舆论反馈，进而推进社会治理工作的长效发展。这是治理方式与治理理念发生实质性改变的表现。陈长珍等（2016）从指标体系、评价方法和研究成果三个方面入手，以差异和共性为切入点对国内外研究人员创建的食品安全公众满意度指标体系进行剖析，对公众满意度反映了公众对社会治理的回应和参与这一观点表示赞同，并运用比较分析法对不同学者建立的食品安全满意度指标体系进行多层面解析，从六个方面归纳了导致公众满意度较低的原因。陈增明（2007）讨论了设置公众满意度评估模型的估计方法及模型参变量的设定方法，论述了在政府服务和治理的改善中进行公众满意度评估的重要性，寻找公众满意度的影响因素历来都是公众满意度评估的目标，通过对公众满意度的评估及确定地区和部门的差距，促进政府和部门改善公共服务。李永生（2017）认为建立基于居民满意度的政府公共服务公众满意度评价指标有助于提高居民公共服务满意度，实现科学民主的公共服务政策，促进地方政府以服务为导向，推进地方社会的稳定发展。上述学者的研究都肯定了建立公众满意度评价体系的必要性和重要性。

在社会治理满意度测量指标的建构方面。俞可平（2014）将人类发展、社会公平、公共服务、社会保障、公共安全和社会参与作为中国社会治理的评价指标。南锐、汪大海（2017）则以社会保障治理、社会安全治理、公共服务治理和社会参与治理为指标参数创建了社会治理评价指标体系。朱红灿、张冬梅（2014）基于经典的 ASCI 指数模型和我国政府信息公开的特征，初步建立了政府信息公开满意度评价指标体系，并通过实证研究进一步检验了指标体系设计的合理性和成效性。张晨（2012）采用多阶段抽样方法对昆明市地方治理的公众满意度进行问卷调查，地方治理的公众满意度为总体评估指标，具体评估指标包括交通、社会保障、环境保护、医疗改革、教育改革、住房消费、生活收入等14个二级指标，构建指标评价体系。李水金（2018）从满意度的角度出发，建立了社会治理满意度评估体系，该体系包括7个测量指标，即社会公正、社会服务、社会道德、社会参与、社会保障与就业、公共安全和环境治理。同样基于对居民满意度的考虑，贾英巍等（2016）设计了包含社会公平、社会保障、社会治安、公共服务、交通管理、环境治理和文明治理七个维度的社会治理评价指标。

在社会治理满意度现状研究方面。傅利平、涂俊（2014）基于天津市居民对公共社会治理满意度和参与度调查结果发现，一旦个人需求得不到有效满足，公众很容易滋生不满情绪，产生抵触心理，这种不良表现使公众参与社会治理的积极性大打折扣。因此，研究大数据背景下社会治理的公众满意度现状，对检验大数据背景下社会治理的实施效果具有必要性和重要性。

在社会治理满意度的影响因素方面。社会治理公众满意度受诸多因素影响，基本上是从公众的个人特征以及社会治理的服务特征来展开的。从公众的个人特征来看，张成岗（2018）的研究发现，年龄、职业、受教育程度、政治面貌等公众的个人特征变量对社会治理满意度有显著影响。李志刚、徐婷（2017）认为，感知服务质量对政府网站治理公众满意度具有显著影响。刘武、朱晓楠（2004）则利用行政服务大厅的数据，分析了我国政府的公众感知质量对满意度和信任的影响。庞娟（2017）发现居住环境、管理民主、公共服务和文化秩序四个因子对社区治理满意度的影响都十分显著。雷梅、段忠贤（2018）通过研究发现，影响社会治理公众满意度的主要因素有服务人员的应变能力和服务态度。

Cardozo（1965）在他的学术研究中首次提出了客户满意度理论，他认为顾客在采买商品时的期望决定其对商品的评价和感受，而顾客满意会带来购买行为。Oliver（1980）提出顾客满意度是顾客对商品的期望被满足后形成的一系列情感上的反应。它映射的是商品和服务满足顾客需求的具体表现，最终实现结果符合先前的期望。国外学者的研究内容主要是建立对社会治理公共服务的公众满意度测评模型。1989 年，瑞典在 Fornell 教授和其他人的指导下率先构建了瑞典顾客满意度指数（SCSB），该指数由三个层次组成：国家、行业和企业或品牌。Fornell（1995）将客观分析与主观感受相结合研究影响顾客需求的因素，并将顾客期望、对商品的体验和购买价格等多个指标结合起来形成了费耐尔模型，该模型包括顾客期望、感知价值、顾客满意度、顾客投诉和顾客忠诚度五个结构变量，并广泛应用于多领域客户满意度调查，是最早的客户满意度评估模型。1994 年，美国借鉴瑞典顾客满意度指数创立了美国顾客满意度指数 ACSI。ACSI 模型中包括目标变量、前因变量和结果变量。

通过上述相关文献分析可以看出，国外对基于公众满意度的社会治理成效研究已经进入相对成熟的阶段，国内相关研究仍处于新兴领域。国内外学者从不同的研究视角展开对基于公众满意度的社会治理成效研究，在理论和实践上研究成果都颇为丰富。主要研究特点体现在以下三个方面。一是学者们从不同的角度和领域分析基于公众满意度的社会治理成效，当前研究的重点主要集中在从社会治理政策和基础设施建设等宏观层面分析影响社会治理满意度的因素，对社会治理满意度相关的研究在微观和中观层面涉及相对较少，多是从政府的角度来考量，拟议的口号是抽象的，可行性也往往经不起实践检验，离公众较远，没有切实为公众考虑，研究缺乏深度。二是从公众的角度来看，目前的研究往往只建立模型，很少进行实证研究。因此，从公众的角度评价社会治理满意度，有必要逐步扩大研究范围，制定更有针对性、更易于操作的评价指标体系。三是在大数据背景下关于社会治理的研究不多。大多数研究仍处于定性研究水平，缺乏系统的、经验的和定量的研究。从研究的角度来看，大多数是从大数据技术对社会治理的影响角度进行研究，缺乏从公众视角对社会治理满意度的深入研究。因此，在我国大数据背景下，基于公众满意度的社会治理成效影响因素研究，构建合理的分析模型，深挖主要影响因素并具体分析其影响程度，对实现社会有效治理至关重要。上述研究成果为本研究基于公众满意度的社会治理成效测评的指标选取及影响因素的确定提供了参考框架和宝贵的研究经验，进一步证实了本研究的可行性和科学性。

第四节　大数据社会治理满意度与精细化推进路径研究

我国当前正值发展机遇与社会风险并存的社会转型期，社会经济快速增长的同时，社会问题与矛盾日益凸显，不同群体利益纠纷问题多发，社会生活的价值观差异性愈发明显，环境污染问题、社会公正问题及地区发展失衡问题等亟待解决，由此带来的社会治理压力也越来越大。大数据背景下的社会治理是一种新型的社会治理模式，民众对这种新型社会治理所提供的服务没有形成明确的要求。在大数据背景下开展的社会治理服务必定存在不少问题，首先对于民众的真实需求，大数据社会治理主体期望能更清楚地掌握和了解；其次，面对大数据背景下民众需求呈现的新特征，社会治理主体更加需要深入了解；最后，依托大数据技术的社会治理需要借助互联网等软件对数据进行搜集、分析，一段时间内会受到专业人才和技术因素的限制。因此，研究大数据背景下民众的社会治理满意情况及影响因素，明确民众的差异化需求，以服务为导向强化社会治理建设，深入挖掘大数据社会治理满意度的形成机理和提升路径，是我国社会治理精细化推进的主要方向。

一　信度和效度分析

信度分析，又称可靠性分析，是指使用相同的方法对同一对象进行重复测量，以验证结果的稳定性和一致性，信度系数越大，该测试的结果越一致、稳定与可靠。克隆巴赫信度系数（Cronbach's α）被广泛用于检查问卷中所有问题的一致性，因此本书采用 Cronbach's α 信度系数来检验问卷的信度。根据先前的研究，Cronbach's α 值小于 0.65 没有有效的信度，在 0.65~0.70 表示可以接受，在 0.70~0.80 表明有较好的信度，在 0.80 以上则表示信度非常好。效度是指测量结果反映待检查内容的程度，测量结果与待检查内容越一致，效度越高；否则，效度越低。KMO 和 Bartlett's 球形检验通常用于效度分析中，以 KMO > 0.5，$p < 0.05$ 作为问卷具有结构效度的衡量标准。

表 5 − 3 中各变量的信度检验显示，社会治理满意度量表信度 Cronbach's α 值为 0.983，筛选后每个变量的信度 Cronbach's α 值均在 0.8 以上，说明用本量表进行数据收集和分析非常可靠。每个变量的 KMO 值均大于 0.9，$p < 0.00$，通过 Bartlett's 球形检验，表明指标体系有效可靠，八个维度可以提取出大部分题项信息，累积方差解释率均高于 50%，表明该量表具有良好的结构效度。

感知服务质量量表的信度 Cronbach's α 值为 0.995，筛选后各个层面的信度 Cronbach's α 系数均大于 0.9，表明使用该量表进行数据收集和分析可靠性较高。KMO 值为 0.988 且通过 Bartlett's 球形检验，允许进行因子分析，四个维度累积解释大数据服务质量变异量的 77.86%，可以看出，该量表具有良好的结构效度。

表 5 − 3　各变量的信度效度检验

变量名称	问卷题数（个）	Cronbach's α	KMO 值	累积方差解释率（%）
社会治理满意度	34	0.983	0.988	57.67
就业创业	4	0.939	0.967	61.25
社会保障	5	0.902	0.935	59.83
儿童教育	4	0.902	0.944	53.31
女性健康	4	0.877	0.904	60.55
环境保护	5	0.916	0.950	52.05
地区发展	5	0.916	0.952	60.95
数据开放	3	0.909	0.942	63.70
社会安全	4	0.900	0.926	62.03
感知服务质量	18	0.995	0.988	77.86
可靠性	4	0.929	0.901	77.78
反应性	4	0.939	0.909	80.34
保证性	5	0.946	0.941	75.53
关怀性	5	0.944	0.932	74.97

二 大数据社会治理满意度差异分析

当前社会结构正在发生显著的变化，在人口年龄结构上，老龄化社会正在加速到来；在素质结构上，受过高等教育、思想活跃、利益诉求多样、跨群体触发能力强的新兴社会阶层日益扩大；在空间分布结构上，社会流动性不断增强，跨地区流动已成为常态，越来越多的人口向大城市或中心城镇集聚。这些变化迫切需要提升社会治理的智能化水平，涉及人才、技术、资金、基础设施等方方面面，是一个复杂的系统工程。因此，在大数据背景下，了解公众个人特征在社会治理满意度方面的差异性，有利于有针对性地改善社会治理现状，提高服务质量。性别、城乡、流动人口与否、有无子女四个自变量组的数量各有 2 个，因此选用独立样本 t 检验分析法；年龄、学历、职业、收入、工作年限、婚姻状况、地区的数量多于 3 个，故选用单因素方差分析。因此，本研究采用的是独立样本 t 检验和单因素方差分析相结合的方式，检验各个变量在社会治理总体满意度及 8 个具体社会治理项目满意度上是否存在显著差异，分析结果如表 5 - 4 所示。

表 5 - 4　不同人口学变量的社会治理满意度差异分析

维度	性别	城乡	流动人口与否	有无子女	婚姻状况
	t	t	t	t	F
社会治理满意度	0.991 ($p = 0$)	11.919 ($p = 0.792$)	0.728 ($p = 0$)	3.434 ($p = 0.042$)	2.177 ($p = 0.0890$)
就业创业	1.604 ($p = 0$)	6.537 ($p = 0.678$)	4.772 ($p = 0$)	0.039 ($p = 0.001$)	8.313 ($p = 0$)
地区发展	1.747 ($p = 0$)	7.543 ($p = 0.388$)	0.572 ($p = 0$)	1.441 ($p = 0.132$)	2.171 ($p = 0.089$)
儿童教育	9.98 ($p = 0$)	26.782 ($p = 0.54$)	0.205 ($p = 0$)	0.959 ($p = 0.001$)	2.171 ($p = 0.089$)
数据开放	3.984 ($p = 0.245$)	26.198 ($p = 0.008$)	13.852 ($p = 0$)	5.427 ($p = 0.804$)	0.947 ($p = 0.337$)
环境保护	9.924 ($p = 0$)	16.565 ($p = 0.794$)	2.837 ($p = 0$)	0.217 ($p = 0.118$)	1.064 ($p = 0.363$)

续表

维度	性别	城乡	流动人口与否	有无子女	婚姻状况
	t	t	t	t	F
女性健康	0.436 ($p=0.003$)	0.363 ($p=0.16$)	3.336 ($p=0.092$)	0.359 ($p=0.053$)	4.452 ($p=0.004$)
社会保障	12.308 ($p=0.981$)	0.248 ($p=0.16$)	0.904 ($p=0.528$)	0.009 ($p=0.449$)	10.043 ($p=0.07$)
社会安全	6.334 ($p=0.009$)	4.635 ($p=0.878$)	1.822 ($p=0.371$)	1.312 ($p=0.007$)	0.75 ($p=0.522$)

维度	受教育程度	月收入	年龄	工作年限	职业	地区
	F	F	F	F	F	F
社会治理满意度	8.936 ($p=0$)	21.187 ($p=0$)	13.73 ($p=0$)	12.93 ($p=0$)	1.936 ($p=0$)	28.692 ($p=0$)
就业创业	9.477 ($p=0$)	34.389 ($p=0$)	18.19 ($p=0$)	20.764 ($p=0$)	11.387 ($p=0$)	1.726 ($p=0.131$)
地区发展	8.297 ($p=0$)	27.082 ($p=0$)	1.579 ($p=1.82$)	0.141 ($p=0.967$)	6.331 ($p=0$)	2.537 ($p=0.031$)
儿童教育	4.97 ($p=0$)	11.638 ($p=0$)	9.269 ($p=0$)	15.339 ($p=0$)	0.847 ($p=0.421$)	2.388 ($p=0.04$)
数据开放	5.49 ($p=0$)	20.974 ($p=0$)	2.407 ($p=0.052$)	10.805 ($p=0$)	1.521 ($p=0.232$)	2.532 ($p=0.031$)
环境保护	8.653 ($p=0$)	1.718 ($p=0.149$)	12.141 ($p=0$)	0.376 ($p=0.825$)	1.445 ($p=0.182$)	1.947 ($p=0.089$)
女性健康	7.995 ($p=0$)	8.549 ($p=0$)	9.069 ($p=0$)	3.883 ($p=0.004$)	12.742 ($p=0$)	1.046 ($p=0.393$)
社会保障	13.758 ($p=0$)	0.731 ($p=0.572$)	11.062 ($p=0$)	4.791 ($p=0.001$)	21.003 ($p=0$)	1.465 ($p=0.204$)
社会安全	11.227 ($p=0$)	0.646 ($p=0.63$)	11.263 ($p=0$)	1.489 ($p=0.208$)	2.003 ($p=0.49$)	2.025 ($p=0.078$)

（一）不同性别群体的社会治理满意度

从表5-4不同性别群体在社会治理满意度方面的差异分析中可以看出，不同性别的公众在社会治理满意度（$p=0$）及就业创业（$p=0$）、地区发展（$p=0$）、儿童教育（$p=0$）、环境保护（$p=0$）、女性健康（$p=0.003$）、社会安全（$p=0.009$）六个社会治理具体项目上均存在显著性差异。在社会治理满意度上，男性高于女性；在社会治理具体项目上，女性对儿童教育和女性健康的满意度高于男性，男性对环境保护、地区发展、社会安全的满意度高于女性。

造成这种差异的因素有很多，可以归纳为两个方面。一方面，由性别差异决定的需求差异，在一定程度上会导致男女对同一社会治理项目的满意度存在差异；另一方面，男女对社会治理现状的了解程度、对社会治理工作的关注程度和不同的参与意愿也会导致满意度的差异。传统性别分工加上现代职场规则决定了，妇女既要进入劳动力市场与男性竞争获取家庭经济来源，回到家里又要承担大部分家务劳动，家庭角色与工作角色之间的矛盾关系成为职场女性的主要困扰。很多研究表明，多数女性从事的职业具有低水平、低收入和低技能等特征，而男女之间的不平等不仅反映在职业选择方面，在社会、政治和经济领域，女性也多处于弱势地位（王欢欢，2013）。

（二）不同来源地群体的社会治理满意度

从表5-4不同来源地受访者在社会治理满意度方面的差异可以看出，不同来源地群体在数据开放方面的满意度水平整体偏低，在数据开放方面差异显著（$p=0.008$）。其中，城市群体对数据开放的满意度高于农村群体。在大数据时代，公众对信息开放的需求水平随着社会经济的发展而不断提高，迅速推进的全球政府数据开放行动，旨在提高政府的信息透明度和数据的增值利用率，以及对公众信息需求的及时回应。

大数据技术开始逐渐融入社会治理当中，人们对信息服务的需求推动着信息化的快速发展和信息基础设施的建设，并以其高效性发挥着应有的价值。然而，受主客观条件制约的城乡公共服务建设不平等现状并没有发生本质改变，大数据治理在乡村面临诸多障碍（谭九生、任蓉，2017）。与城市的数据开放发展相比，数据开放在农村问题颇多，主要表现为数据收集能力不足、政府官员数据开放意识不强、数据开放人才资源不足，从而导致政府数据的开放程度未能有效满足农村公众的需求。

（三）流动与非流动群体的社会治理满意度

从表5-4中可以看出，流动与非流动人口在社会治理满意度（$p=0$）及就业创业（$p=0$）、地区发展（$p=0$）、儿童教育（$p=0$）、数据开放（$p=0$）、环境保护（$p=0$）五个社会治理具体项目上存在显著性差异。非流动人口在社会治理满意度及五个具体项目上的满意度水平显著高于流动人口。由于居住地的稳定性，非流动人口可以在较长时期内感受当地的社会治理服务，对所居住社区的归属感更强烈一些（文军、高艺多，2017）。社区归属感产生于社区居民间的互动，并受互动频率和互动时间的影响，社交互动将宏观社会结构与微观个体行为联系起来，使社会治理过程得到公众的认同。人口迁移一方面促进了迁入地经济的增长，为迁入地城市注入了新生力量，缩小了地区间的差异，另一方面也给迁入地的社会管理带来了新的压力与挑战。大数据背景下，通过及时更新和分析人口迁移的相关数据，及时掌握流动人口的关键需求，可以为其提供有针对性和高效率的服务，同时，利用大数据分析技术引导流动人口管理工作，有助于解决流动人口在就业、教育、医疗等方面的困难，实现对流动人口的精细化治理（肖子华，2017）。

（四）有无子女群体的社会治理满意度

表5-4显示，有无子女在社会治理满意度（$p = 0.042$）及就业创业（$p = 0.001$）、儿童教育（$p = 0.001$）和社会安全（$p = 0.007$）满意度上存在显著性差异。有子女者在社会治理满意度和以上三个具体项目的满意度水平上显著高于无子女者。我们的研究发现，导致这样结果的主要原因是工作状态和认知差异。在我们的样本中，有子女的受访者多是已经参加工作并有一定工作经验的人，其工作和生活状态相对稳定，由于有一定的工作经验，即使面临重新就业，也具有足够承担生活风险的能力，故而对目前的就业创业满意度较高。生育是个体生命历程中最重要的通过仪式，李婷、范文婷（2016）认为，作为生命繁衍和族群延续的方式，生育特别是生育男孩被普遍认为会对父母的幸福感产生正面影响。这一观点在我们的研究中也得到了印证，有子女的受访者普遍有较高的主观幸福感，对社会治理的满意度高于无子女者。

（五）不同婚姻状况群体的社会治理满意度

从表5-4中可以看出，婚姻状况在就业创业（$p = 0$）和女性健康（$p = 0.004$）上存在显著性差异。已婚的受访者在就业创业满意度上的得分最高，其次为未婚、离婚、丧偶的受访者；在女性健康满意度方面，也是已婚受访者的满意度最高，其次为未婚、丧偶、离婚的受访者。

已婚者相对未婚、离婚和丧偶者，分别能从婚姻关系中获得经济资源、社会网络和心理归属需求的满足。社会孤立理论认为处在不同婚姻状态的社会个体所具有的社会支持网络存在差异性，该差异会影响个人的主观幸福感，而已婚者依靠婚姻带来的亲密关系，能够避免孤独。婚姻使得男女双方缔结为一个经济共同体，分享住所等生活资料并分担生活费用，在就业创业方面会产生 1 + 1 > 2 的效果，不仅能为婚内个人提供经济保障和安全保障，还能够满足个人对安全感和归属感的需求，使个体能够摆脱其他领域的压力，减轻负面情绪体验，如压力造成的挫折感。此外，婚姻家庭与社会互动的增加也会与社会治理的各个维度产生交集，如与生育有关的女性健康服务在家庭的各种需求得到满足的情况下，也会提升对社会治理的满意度，这样的情况在我们的研究中也有所体现。

（六）不同受教育程度群体的社会治理满意度

表 5 - 4 的分析结果表明，不同受教育程度受访者在社会治理满意度的八个维度上均存在显著性差异（$p = 0$）。事后多重检验结果表明，针对社会治理满意度及就业创业、儿童教育、数据开放、环境保护四个维度，初中及以下学历的受访者与高中或中专、大专、本科、硕士学历层次的受访者存在显著性差异，其中以硕士学历受访者的满意度最高，与其他学历层次受访者的满意度相比均差距较大，这体现出较高受教育程度的受访者对社会治理环境的重视，并希望寻求积极的手段来改善。

在地区发展、社会保障、社会安全三个维度上，初中及以下学历的受访者与高中或中专、大专、本科、硕士、博士及以上学历层次的受访者存在显著性差异（$p = 0$），其中博士及以上学历的受访者满意度最高；初中及以下与大专、本科、硕士学历层次的受访者在女性健康维度方面差异较为显著。不同受教育程度的人在择业和工作后所获得的机会不同，相应地，在与工作匹配的社会保障方面也存在差异，受教育程度较高的人因拥有更多的工作机会和更全面的社会保障而给予社会治理满意度较高的评价。普遍来讲，各学历受访者都能够意识到，新兴技术特别是大数据应用可能带来的社会治理和社会保障的优化，不仅在物质层面，在人类社会创新发展层面也将起到巨大的推进作用，故而对未来各项社会治理改进的预期均较高。

（七）不同月收入群体的社会治理满意度

表 5 - 4 的分析结果表明，除了环境保护、社会保障和社会安全，不同月收入群体在社会治理满意度及其他社会治理项目满意度上均存在显著性

差异（$p = 0$）。在社会治理满意度及就业创业、地区发展、儿童教育、数据开放、女性健康五个社会治理维度上，月收入3001～5000元组的满意度水平显著高于其他月收入分组。

总体来看，五个收入水平的受访者群组在社会治理满意度水平上呈现由低到高又再次降低的趋势。这种趋势反映了在收入水平处于较低阶段时，社会收入水平大体平均，此时人们多集中于对温饱的感受上，需求层次亦相对较低。进入中等收入社会后，社会财富及与其相应的社会地位差距逐渐拉大，我国长期稳定的中等收入群体尚未形成，社会的不均衡性表现得更加明显（徐勇、马海明，2014）。随着收入水平的不断提高，个体需求水平亦不断提高，对社会治理的关注与参与度也会增加，然而目前对于满足人们不断增长的需求的能力远远不能适应快速增长的需求。人们经济收入和文化水平的提高，也对社会治理提出了更高的要求。

（八）不同年龄群体的社会治理满意度

表5－4的分析结果表明，除了地区发展和数据开放满意度项目，不同年龄群体在社会治理满意度及其他社会治理项目满意度上均存在显著性差异（$p = 0$）。在社会治理满意度方面，20岁及以下与21～30岁、31～40岁、41～50岁、51岁及以上群体存在显著性差异，41～50岁年龄段的社会治理满意度最高；在就业创业和社会保障满意度方面，20岁及以下与21～30岁、31～40岁、41～50岁之间存在显著性差异，31～40岁的就业创业和社会保障满意度显著高于其他年龄组。即将退休员工年龄较大，生理和心理健康水平表现出不同程度的下降，对社会和时代发展的适应能力也在衰退，大数据环境在更大程度上增加了老龄员工的心理压力；年轻员工不仅在工作上表现出经验缺乏，而且心理脆弱，难以获得工作和情感方面的支持，大数据暴露了他们职业的不稳定状态。处在年龄段两端的年轻员工和老员工都被大数据所束缚和困扰，无法有效保障自身的社会生活，导致不同年龄段在就业创业和社会保障满意度上呈倒U形差异。

在儿童教育、环境保护、女性健康、社会安全满意度方面，41～50岁与其他年龄组间存在显著性差异，并且41～50岁群体的满意度显著高于其他年龄段。这主要是因为处于41～50岁年龄段的公众多数经历事业打拼，实现了阶层的上升流动，作为当前社会建设和发展的支柱，随着信息的快速增长和流通以及受教育年限的不断延长，他们认识和理解新事物的能力要比其他年龄组的人更强。

（九）不同工作年限群体的社会治理满意度

表 5-4 的分析结果表明，除了地区发展、环境保护和社会安全满意度，不同工作年限在社会治理满意度及其他社会治理项目满意度上均存在显著性差异。事后多重检验结果表明，在社会治理满意度方面，5 年以下与 5~9 年、10~14 年、15~19 年、20 年及以上存在显著性差异，5 年以下的社会治理满意度显著高于其他工作年限；在就业创业满意度方面，5 年以下与其他工作年限组间存在显著性差异，5~9 年的就业创业满意度最高，5 年以下最低；在儿童教育和数据开放满意度方面，5 年以下与 5~9 年、10~14 年、15~19 年、20 年及以上存在显著性差异，5~9 年的满意度显著高于其他工作年限组。从中我们可以发现这样一种变化趋势，即 5 年以下到 5~9 年是增长趋势，5~9 年之后随着工作年限的不断增长公众对于就业创业满意度呈现一种逐步下降的趋势，造成这一结果的原因可能是随着工作年限的不断延长，公众的工作紧张感不断累积，工作压力的来源较为集中，而公众作为其单位的支柱并适逢职业发展的关键时期，他们对自己的职业规划和社会角色的定位会产生一种高压感，只要其需求无法得到满足，就会出现各种消极情绪，如抑郁、怨恨、苦闷等，这是需求与现实之间差异越来越大的结果（郑建林，2012）。

随着个人工作年限的增长和长期经验感知不断累加，对社会保障满意度的评价愈加稳定。在女性健康和社会保障满意度方面，5 年以下与 5~9 年、10~14 年存在显著性差异，10~14 年的女性健康和社会保障满意度最高。有学者认为较长工作年限受访者的职业状态已经非常稳定，其在当前所享有的和未来将要享有的社会保障服务客观上已经基本确立起来，并且已创建较完整的社会关系网络，利用这种关系网络中实际或潜在的资源可以获得额外的社会和经济利益（李松龄，2019）。

（十）不同职业群体的社会治理满意度

表 5-4 的单因素方差分析结果表明，不同职业在社会治理满意度及就业创业、地区发展、女性健康和社会保障满意度上存在显著性差异。在社会治理满意度方面，企业工作人员与教师及科研人员、自由职业者、学生、退休人员及其他职业群体存在显著性差异，其中教师及科研人员的满意度最高，退休人员满意度最低。在就业创业满意度方面，企业工作人员与政府工作人员、教师及科研人员、私营企业主、退休人员，政府工作人

员与私营企业主、自由职业者、学生、退休人员、其他职业群体存在显著性差异，其中政府工作人员的就业创业满意度最高，而其他职业群体的就业创业满意度相对较低，特别是退休人员，其就业创业满意度在所有测量群体中最低。这是因为对于其他职业群体而言，政府工作人员的职业稳定性最好，从而影响政府的行政服务水平。因此要提高社会治理服务水平和就业创业满意度，提高政府工作人员的主观幸福感，薪酬待遇是重要的影响因素。根据马斯洛需求层次理论，人的行为是由其需求推动的，建立合理公平的公务员薪酬待遇，能够满足公务员的需求，提高公务员主观幸福感，长效地激励公务员的工作行为，使公务员在新时代的要求下，自觉提高自身的工作能力，加快政府工作人员能力提升进程。

在地区发展、女性健康和社会保障满意度方面，企业工作人员与政府工作人员、教师及科研人员、退休人员、其他职业群体，政府工作人员与私营企业主、个体经营者、自由职业者、学生、退休人员及其他职业群体存在显著性差异，其中教师及科研人员的三个社会治理项目满意度最高，退休人员最低。有学者认为，教师及科研人员具有较高的社会经济地位，社会经济地位越高，其社会保障受环境波动的影响越小。因此，教师及科研人员的满意度最高，退休人员的满意度最低，相同的结论在地区发展、女性健康方面的满意度上具有共同性。

（十一）不同地区群体的社会治理满意度

表5-4的单因素方差分析结果表明，不同地区群体在社会治理满意度、地区发展、儿童教育、数据开放上存在显著性差异。在社会治理满意度方面，东部地区与其他五个地区，中部地区与西部地区、南部地区、北部地区存在显著性差异，东部地区的社会治理满意度最高，中部地区最低；在地区发展和数据开放满意度方面，东部地区与中部地区、直辖市，中部地区与南部地区、西部地区，南部地区与直辖市存在显著性差异，东部地区的地区发展和数据开放满意度显著高于其他五个地区；在儿童教育满意度方面，东部地区与其他地区间存在显著性差异，东部地区儿童教育满意度显著高于其他五个地区。

我国社会治理服务的资源配置存在较大的地区差异，从区域发展的角度来看，社会治理资源分布呈现东高西低的态势（杨翠迎，2014），本研究数据也显示，东部地区的社会治理满意度最高。随着我国经济的快速发展，公共服务设施的发展跟不上城市发展的速度，社会资源总供给不足，尤其是运输资源和医疗卫生服务资源的短缺更加严重，多种因素的共同作用导致我国社会治理服务资源配置的发展处于失衡状态。只有利用大数据快速处理数据的优势，收集公众不同的需求信息，建立符合当地经济发展和公众需求特征的公共服务信息平台，提高信息的透明度和开放度水平，才能消除公众与政府之间的信息不对称，促进公共服务资源分配的高效率，进而提高我国各地区公众对社会治理的满意度水平。

三　大数据社会治理满意度的影响因素分析

在差异性分析基础上，以社会治理满意度为因变量，以下面 11 个个体特征指标为自变量，进行逻辑回归分析。因变量是一个多分类变量，因此社会治理满意度的中位数被用作参考标准。如果满意度取值大于或等于中位数，则赋值 1；如果满意度取值小于中位数，则赋值 0。因此，社会治理满意度转换为两个类别变量，分别被赋值为 0，1。变量的赋值情况如表 5-5 所示，回归模型结果如表 5-6 所示。

表 5-5　变量赋值情况

自变量	赋值情况
性别	女 = 0，男 = 1
婚姻状况	丧偶 = 0，已婚 = 1，未婚 = 2，离婚 = 3
有无子女	有 = 0，无 = 1
受教育程度	初中及以下 = 0，高中或中专 = 1，大专 = 2，本科 = 3，硕士 = 4，博士及以上 = 5
城乡	城市 = 0，农村 = 1
流动人口与否	是 = 0，否 = 1
年龄	20 岁及以下 = 0，21～30 岁 = 1，31～40 岁 = 2，41～50 岁 = 3，51 岁及以上 = 4
工作年限	5 年以下 = 0，5～9 年 = 1，10～14 年 = 2，15～19 年 = 3，20 年及以上 = 4
月收入	1000 元及以下 = 0，1001～3000 元 = 1，3001～5000 元 = 2，5001～8000 元 = 3，8001 元及以上 = 4
职业	企业工作人员 = 0，政府工作人员 = 1，教师及科研人员 = 2，私营企业主 = 3，个体经营者 = 4，自由职业者 = 5，学生 = 6，退休人员 = 7，其他 = 8
地区	东部 = 0，中部 = 1，西部 = 2，南部 = 3，北部 = 4，直辖市 = 5
因变量	赋值情况
社会治理满意度	满意度取值大于或等于中位数 = 1，满意度取值小于中位数 = 0

表5-6 大数据背景下社会治理满意度回归模型结果

变量	偏回归系数	标准误差 SE	Wals卡方	df	Sig.	优势比估计值 Exp（B）
性别	0.177	0.047	14.427	1	0.000	1.194
婚姻状况			15.934	3	0.001	
已婚	0.424	0.200	4.485	1	0.034	1.528
未婚	0.093	0.202	0.213	1	0.645	1.098
离婚	-0.020	0.270	0.005	1	0.942	0.981
有无子女	0.216	0.095	5.200	1	0.023	1.241
受教育程度			29.112	5	0.000	
高中或中专	-0.010	0.168	0.003	1	0.953	0.990
大专	-0.085	0.192	0.198	1	0.657	0.918
本科	-0.048	0.185	0.068	1	0.794	0.953
硕士	-0.119	0.156	0.584	1	0.445	0.888
博士及以上	-0.205	0.144	2.034	1	0.154	0.815
城乡	0.060	0.050	1.404	1	0.236	1.062
流动人口与否	-0.018	0.061	0.090	1	0.764	0.982
年龄			42.858	4	0.000	
21~30岁	0.045	0.095	0.223	1	0.637	1.046
31~40岁	0.073	0.106	0.482	1	0.487	1.076
41~50岁	0.145	0.117	1.553	1	0.213	1.156
51岁及以上	0.565	0.126	20.141	1	0.000	1.760
工作年限			3.629	4	0.459	
5~9年	-0.084	0.097	0.749	1	0.387	0.920
10~14年	-0.087	0.099	0.769	1	0.381	0.917
15~19年	-0.012	0.107	0.012	1	0.912	0.988
20年及以上	0.133	0.114	1.364	1	0.243	1.142
月收入			22.536	4	0.000	
1001~3000元	0.027	0.107	0.066	1	0.797	1.028
3001~5000元	0.155	0.102	2.311	1	0.128	1.168
5001~8000元	0.178	0.114	2.445	1	0.118	1.195
8001元及以上	0.310	0.100	9.636	1	0.002	1.363

变量	偏回归系数	标准误差 SE	Wals 卡方	df	Sig.	优势比估计值 Exp（B）
地区			19.584	5	0.001	
中部	-0.159	0.090	3.125	1	0.077	0.853
西部	-0.177	0.088	4.019	1	0.045	0.838
南部	-0.343	0.098	12.205	1	0.000	0.709
北部	-0.333	0.090	13.697	1	0.000	0.716
直辖市	-0.247	0.090	7.509	1	0.006	0.781
职业			87.201	8	0.000	
政府工作人员	0.409	0.105	15.135	1	0.000	1.505
教师及科研人员	0.331	0.135	6.013	1	0.014	1.392
私营企业主	0.596	0.129	21.422	1	0.000	1.816
个体经营者	0.066	0.126	0.274	1	0.600	1.068
自由职业者	0.352	0.127	7.723	1	0.005	1.421
学生	0.050	0.123	0.164	1	0.685	1.051
退休人员	0.010	0.115	0.008	1	0.928	1.010
其他	0.145	0.270	0.288	1	0.591	1.156

该回归模型检验的 $p < 0.05$，具有统计显著性，可预测的百分比为 57.4%，表明所有自变量可以预测社会治理满意度的 57.4%，具有较高的解释力。表 5-6 回归模型分析表明，除城乡、流动人口与否和工作年限外，公众个人特征其他变量的 p 值均小于显著性水平 0.05，表明这些自变量对社会治理满意度有显著影响。H1 假设中除了城乡、流动人口与否和工作年限之外，其他公众个人特征变量对社会治理满意度的研究假设都已得到验证。

性别对社会治理满意度具有显著影响，本研究数据发现男性的社会治理满意度是女性的 1.194 倍，可见，男性的社会治理满意度高于女性，一方面，随着大数据背景下社会治理的发展，公众在社会治理中的参与渠道越来越多，参与意识也越来越强，传统的性别文化对妇女的角色要求是以家庭为主，时代发展对于女性参与社会治理的限制依然存在；另一方面，两性所能够获取的社会治理服务资源是不均衡的，低获得导致女性对社会治理满意度的评价亦较低，妇女在性别分工中的地位决定了两性之间利益结构的不均衡分布。与男性相比，女性能够获得的社会资源较少，因此，当危机来临时，她们缺乏足够的适应和抵抗能力。可见，在当前的社会治理过程中，我们应该关注社会资源分配中的性别均衡性，改善妇女的不利处境和地位，做出适当倾斜，赋予女性更多的话语权。

　　婚姻状况和有无子女对社会治理满意度有显著影响，已婚者是丧偶者的 1.528 倍，未婚者是丧偶者的 1.098 倍，离婚者是丧偶者的 0.981 倍。已婚群体对社会治理的满意度最高，离婚群体最低。婚姻让生活在其中的人多出很多感触，子女养育、老人赡养、家庭投资等，对当地社会治理服务的利用会更多，感知也更深，相对来说，离婚的这部分人减少了大部分家庭功能，这些都会影响其对社会治理服务的感知。无子女者的社会治理满意度是有子女者的 1.241 倍，已有的研究表明，无子女或只有 1 个子女的婚姻满意度高于有 2 个及以上子女者。国外的一些研究也表明，婚姻满意度高的人主观幸福感更强，更易于表现出积极的社会行为。

　　年龄对社会治理满意度的影响显著。随着年龄的增长，社会治理满意度不断提高，具体表现在，21~30 岁、31~40 岁、41~50 岁和 51 岁及以上年龄段者的社会治理满意度分别是 20 岁及以下年龄段的 1.046 倍、1.076 倍、1.156 倍、1.760 倍。个人阅历和社会经验会随着年龄的增长不断积累，年龄增长的正向影响是经历过不同时间跨度的社会居民对我国社会治理发展进程所做出的评价，是在考虑和权衡个人收益和风险情况下的社会治理感受和意思表达。

　　职业也是影响社会治理满意度的显著因素。企业工作人员对社会治理满意度评价最低，其中私营企业主是企业工作人员的 1.816 倍，自由职业者是企业工作人员的 1.421 倍，其他职业的社会治理满意度也都高于企业工作人员，研究显示市场化程度越高，企业员工对社会治理满意度和参与度的评价水平越低。激烈的社会竞争让企业员工的压力更大，生活和职业发展不容易得到满足，企业归属感不强，对社会治理表现出的满意度不高。职业群体在社会生活中具有其他群体无可比拟的优越性，主要体现在职业群体进行的社会活动能够激发社会生活的活力和促进社会和谐稳定，而社会治理的任务之一就是促进社会活力和和谐因素的增加，因而，社会治理的目标对象应该定位于职业群体，而不是非职业群体，但是退休人员和没有稳定职业的自由职业者是当前基层治理的重要对象。如果不改变这种局面，则很难实现社会治理的创新发展。因此，大数据背景下，实现社会治理创新需要增加对职业群体的关注。

　　中部、西部、南部、北部和直辖市的居民对社会治理的满意度分别是东部地区的 0.853 倍、0.838 倍、0.709 倍、0.716 倍、0.781 倍，可以看出，地区自变量中东部地区居民的社会治理满意度最高，中部和西部地区次之，南部地区居民的满意度最低。已有研究表明我国在西部地区的大数据发展布局，为当地社会治理水平提升奠定了良好的基础，也提高了居民对大数据社会治理服务的认识。我国各地的政府大数据社会治理仍处于起步阶段，目前应鼓励地方政府根据当地需求和自身特点拓宽公众参与社会治理的有效途径和增强参与效力，需要进行制度建设和社会管理体系创新，需要建设一个完善的能够凝聚各方社会力量的管理主体结构。

收入水平越高，月对社会治理的总体满意度越高。月收入在 1001 ~ 3000 元、3001 ~ 5000 元、5001 ~ 8000 元和 8001 元及以上四个区间的公众对社会治理的满意度分别是月收入在 1000 元及以下的公众的 1.028 倍、1.168 倍、1.195 倍、1.363 倍。根据我国体制结构现状，居民的收入水平、社会保障等与其所服务、供职的部门有密切联系。如果收入和社会保障方面处于较低水平，个人境况不佳，也会体现在对社会治理的不满和消极参与上。因此，提高公众的社会治理满意水平和参与水平，最根本的激励是努力改善个人的收入境况。

在受教育程度自变量中，硕士学历群体的社会治理满意度是初中及以下学历群体的 0.888 倍，博士及以上学历群体是初中及以下学历群体的 0.815 倍，受教育程度对社会治理满意度具有显著的负向影响。由此可见，公众的受教育程度越高，对社会治理服务质量的要求越高，期望值远高于体验值，表现为受教育程度越高，对社会治理的总体满意度越低。

四　基于公众满意度的大数据社会治理精细化推进路径分析

（一）感知服务质量各维度与社会治理满意度的分析

本研究进一步采用偏相关分析，在控制了性别、年龄、受教育程度等 11 个人口学变量后，对感知服务质量四个维度与社会治理满意度各维度变量的相关性进行分析，结果如表 5 - 7 所示。在此基础上，对本章第二节中建立的感知服务质量影响社会治理满意度的系列假设进行验证。

表 5 - 7　感知服务质量各维度与社会治理满意度的偏相关分析

	就业创业	地区发展	儿童教育	数据开放	环境保护	女性健康	社会保障	社会安全	社会治理满意度
反应性	0.331 **	0.355 **	0.308 **	0.282 **	0.312 **	0.301 **	0.294 **	0.281 **	0.364 **
可靠性	0.358 **	0.370 **	0.329 **	0.308 **	0.321 **	0.307 **	0.303 **	0.288 **	0.380 **

续表

	就业创业	地区发展	儿童教育	数据开放	环境保护	女性健康	社会保障	社会安全	社会治理满意度
保证性	0.345 **	0.372 **	0.321 **	0.294 **	0.326 **	0.315 **	0.311 **	0.281 **	0.379 **
关怀性	0.360 **	0.382 **	0.338 **	0.316 **	0.331 **	0.314 **	0.300 **	0.284 **	0.386 **

注：** 表示在 0.01 水平（双侧）下显著相关；控制变量为性别、年龄、婚姻状况、有无子女、职业、工作年限、月收入、受教育程度、城乡、流动人口与否、地区。

由表 5 - 7 相关性分析结果可知，反应性与社会治理满意度存在显著的正相关关系（$r = 0.364$，$p = 0.000$），假设 H2 - 1 成立，这说明社会治理过程中政府工作人员快速有效的服务能够提高服务效率，对提高社会治理满意度具有积极作用。可靠性与社会治理满意度及各维度均存在显著正相关关系（$r = 0.380$，$p = 0.000$），假设 H2 - 2 成立，说明在社会治理所提供的各项服务中，政府能够及时主动解决公众遇到的问题能够在一定程度上提高公众对政府的信任程度，推动社会治理满意度水平的提升。保证性与社会治理满意度及各维度均存在显著正相关关系（$r = 0.379$，$p = 0.000$），假设 H2 - 3 成立，可见，政府工作人员良好的服务态度和专业的服务能力，能提高政府服务的公信力，进而提高公众对社会治理的满意度。关怀性与社会治理满意度及各维度均存在显著正相关关系（$r = 0.386$，$p = 0.000$），假设 H2 - 4 成立，这说明政府主动了解公众的差异化需求，提供人性化服务是提升公众对目前社会治理满意度的有效途径。以上数据表明，关怀性与社会治理满意度的相关性系数最高，说明关怀性对社会治理满意度的影响最大，这表明在社会治理过程中，政府服务的重点应该放在服务的关怀性上。

具体到社会治理满意度的各个方面，关怀性对就业创业、地区发展、儿童教育、数据开放和环境保护五个社会治理方面的满意度影响最大；保证性是女性健康和社会保障满意度的最大影响因素；可靠性对社会安全满意度的影响最大。这表明在社会治理的具体服务领域，应指出每个服务领域的最大影响因素，有针对性地提高服务质量。相关性分析表明，感知服务质量反应性、可靠性、保证性和关怀性对社会治理满意度均具有积极影响，其中，可靠性和关怀性对社会治理满意度的影响最大。因此，在社会治理过程中，政府关注并提高服务的可靠性和关怀性是提升服务质量的当务之急。

（二）感知服务质量对社会治理满意度影响的模型拟合

结构方程模型是一种基于协方差矩阵分析变量间关系的统计方法，是多变量数据分析的重要工具。结构方程模型可以处理多因果关系变量，也能对无法直接观察到的潜在变量进行分析，这些是传统统计方法所不具有的优势。自20世纪80年代以来，结构方程模型的迅速发展弥补了传统统计方法的缺陷，成为多元数据分析的重要工具，因此更具广泛的适用性。完整的结构方程模型由测量模型和结构模型两部分组成，测量模型描述了潜变量和观察变量之间的关系，潜变量的概念无法直接用语言表达且不能直接被测量，用于反映潜变量的数据是观察变量，观察变量是可以直接观察到的测量变量。结构模型是指潜变量之间的一系列关系，在本研究中，社会安全状况是我们无法直接测量的潜变量，但我们可以测量交通安全和食品安全等观察变量来反映社会安全，运用路径分析来描述社会安全与社会治理满意度之间的关系。

　　前述研究考察了感知服务质量的反应性、可靠性、保证性、关怀性四个维度对社会治理满意度的影响程度。接下来的研究将感知服务质量看作一个整体潜变量，探索其对社会治理满意度的整体影响。结构方程模型最常用的估计方法是最大似然估计，本研究在8272个原始样本中随机抽取2%共计168个个案，作为结构方程模型的样本数据。根据本章第二节的研究假设，建立了感知服务质量对社会治理满意度影响的结构方程模型，并根据相关修正指标对模型进行修正，修正模型及路径系数如图5-1所示，模型拟合结果如表5-8所示。

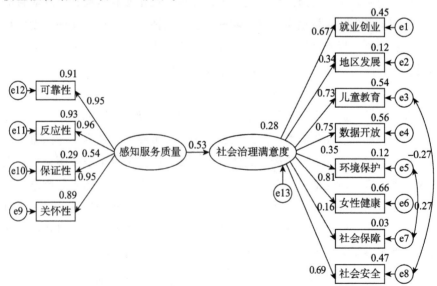

图5-1　感知服务质量对社会治理满意度路径修正

从表 5 - 8 指标拟合结果来看，p 值大于 0.05，$\chi^2/df = 1.209 < 2$，GFI = 0.945 > 0.9，RMSEA 为 0.035 < 0.05，TLI、CFI、IFI 均在 0.96 以上，可见模型的拟合度非常高。

表 5 - 8　结构方程模型指标拟合度

p	χ^2/df	GFI	RMSEA	TLI	CFI	IFI	AIC	PNFI
0.146	1.209	0.945	0.035	0.988	0.990	0.991	115.660	0.732

模型运行结果显示，感知服务质量变量显著正向影响公众的社会治理满意度（$p < 0.05$），标准化路径系数为 0.53，二者相关性较高，假设 H1 成立。表明公众感知服务质量水平每提高 1 个标准单位，对社会治理满意度的推进增加 0.53 个标准单位，说明感知服务质量要提升近 2 倍，才能保障社会治理满意度的基准水平。

由上面的分析可见，为了提高公众对社会治理的满意度，政府需要在服务方面付出更多的努力。因此，要想提高公众的社会治理满意度，为公众提供更好的服务，就应在公众需求的引导下，不断增强服务意识和服务意愿，以解决公众最迫切需求的问题为治理目标。大数据决策能够做到从多个角度不同层面深入剖析公众的需求，对公众所需的各种信息服务及时预测和感知，及时掌握公众的需求热点，提高为其提供服务的智能性，推进社会治理服务更加精准和个性化。

第五节　大数据社会治理创新发展的策略研究

一　大数据背景下社会治理满意度水平分析

这部分研究的关注点主要有两方面：一是测量大数据社会治理服务总体满意度与八个具体社会治理项目的满意度现状；二是基于人口学特征，分析大数据社会治理满意度的差异性。

（一）社会治理满意度中等偏上

社会治理满意度平均值为 3.06，属于中等偏上水平，由此可见，社会治理满意度有待提高。大数据爆炸式的增长极大地改变了人们的生活、工作和思考方式，为社会治理创新提供了机遇和挑战，提高了社会治理的科学性，功能性和专业性已成为大数据社会治理工作的重点。在大数据时代，检验公众的社会治理满意度是有效评估和反馈社会治理的关键环节。因此，在大数据社会治理的创新和发展过程中，要想真正实现创新型社会治理体系的价值取向，促进社会公平发展，实现社会治理的高效率运行，政府必须把公众满意度放在首要位置。

（二）社会治理各项服务满意度不均衡

以大数据为核心的思想和技术已被广泛使用。作为信息技术的代表，大数据必将成为社会治理的有力武器，在未来的社会治理过程中，政府可以改变传统的决策方法，依靠强大的数据收集、整合和分析能力进行全数据决策，使社会治理决策更具科学性。根据社会治理各项服务满意度的因子分析，社会安全满意度分值为 3.16，在所有项目中满意度水平最高；女性健康、社会保障、地区发展、就业创业、儿童教育的分值分别是 3.13、3.08、3.04、3.04、3.03，这几个项目的满意度处于中等偏上水平；数据开放满意度分值为 2.90，处于中等偏下水平；环境保护满意度最低，分值仅为 2.86。可见，公众对社会治理八个方面的满意度存在差异，对社会安全最满意，最不满意的是环境保护，其次是数据开放。

（1）就业创业满意度。就业创业各维度因子评分方面，满意度分值由高到低依次为：就业指导（3.11）、劳动权益保护（3.03）、政策支持（3.02）、创业扶持（3.01）。由此可见，就业创业服务各项目的满意度水平中等偏上，但是在创业扶持的服务上有待进一步提高。在缺少大数据支持的情况下，一些就业和创业信息常常会被忽略，就业者因损失关键就业信息，导致工作的匹配性不足，入职离职频繁，造成人才成本损失。因此，利用大数据技术建立就业和创业信息平台，为政府部门和雇主提供准确的就业和创业数据信息，通过分析就业和创业市场前景，匹配公众的就业和创业需求（陈智旭，2017）。

（2）地区发展满意度。地区发展各维度因子评分方面，满意度得分由高到低依次为：公共设施服务（3.06）、建设规划（3.06）、文化设施建设（3.04）、政府服务能力（3.04）、娱乐设施建设（3.02）。以上各维度因子得分表明，地区发展各维度的满意度水平并没有明显的差距，总体比较平均。公共基础设施建设越完善，越利于政府管理的规范化和系统性发展。随着我国经济的发展，公众对公共基础设施服务的要求提高，各地区发展建设的不断完善给社会治理带来了极大便利，如果能够借助大数据技术精准分析公众的需求特征，在加大地区基础设施发展投资的同时，就能够为公众提供更加优质化和个性化的基础设施服务。

（3）儿童教育满意度。在儿童教育各维度因子评分方面，满意度得分由高到低依次为：家庭教育（3.08）、心理健康教育（3.07）、网络教育平台（3.03）、教育公平（2.92）。各因子中教育公平的得分最低，公众对教育公平的满意度偏低，应该采取必要措施进一步推进教育公平。目前我国儿童教育在资源配置、管理制度及课堂教学方面存在诸多不公平现象。因此，需要利用大数据技术进一步了解儿童的个性化需求差异，实现儿童教育资源的合理配置，有针对性地制定课堂教学内容，促进各地优质教育资源的共享，并利用大数据思维助力儿童教育方式与教育理念的实质性转变，促进儿童教育的公平发展。

（4）数据开放满意度。在数据开放各维度因子评分方面，满意度得分由高到低依次为：数据安全（3.08）、资源获取便利性（3.03）、数据资源共享（2.92），公众对数据资源共享的满意度最低。随着大数据时代的到来，人们对政府数据开放的需求也与日俱增，尽管我国一些地方的政府数据开放平台已经建立，然而，数据价值并没有被充分开发和利用，数据利益相关者也多局限于组织内部，跨组织、跨部门的数据共享程度不高。当前公众能够访问并且获取的数据是有限的，公众的数据需求并没有得到有效满足，大数据时代需要建立健全数据开放系统，利用大数据技术优势助力社会治理，发挥大数据的综合服务价值，让更多的数据为公众所用。

（5）环境保护满意度。在环境保护各维度因子评分方面，满意度得分由高到低依次为：环境监督（3.10）、网络宣传（3.08）、环境可持续（3.04）、污染治理（2.87）、环保产品服务（2.82），公众对污染治理和环保产品服务两个方面满意度偏低。我国的环保产业起步较晚，投资不足，环保产品推广力度不足及环保产品缺乏多样性，各种原因使得环保产品无法满足公众的需求。当前环境污染治理的质量止步不前，对环境问题的监督还有待进一步提高，多主体参与的环境社会治理和数字化全域监督机制势在必行。李文彬等（2016）的研究发现，公众环保参与对地方政府环保满意度产生正向影响，公众对环境问题的认知对地方政府环境保护满意度产生显著负向影响；公众的社会经济地位越高，对环境问题的认知就越低，参与环保行为的意愿就越强。因此，要提升公众对地方政府环境保护的满意度，在提高政府治理环境污染和保护环境工作的客观绩效的同时，应该鼓励与扩大公民对环境保护和污染治理事务的参与。

（6）女性健康满意度。在女性健康各维度因子评分方面，满意度得分由高到低依次为：网络知识普及（3.08）、满足健康需求（3.08）、医疗资源配置（3.05）、网络健康服务（3.02）。公众对网络健康服务的满意度最低，其次是对医疗资源配置的满意度。随着大数据时代的来临及公众对医疗健康服务需求的增长，在线医疗服务成为公众寻求健康信息资讯的主要途径之一（吴江、周露莎，2017）。然而，网络环境的复杂性和多变性导致网络健康信息参差不齐，无法保障公众网络健康服务的有效需求，运用大数据技术进行分析，就能够充分提取有价值的医疗健康信息，推进在线医疗服务的发展（金磊，2016）。

（7）社会保障满意度。在社会保障各维度因子评分方面，满意度得分由高到低依次为：推进社会公平（3.20）、服务投诉平台（3.16）、政策变化更新（3.13）、社会保障覆盖面（3.13）、社保信息服务（3.12）。结果表明，目前我国社会保障满意度水平较为平均，公众对社会保障的满意度也都在中位数以上。依托大数据技术构建社会保障信息服务系统，在一定程度上满足了公众多样化的社会保障需求，提高了社会保障服务的整体水平，基本实现了社会保障广覆盖的目标，以及社会保障领域专业人才队伍的建设，公众对社会保障服务的满意度也随之得到提升（邰凯英、杨宜勇，2016）。

（8）社会安全满意度。在社会安全各维度因子评分方面，满意度得分由高到低依次为：网络安全监管（3.20）、舆情疏导（3.17）、食品安全（3.15）、交通安全（3.12）。社会安全治理各因子的满意度都在中等偏上水平，说明我国在社会安全治理方面取得一定成效。可以说，运用大数据技术和思维，在社会安全治理全过程中提供海量数据分析支持，不仅增强了公众的社会安全风险防患意识，还为社会安全治理预防机制的建立提供了决策依据，极大提高了社会治理的效能。

综合研究表明，我国政府和相关组织在大数据社会治理方面存在明显不足。从本研究的前述八个因子得分来看，在教育公平（2.92）、数据资源共享（2.92）、污染治理（2.87）和环保产品服务（2.82）四个方面得分都偏低，说明公众对当前大数据社会治理的某些方面还存在不满意情况，需要有针对性地改进。但可以看出，我国政府决策部门已经认识到大数据的先进性和重要性，认识到大数据可待发掘的价值，也认识到大数据在社会治理精细化推进过程中的作用。

二 大数据社会治理各维度相互作用分析

这部分研究主要从影响社会治理满意度的八个因子入手，通过建立结构方程模型来探讨社会治理满意度的测度及各个因子间的相互作用关系，通过实证研究考察各因子之间的相互作用机制，这对如何提高社会治理公众满意度具有重要参考意义。根据变量间的假设因果路径关系设计社会治理满意度各因子间的结构方程模型，如图 5 - 2 所示。

从表 5 - 9 指标拟合结果来看，p 值大于 0.05，$\chi^2/df = 0.932$，接近 1，绝对适配度指标 GFI 值接近 0.9，RMSEA 为 0.000 < 0.05，增量适配度指标 TLI、CFI、IFI 值均在 0.96 以上，多数指标达标，说明理论模型拟合度非常高。

表 5 - 9 指标拟合参数表

项目	指标	判断标准	说明
绝对适配度	$N = 168$	χ^2 自由度检验最适样本数为 100 至 200	适合做模型适配度检验
	$p = 0.861$	$p > 0.05$	模型成立
	$\chi^2/df = 0.932$	$\chi^2/df < 2$	假设模型与样本数据契合度较高
	GFI = 0.872	GFI > 0.9	模型良性适配良好
	RMSEA = 0.000	RMSEA < 0.05	模型残差适配良好
增量适配度	TLI = 1.025	NFI > 0.96	模型标准适配良好
	CFI = 1.000	CFI > 0.96	模型比较适配良好
	IFI = 1.022	IFI > 0.96	模型增值适配良好
简约适配度	AIC = 656.874	用于多模型比较，越小越好	单模型可不计考量
	PNFI = 0.690	PNFI > 0.5	模型简约适配良好

根据图 5 - 2 大数据社会治理各维度相互作用路径模型，对前述因果假设路径（H3 - 1 至 H3 - 15）进行验证。

（1）地区发展满意度对其他七个维度的满意度都存在直接影响。本研究假设表明随着公众的地区发展满意度的提升，公众对社会治理的其他七个方面的满意度也会提高。

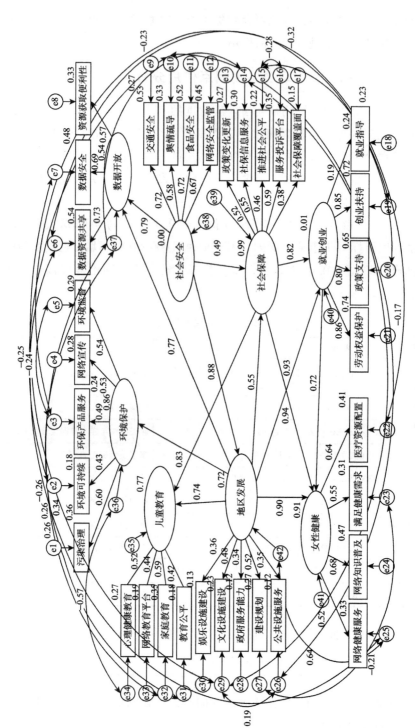

图 5-2 大数据社会治理各维度相互作用模型

直接效应。地区发展满意度对社会保障满意度呈显著正相关关系（$p < 0.05$）；地区发展满意度对数据开放满意度呈显著正相关关系（$p < 0.05$）；地区发展满意度对环境保护满意度呈显著正相关关系（$p < 0.05$）；地区发展满意度显著影响就业创业满意度（$p < 0.05$），标准化路径系数是0.93；地区发展满意度显著影响女性健康满意度（$p < 0.05$），直接效应的路径系数为0.90；地区发展满意度显著影响儿童教育满意度（$p < 0.05$），直接效应路径系数是0.74。所以假设H3-1成立。地区发展满意度对社会保障满意度、数据开放满意度、环境保护满意度具有显著的正向影响，其标准化路径系数分别是0.55、0.77、0.83，表明地区发展满意度每提高一个百分点，社会保障满意度、数据开放满意度、环境保护满意度会随之分别提高0.55个百分点、0.77个百分点、0.83个百分点。

间接效应。地区发展满意度对就业创业满意度的间接影响路径是以社会保障满意度为中介变量，间接作用于就业创业满意度（$p = 0.000 < 0.05$），路径系数为0.451，假设H3-2成立。地区发展满意度对女性健康满意度的间接影响路径有两条，其一是以社会保障满意度为中介变量，间接影响女性健康满意度（$p = 0.000 < 0.05$），路径系数为0.517，假设H3-3成立；其二是以就业创业满意度为中介变量，间接影响女性健康满意度（$p = 0.000 < 0.05$），路径系数为0.670，假设H3-4成立。地区发展满意度对儿童教育满意度的间接影响路径是以社会保障满意度为中介变量，间接作用于儿童教育满意度（$p = 0.000 < 0.05$），路径系数为0.457，假设H3-5成立。可以看出，地区发展满意度的提高会使社会保障满意度、数据开放满意度、环境保护满意度、就业创业满意度、女性健康满意度、儿童教育满意度也跟着提高，其中对就业创业满意度的影响最大。根据这一研究结论，我们发现地区发展在社会治理满意度中作用较大，对环境保护满意度、社会保障满意度和数据开放满意度均存在显著影响。许妮娅、曹迪（2017）研究认为，地区医疗设施、交通设施、水利设施、网络设施等各类基础设施建设对地区社会经济发展具有重要促进作用。利用大数据技术加强地区基础设施建设，以公众需求为目标，能够满足社会保障、数据开放、环境保护、就业创业、女性健康、儿童教育的客观需求。

（2）社会保障满意度对儿童教育满意度、女性健康满意度、就业创业满意度都存在直接影响。随着公众社会保障满意度的提升，在儿童教育、女性健康、就业创业三个方面的满意度也会提升。

社会保障满意度对儿童教育满意度有显著直接影响，路径系数是 0.83，假设 H3-6 成立；社会保障满意度对女性健康满意度有显著直接影响，路径系数是 0.94，假设 H3-7 成立；社会保障满意度对就业创业满意度有显著直接影响，路径系数是 0.82，假设 H3-8 成立。可以看出，社会保障满意度的提高会使儿童教育满意度、女性健康满意度、就业创业满意度也跟着提高，从路径系数可以看出对女性健康满意度的影响最大。根据这一结论，我们发现社会保障对社会治理满意度具有重要作用，它对儿童教育满意度、女性健康满意度和就业创业满意度均存在显著影响。根据李国柱和王伟（2017）的研究，社会保障水平、社会保障覆盖率的提高可在一定程度上提高居民的就医率，进而提高居民的健康水平。傅松涛、傅林婉（2013）认为，教育资源、教育权利和社会保障机制的建立，可以保证儿童教育的公平性。本研究的结论也印证了学者们的观点，即通过大数据技术建立的社会保障信息系统缩小公众对社会保障服务感知质量和期望之间的堕距，实现社会治理满意度的提升。

社会保障满意度通过就业创业满意度间接影响女性健康满意度，其路径系数为 0.590，就业创业满意度对女性健康满意度具有直接影响，路径系数为 0.72，假设 H3-15 成立。可以看出，就业创业满意度因子在社会治理满意度中具有重要作用，不仅直接影响女性健康满意度，还作为地区发展满意度和社会保障满意度的中介变量间接影响女性健康满意度。工作不仅能减轻女性的经济压力，提高其身心健康水平，还能够扩展女性的社会资源，提高保障水平和健康服务的满意度。

（3）社会安全满意度直接影响地区发展满意度、社会保障满意度和数据开放满意度。本研究理论上证明了上述交互统计分析的结论，即公众的社会安全满意度越高，他们在地区发展、社会保障和数据开放三个方面的满意度越高。

社会安全满意度对地区发展满意度有显著的直接影响，路径系数是 0.88，假设 H3-10 成立；社会安全满意度对社会保障满意度有显著的直接影响，路径系数为 0.49，假设 H3-11 成立；社会安全满意度对数据开放满意度存在显著的正向影响，路径系数为 0.79，假设 H3-12 成立。可见，社会安全满意度的提高能够有效地提升人们对地区发展的满意度。

社会安全满意度通过地区发展满意度间接影响社会保障满意度，其路径系数为 0.484，假设 H3-13 成立；社会安全满意度通过地区发展满意度间接影响数据开放满意度，其路径系数为 0.678，假设 H3－14 成立。可以看出，社会安全不仅是社会保障和数据开放的直接基础，其间接路径表明，社会安全还可以通过地区发展间接作用于社会保障和数据开放，有研究认为，地区发展建设能够提升当地信息化技术的发展水平，为开放数据提供良好的内在基础和外部环境，因而地区发展建设对于强化社会保障等方面具有积极的社会效应，强大的数据信息基础、工具能力和技术平台有助于满足公众的安全需求，提高大数据社会治理的能力。

通过上述研究中各因子间相互作用的路径关系分析，我们可以找到对大数据社会治理影响较大的因素，以这些因素作为大数据社会治理精细化推进工作的重点，提高服务质量，加快社会治理体系现代化发展的进程。基于上述分析，我们发现，地区发展、社会保障、社会安全和就业创业四个因子对社会治理满意度的影响最大。因此，深入了解并满足公众对地区发展、社会保障、社会安全和就业创业的客观需求，加强大数据技术在以上四个方面的运用，是提高大数据社会治理满意度的关键。

三　大数据社会治理满意度提升的对策建议

（一）加强大数据在社会治理服务中的应用

针对目前社会治理领域普遍存在的服务理念滞后、决策机制不够科学、部门协作亟须加强、工作方式待改进与工作效率求提升等问题，大数据技术从认识、理论、方法、实践和效果评估等方面都能给人以启发。建立大数据中心，及时搜集、实时处理数据信息，能够为科学决策提供坚实基础。政府部门是社会治理的主导者，在出台社会规范和政策时，依赖大数据进行分析，可以减少因缺少数据支撑而产生的偏差，提高公共服务的效率。促进数据资源的开放与共享已成为公众的迫切需求，培养大数据意识，推进大数据信息服务机制的不断完善与发展，有针对性地提供符合公众需求的信息服务，有利于提升公众对社会治理服务感知体验的真实性和客观性，从而推动大数据社会治理服务的创新实现。

（二）满意度低的社会治理服务项目重点发展

从大数据社会治理满意度调查结果可以看出，公众对环境保护的满意度最低，因此，提升大数据背景下社会治理满意度需要重点关注满意度低的社会治理服务项目，将强化社会治理的重点和群众反映的热点精准对接，利用大数据技术和云计算精准捕捉群众反映较多的社会问题，集中优势资源开展专项治理。随着互联网与信息技术的不断发展，人们对社会治理服务质量的要求越来越高，迫切需要建立大数据社会治理智慧服务体系。

政府部门应积极适应技术发展趋势，推动先进技术与社会治理深度融合，强化信息技术支撑，逐步由"人治"向"技治"转变，为人们提供高效便捷的技术服务。以公众满意度较低的环境保护为例，可以利用环境保护大数据在线治理平台，收集公众对环境保护信息的需求，提高环境保护工作的效率和精准度。在此基础上，适当公开相关环境数据，提升环保信息的透明度，加强公众对环境保护的有效监督，大力发展大数据环保产业，满足公众对环保产品日益增长的需求。

（三）强化政务服务人员的专业能力，提升政府服务能力

本研究分析发现，感知服务质量的反应性、可靠性、保证性和关怀性四个维度对社会治理满意度有重要影响，其中关怀性的影响最大。说明目前政府政务服务人员的服务能力和服务态度有待提高。因此，要坚持以人为本，积极推进社会治理精细化、多元化服务，加强对政务服务人员专业素养和专业知识能力的培养，对公众的服务承诺必须具有科学性和可行性。多元化、精细化服务考虑的是不同群体的个性化需求，避免简单机械的"一刀切"式服务模式，特别是基层政务服务人员，一定要秉承以人为本的服务理念，主动关注和了解公众的真实需求，工作中要时刻围绕公众的利益，加强与公众的直接沟通，准确把握公众的需求，充分借鉴"网格化管理""人民调解员""一乡一法庭""雪亮工程"等成功治理模式的经验，做到聚焦重点与统筹全面相结合，把矛盾焦点、问题热点、民生短板、服务盲区、治理弱项等需要攻克的社会治理问题纳入大数据社会治理体系中，不断提升政府信息服务质量和服务能力。

（四）以人为本，加快完善社会保障体系

社会治理满意度显著影响居民的幸福感体验，本研究发现社会保障因子对社会治理满意度有显著影响，而与社会保障相关联的是个人的收入和职业。从根本上改善公众的个人状况，健全完善社会保障体系，既体现了人文关怀精神，也是社会治理的客观要求。因此，深化社会保障系统改革，逐步织密最低生活保障、医疗救助、商业保险保障、就业保障、教育保障、住房保障等各领域保障网，不仅为了强化社会兜底功能，也为低收

入群体增强安全感。此外，还要强化协同治理理念，依托智慧系统推进治理提质升级，对区域内交通、医疗、消费、教育、就业、户籍等运用大数据技术和云计算进行整合分析，为统筹协调社会治理提供依据。

加大社会治理重心下移的力度，提高农村地区的社会治理水平。大力实施乡村振兴战略，加快推进城乡统筹发展，完善农村地区基础设施和公共服务配套建设，补齐乡村发展短板，缩小贫富差距，缓解社会阶层分化，促进社会公平，保障低收入群体社会权益。为此，需要积极推进城乡治理一体化，促进治理资源均衡分配，整合权利、职能、资源，提供一体化、便捷式服务，让数据多跑路、群众少跑腿，降低群众办事成本。

（五）健全社会治理服务机制，实现均衡发展

研究发现，我国大数据社会治理满意度地区差异明显。当前我国的社会治理实践中，存在社会公共服务发展水平较大程度滞后于城镇化发展水平的问题，区域间社会资源分配不均，公共产品供给不充分。此外，当前各地的综合治理系统、各服务管理中心之间虽有集成，但无联动机制，加之社会治理信息资源的整合与平台系统的互通程度不够，共享互通存在诸多障碍，导致各部门各自为战、配合不力的问题较为突出。因而，在制定相关政策时，一定要充分把握社会治理总体水平较低，省域、区域间差异较大的客观规律，因地适宜，制定有针对性的，适合不同省域、区域的具体政策。

区域经济发展水平会直接影响社会治理水平，但并不是决定性因素，社会治理水平还会受到其他因素的影响，因而在制定相关政策建议时，不能只立足于经济层面的政策建议，还应注意多种层面政策建议的组合制定与实施，缩小不同区域治理水平差异和政策堕距。为此，需要深入挖掘大数据，使其融入社会治理的不同领域，特别是加强区域大数据基础设施建设，将社会治理服务延伸至基层服务的末端，改善社会保障，增强公众的安全感，完善社会治理长效服务机制，整合社会治理服务的实施与公众需求的实现，实现二者间的弥合，以满足公众日益增长的个性化和多样化需求，实现社会治理均衡发展。

第六章　大数据社会治理精细化推进能力
分地区排序

治理手段不适宜或治理手段与实际需求不相匹配，是治理失灵的重要原因，能否从庞杂的大数据中解析出现实的社会治理需求是基层社会治理的关键。当前大数据社会治理研究还处在起步阶段，缺少运用大数据进行社会治理的服务效果研究，以及中国国情背景下大数据社会治理服务的标准、向度、协同性、规范性和实时性研究，而这是提高社会治理水平、推进新时期社会治理精细化的重要内容。因此，从各类型、各层次的大数据社会治理需求特点和政府服务能力入手，掌握不同地区大数据社会治理的发展情况和认识差异性，不仅有助于了解当前大数据社会治理的公众需求，还能够探寻到政府在大数据社会治理服务方面存在的问题，以及大数据社会治理能力提升的作用因素，从而为大数据社会治理精细化推进提供新的方法和途径。本书的前五章以理论和实证分析的方法对此进行了阐释，本章在延续前述分析的基础上，以图形方式直观地呈现大数据社会治理精细化推进能力各项差异和地区差异。在图 6-1 至图 6-24 政府大数据社会治理服务质量的分析中，我们将测量题项进行转码，设总分所在区间为 25% 以下的为低水平，25% ~ 75% 的为中等水平，75% 以上的为高水平。在图 6-25 至图 6-108 所呈现的大数据社会治理服务需求排序中，图中数值表示对该题项的认同和满意度占比。通过图形比较，研究者能更清楚地了解到政府在各项大数据社会治理服务方面的地区差异，同时，分领域、分地区大数据社会治理满意度差异的呈现，也有助于各决策部门掌握大数据社会治理的能力表现和优劣势所在，在制定精细化推进战略时更有针对性。

第一节　政府大数据服务质量

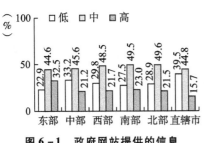

图 6-1　政府网站提供的信息
内容很准确

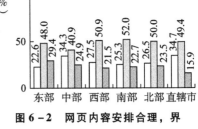

图 6-2　网页内容安排合理，界
面简单，美观大方

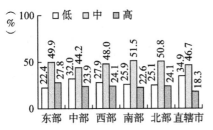

图 6-3　政府网上信息服务的官方网
站、微信、微博、论坛浏览
页面正常，浏览体验情况佳

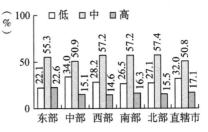

图 6-4　政府网站能够提供站内
搜索功能

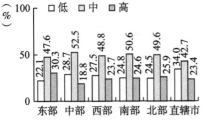

图 6-5　政府提供信息的网站应该能
方便地查找及登录

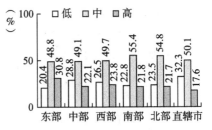

图 6-6　政府网站网页链接
准确有效性

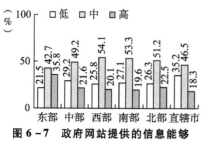

图 6-7　政府网站提供的信息能够
及时更新

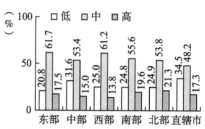

图 6-8　政府网站提供的信息服务很
全面、很完整，包括政务
信息、公共服务信息、
办事指南信息等

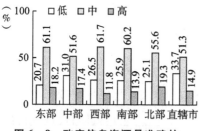

图 6-9　政府信息资源是准确的、
权威的、客观的

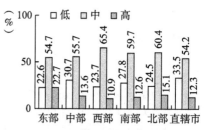

图 6-10　政府能准时地提供所承诺的
信息服务

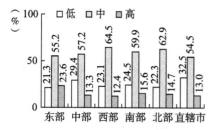

图 6-11　政府对突发公共事件的
应急预案及预警信息
能及时公开，可以信赖

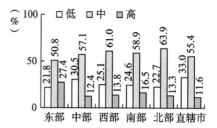

图 6-12　政府信息的公众监督保障措
施和反馈机制很完善，能快
速有效地解决公众的投诉

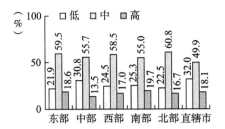

图6-13　政府网站的服务时间方便，
可以提供全天候的服务

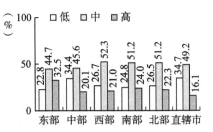

图6-14　政府网站工作人员能够在规
定的时间内提供公众所需要
的服务，办事效率高

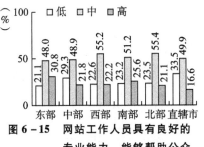

图6-15　网站工作人员具有良好的
专业能力，能够帮助公众
解决相关问题

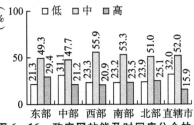

图6-16　政府网站能及时回应公众的
信息服务需求

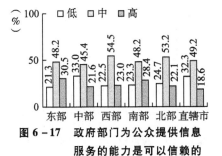

图6-17　政府部门为公众提供信息
服务的能力是可以信赖的

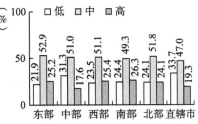

图6-18　政府网站能为每位使用者提
供个性化的信息服务（如
信息推广通知、查阅、私
人订阅、提醒等服务）

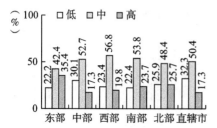

图 6 – 19　政府网站提供的办事指南
（项目名称、法律依据、
收费标准、办理流程和
时限、办理部门和
地点）很完善

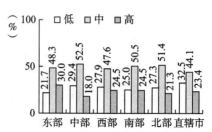

图 6 – 20　政府网站的搜索引擎能正确
筛选出我所要的信息

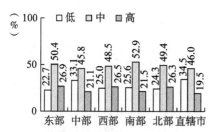

图 6 – 21　政府网站提供的信息目录
分类、咨询、反馈服务
内容符合我的需求

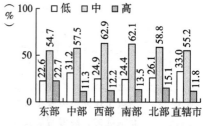

图 6 – 22　网站对使用者无特别技术
要求，方便公众短时间内
熟悉并使用各项服务功能

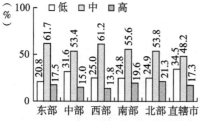

图 6 – 23　网站能够保证我提交的信息
和隐私的安全性，具有完善
的安全保护方式

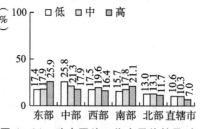

图 6 – 24　政府网站工作人员能够及时
处理公众的意见反馈，
服务态度好

第二节 就业与创业需求

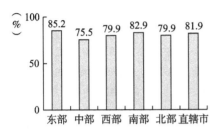

图6-25 大数据让有工作经验的
人更容易就业

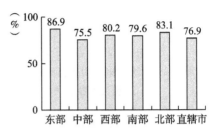

图6-26 大数据让受教育水平越高的
人越能找到称心的工作

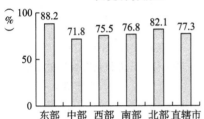

图6-27 大数据让环境适应能力越强
的人就业质量越高

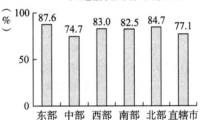

图6-28 大数据让职业生涯规划更清
晰，对实现就业有帮助

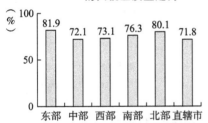

图6-29 大数据可以更充分地保障
劳动者权利

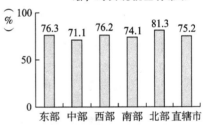

图6-30 大数据对改善当地就业
状况具有积极影响

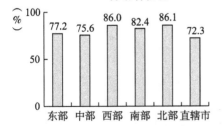

图6-31 大数据让创业者更清楚
自己的行业竞争力

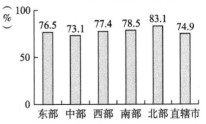

图6-32 大数据让创业者对未来
有更好的判断力

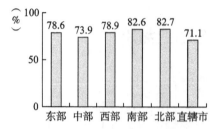

图 6 – 33 大数据让创业者更清楚
资金的投资方向

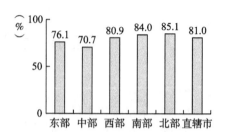

图 6 – 34 大数据分析能力是创业者
创新意识和能力的表现

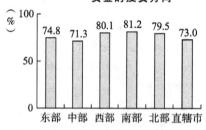

图 6 – 35 大数据让创业项目成功的
可能性更大

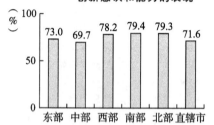

图 6 – 36 大数据有助于鼓励和
引导创业

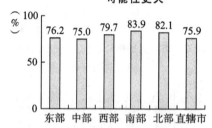

图 6 – 37 大数据有助于出台更好的创
业扶持政策，减小创业阻力

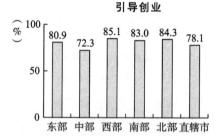

图 6 – 38 大数据信息平台能够为创业
者提供更有用的信息

第三节 地区发展建设需求

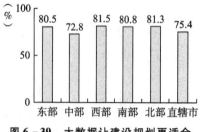

图 6 – 39 大数据让建设规划更适合
当地的经济发展

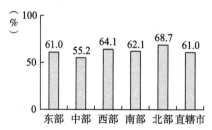

图 6 – 40 地区发展建设规划是政府的
决定，不关大数据的事

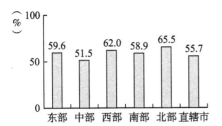

图 6 - 41 大城市发展建设需要大数据，小城市和农村不需要

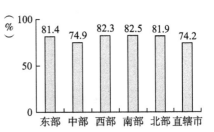

图 6 - 42 本地区发展建设中应该加大公共设施服务大数据业务

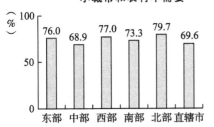

图 6 - 43 大数据已经在本地发展建设中扮演重要的角色

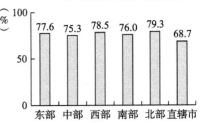

图 6 - 44 民意大数据已经在本地发展建设过程中发挥作用

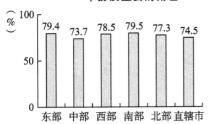

图 6 - 45 大数据可以帮助完善休闲活动场所的建设

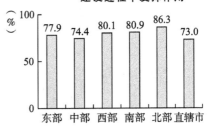

图 6 - 46 大数据能帮助文化设施建设更完善

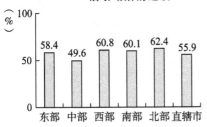

图 6 - 47 工厂可以随便建，不关大数据的事

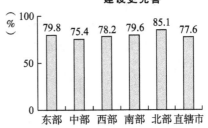

图 6 - 48 地区发展建设大数据可以提升政府的服务能力

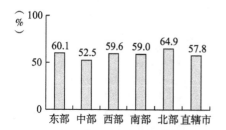

图 6 - 49　地区发展应该高大上，决策中不用考虑民意大数据

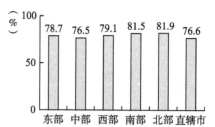

图 6 - 50　大数据的发展建设让城乡居民有更强的获得感

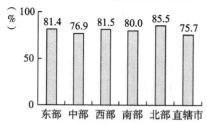

图 6 - 51　大数据的发展建设让城乡居民有更高的参与度

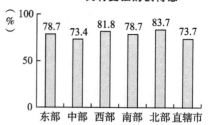

图 6 - 52　大数据企业在地区发展建设中发挥重要作用

第四节　儿童与教育需求

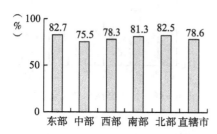

图 6 - 53　大数据让我有更多的途径了解有关儿童教育方面的知识

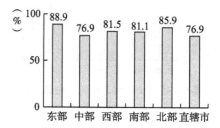

图 6 - 54　大数据让我了解到儿童心理健康比学习成绩更重要

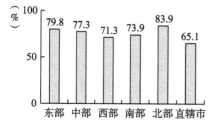

图 6 - 55　大数据让我通过网络平台讨论孩子教育问题

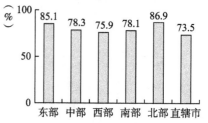

图 6 - 56　大数据让我更容易了解到儿童的课程设置和活动安排

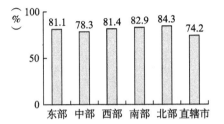

图 6 - 57 大数据让我更加关注孩子和同龄伙伴之间的交往情况

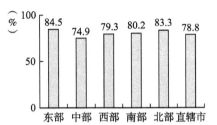

图 6 - 58 大数据让我认识到家庭教育对儿童的重要性

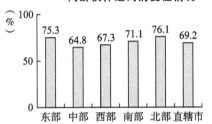

图 6 - 59 大数据可以改善教育不公平的状况

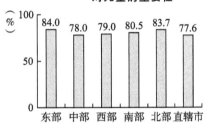

图 6 - 60 信息交流更有利于家长和学校的沟通

第五节 开放数据接口需求

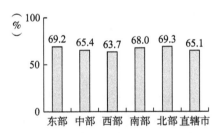

图 6 - 61 涉及隐私、机密、安全等，政府不应该公开数据

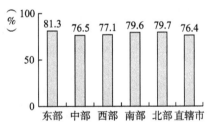

图 6 - 62 开放政府数据，有利于提高政府的治理能力和办事效率

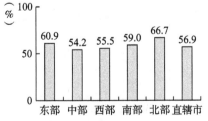

图 6 - 63 开放数据和我没什么关系

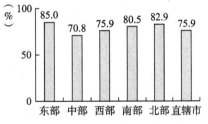

图 6 - 64 政府各部门的数据应相互连通，以便共享

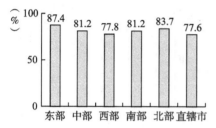

图 6 - 65　政府开放数据能够创新发展

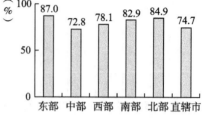

图 6 - 66　开放数据有利于提高政府
工作透明度

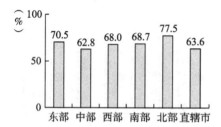

图 6 - 67　不用开放数据也能从微信、
微博等媒介获取数据信息

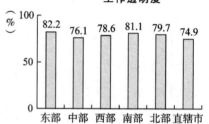

图 6 - 68　开放数据是电子政务发展的
必要条件

第六节　环境与可持续发展需求

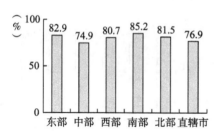

图 6 - 69　大数据让我更容易了解到
目前的环境状况

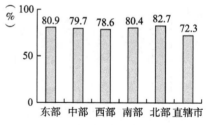

图 6 - 70　我对可持续发展了解的
途径主要是网络

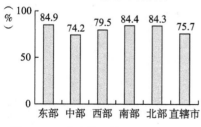

图 6 - 71　我支持环境可持续发展的
观点

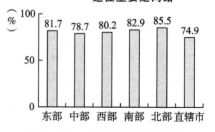

图 6 - 72　大数据可以帮助政府
更好地治理环境

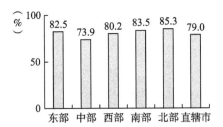

图 6-73　大数据可以帮助政府更好地
收集环境方面的信息

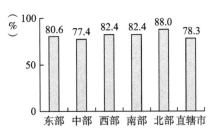

图 6-74　大数据能够提高环保部门
治污的工作效率

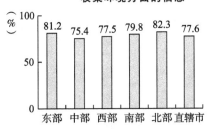

图 6-75　网络平台更容易普及
环保知识

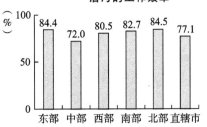

图 6-76　大数据让可持续发展
决策更科学

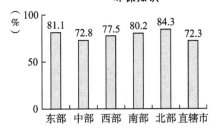

图 6-77　大数据让环保产品及
服务更畅销

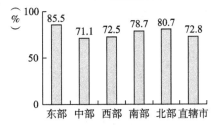

图 6-78　我愿意参加可持续发展方
面的网络宣传活动

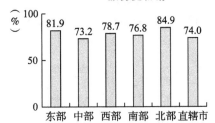

图 6-79　我认为政府在环境保护方面的
网络宣传不够

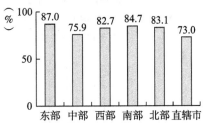

图 6-80　大数据有助于公众监督
环境污染

第七节　女性与健康需求

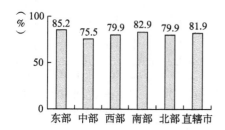

图 6 - 81　大数据让我认识到女性
不比男性差

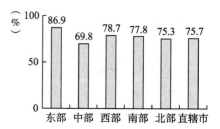

图 6 - 82　大数据让我了解到社会
对女性的偏见

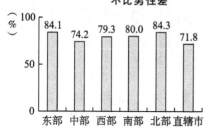

图 6 - 83　女性在遇到家庭问题和困难
时，可以通过网络寻求帮助

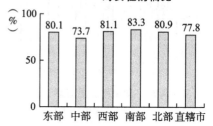

图 6 - 84　我从网上知道女性和男性在工作
和家庭方面应该被同等对待

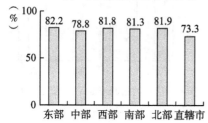

图 6 - 85　我从网上知道心理健康状况不
佳是现代人的普遍状况

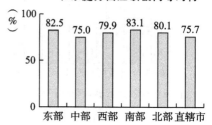

图 6 - 86　我在网络平台学习到健康
方面的知识

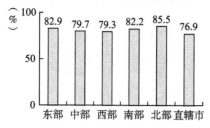

图 6 - 87　通过微信公众号、微博等网
络平台普及健康知识更容易

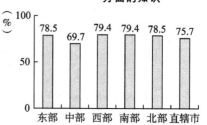

图 6 - 88　身体不舒服时，我会上网
去寻找解决办法

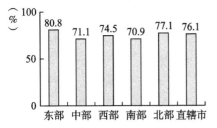

图 6-89 健康大数据能够让人们
更长寿

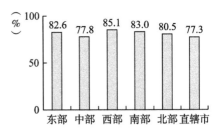

图 6-90 健康大数据能更准确反映
人们的健康需求与困扰

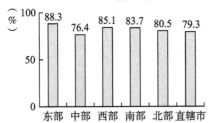

图 6-91 健康大数据能让政府制定
更好的医疗规划

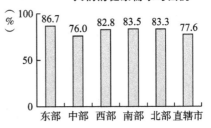

图 6-92 医药大数据能够更合理地
配置医疗资源

第八节 社会保障需求

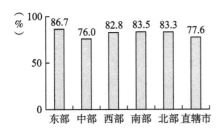

图 6-93 大数据有助于制定更好的
社会保障政策

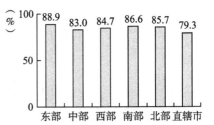

图 6-94 政府网站应该及时更新社会
保障政策的变化

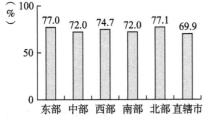

图 6-95 政府网站没有我需要的
社会保障信息

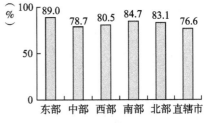

图 6-96 大数据能够让政府更清楚
不同的社会保障需求

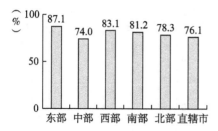

图 6 – 97　当地政府网站有对社保
　　　　服务不满意的投诉板块

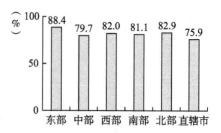

图 6 – 98　大数据社会保障信息
　　　　有助于社会公平

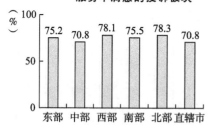

图 6 – 99　我比较满意所在地区的
　　　　社会保障服务

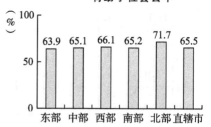

图 6 – 100　我的生活不需要社会保障

第九节　社会安全需求

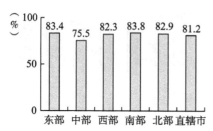

图 6 – 101　大数据有助于提高
　　　　社会安全程度

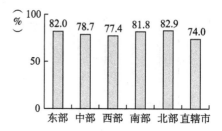

图 6 – 102　大数据交通信息有助于
　　　　人们更遵守交通规则

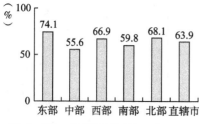

图 6 – 103　当登录需要输入密码时，
　　　　我会毫不犹豫地输入

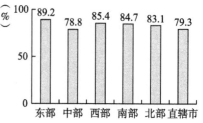

图 6 – 104　我认为加强政府网络监管
　　　　十分必要

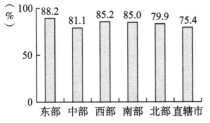

图 6 - 105 我从网上知道有关食品
安全的信息

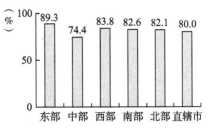

图 6 - 106 大数据有助于政府对食品
安全的监管

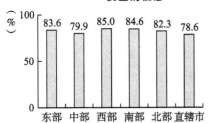

图 6 - 107 大数据有助于相关部门及时
疏导不安全的网络舆情

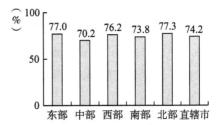

图 6 - 108 在遭遇抢劫盗窃等情况时，
通过网络平台发布求助
信息更管用

参考文献

安宇宏，2015，《"一带一路"战略》，《宏观经济管理》第 1 期。

鲍宗豪、宋贵伦，2014，《重视大数据时代的社会治理创新》，《红旗文稿》第 11 期。

曹文炼，2018，《中部地区发展的短板与着力点》，《区域经济评论》第 1 期。

陈长珍、李宇阳、毛丹，2016，《食品安全公众满意度测评指标体系及方法研究进展》，《中国公共卫生管理》第 6 期。

陈美，2014，《英国开放数据政策执行研究》，《图书馆建设》第 3 期。

陈明，2015，《大数据概论》，科学出版社。

陈潭等，2015，《大数据时代的国家治理》，中国社会科学出版社。

陈文通，2012，《危及我国社会安全的主要经济社会问题》，《科学社会主义》第 4 期。

陈晓暾、葛雅利，2020，《家庭—工作冲突对女性员工职业成长的影响——一个被调节的中介模型》，《中国人事科学》第 3 期。

陈增明，2007，《社会公众满意度的测评模型研究》，《统计与决策》第 14 期。

单宁，2017，《对珠江三角洲城市群城市安全状况的测评研究》，《国家治理》第 43 期。

邓峰、岳昌君，2021，《大学生就业市场景气指数的建构与分析》，《教育研究》第 2 期。

董新良、闫领楠，2019，《学校安全政策：历史演进与展望》，《教育科学》第 5 期。

范恒山，2016，《创新引领循环经济发展新征程》，《光明日报》12 月 14

日，第 1 版。

傅利平、涂俊，2014，《城市居民社会治理满意度与参与度评价》，《城市问题》第 5 期。

傅松涛、傅林婉，2013，《教育权利的社会保障》，《河北大学学报》（哲学社会科学版）第 4 期。

郜凯英、杨宜勇，2016，《中国互联网＋社会保障信息系统构建——基于大数据挖掘视角》，《经济与管理研究》第 5 期。

侯建明、赵丹，2020，《我国流动人口健康自评状况及其影响因素分析》，《人口学刊》第 4 期。

黄波，2012，《后危机时代中国城镇长短期就业风险的度量与预测》，《中国人口科学》第 5 期。

金磊，2016，《浅谈城市安全管理急需面对的几个问题》，《中国应急救援》第 1 期。

John Carlo Bertot，2014，《大数据与开放数据的政策框架：问题、政策与建议》，郑磊、徐慧娜、包琳达译，《电子政务》第 1 期。

贾英巍、张亮、王月君、王玥，2016，《基于公众满意度的哈尔滨市社会治理调查》，《科教导刊》（中旬刊）第 32 期。

江国华，2005，《当代中国权力秩序的反思与重构》，《河北法学》第 10 期。

江国华、刘文君，2018，《习近平"共建共治共享"治理理念的理论释读》，《求索》第 1 期.

姜佳将，2014，《社会性别视角下的社会治理现代化》，《中国社会科学报》11 月 14 日，第 B01 版。

〔美〕克瑞莎·泰勒，2016，《医疗革命：大数据与分析如何改变医疗模式》，刘雁译，机械工业出版社。

雷梅、段忠贤，2018，《地方社会治理公众满意度影响因素研究——基于贵阳市网格化服务管理的实证调查》，《贵州师范学院学报》第 8 期。

李拔萃，2016，《大数据时代的基层社会治理创新》，《管理观察》第 14 期。

李国柱、王伟，2017，《社会保障对居民健康影响的实证分析》，《统计与管理》第 9 期。

李水金，2018，《北京市各区县社会治理满意度比较研究》，《管理观察》

第 6 期。

李松龄，2019，《社会资本理论的辩证认识与现实意义》，《贵州社会科学》第 1 期。

李婷、范文婷，2016，《生育与主观幸福感——基于生命周期和生命历程的视角》，《人口研究》第 5 期。

李文彬、李少抒、李渝，2016，《环境认知、环保参与和地方政府环保满意度》，《领导科学论坛》第 21 期。

李霞，2018，《依托大数据，实现社会治理精细化》，《人民论坛》第 9 期。

李新萍、朱兴亮，2008，《高职院校学生的安全教育》，《法制与社会》第 22 期。

李永生，2017，《"间断－平衡"框架下我国社会治理政策的演进及优化》，《求实》第 7 期。

李友梅，2017，《关于城市基层社会治理的新探索》，载清华大学社会学系主编《清华社会学评论：特辑 1》第 1 期，鹭江出版社。

李志刚、徐婷，2017，《电子政务信息服务质量公众满意度模型及实证研究》，《电子政务》第 9 期。

梁芷铭，2015，《大数据治理：国家治理能力现代化的应有之义》，《吉首大学学报》（社会科学版）第 2 期。

廖奇梅，2010，《基于 AHP 的政府网站绩效评估》，《电子政务》第 5 期。

林建华、李琳，2019，《西部大开发 20 年西部地区绿色发展的历史进程、存在问题与未来路径》，《陕西师范大学学报》（哲学社会科学版）第 4 期。

林胜男，2012，《文化社会学视域下职业女性的角色冲突与调适》，《内蒙古农业大学学报》（社会科学版）第 1 期。

刘姗姗、李宁、白瑞琼、黄思晗，2016，《四大直辖市城市发展以及适度人口规模研究》，《特区经济》第 9 期。

刘薇、王昱、尹明、乔常锁，2013，《国外高分辨率遥感数据开放政策》，《卫星应用》第 3 期。

刘武、朱晓楠，2004，《服务接受者满意度指数模型：服务型政府绩效评估的新方法及其应用》，《公共管理研究》第 14 期。

刘细文、熊瑞，2009，《国外科学数据开放获取政策特点分析》，《情报理论与实践》第 9 期。

刘叶婷、唐斯斯，2014，《大数据对政府治理的影响及挑战》，《电子政务》
　　第 6 期。

南锐、汪大海，2017，《基于 TOPSIS 模型的中国省域社会治理水平评价的
　　实证研究》，《东北大学学报》（社会科学版）第 3 期。

尼合迈提·霍嘉，1996，《我国东西部地区经济发展差距的成因及对策》，
　　《经济科学》第 1 期。

潘晨聪，2016，《众说教育大数据》，《上海教育》第 21 期。

庞娟，2017，《新型农村社区治理满意度的影响因素分析——以广西农村
　　社区为样本》，《广西社会科学》第 4 期。

裴元元，2017，《大数据时代社会治理面临的困境及对策》，《淮海工学院
　　学报》（人文社会科学版）第 7 期。

任勇，2020，《大数据与社会公共安全源头治理》，《中共中央党校（国家
　　行政学院）学报》第 1 期。

邵汉明、贾丽萍，2011，《东北地区社会保障建设：发展历程、经验总结
　　与改革趋势》，《社会科学辑刊》第 4 期。

孙少岩，2004，《东北振兴中的"项目怪圈"与政府转型》，《长白学刊》
　　第 6 期。

谭九生、任蓉，2017，《大数据嵌入乡村治理的路径创新》，《吉首大学学
　　报》（社会科学版）第 6 期。

汤敏轩，2004，《危机管理体制中的信息沟通机制——基于组织整合的流
　　程分析》，《江海学刊》第 1 期。

陶希东，2016，《大数据时代中国社会治理创新的路径与战略选择》，《南
　　京社会科学》第 6 期。

陶雪娇、胡晓峰、刘洋，2013，《大数据研究综述》，《系统仿真学报》第
　　1 期。

田宏、余栋，2017，《发展型社会政策视角下东北经济转型问题探究》，
　　《山西农经》第 1 期。

涂子沛，2012，《大数据》，广西师范大学出版社。

涂子沛，2014，《数据之巅：大数据革命，历史、现实与未来》，中信出
　　版社。

万望辉、崔辰州、乔翠兰、赵永恒、郝晋新、薛艳杰，2015，《天文观测
　　数据开放共享政策与策略分析研究》，《天文研究与技术》第 3 期。

王舵，2018，《社会治理创新视阈下的社会保障制度研究》，《劳动保障世界》第 36 期。

王欢欢，2013，《环境治理中的社会性别制度研究》，《华中科技大学学报》（社会科学版）第 3 期。

王磊、李黎，2016，《资源型产业生态化发展影响因素研究——以新疆为例》，《经济管理》第 2 期。

王强、王浣尘，1997，《一种可持续发展模型的稳定性分析》，《系统工程》第 15 期。

王伟军、邱均平、付立宏，2000，《信息资源网络化对经济和社会发展的影响与对策（Ⅳ）——负面影响分析及对策研究》，《情报学报》第 3 期。

王晓华、郑红霞，2000，《浅谈旅游紧急救援服务》，《旅游科学》第 3 期。

王艳、王帅，2016，《东北边疆重要生态功能区内民族社会发展问题探析——以黑龙江省为例》，《大连民族大学学报》第 2 期。

〔英〕维克托·迈尔-舍恩伯格、肯尼思·库克耶，2013，《大数据时代》，盛杨燕、周涛译，浙江人民出版社。

魏后凯，2017，《东北经济的新困境及重振战略思路》，《社会科学辑刊》第 1 期。

魏凯，2014，《各国政府积极制定推进政策数据开放运动席卷全球》，《世界电信》第 1 期。

文军、高艺多，2017，《社区情感治理：何以可能，何以可为?》，《华东师范大学学报》（哲学社会科学版）第 6 期。

邬贺铨，2013，《大数据时代的机遇与挑战》，《求是》第 4 期。

吴崇宇、华斌、王裕雄，2015，《我国居民消费的主要影响因素及居民消费预测研究——基于"缓冲储备储蓄模型"的理论扩展》，《经济问题探索》第 8 期。

吴江、周露莎，2017，《网络健康信息服务用户购买决策的影响因素研究》，《情报学报》第 10 期。

吴湛微、禹卫华，2016，《大数据如何改善社会治理：国外"大数据社会福祉"运动的案例分析和借鉴》，《中国行政管理》第 1 期。

肖子华，2017，《大数据在流动人口服务中的应用》，《人口与社会》第 2 期。

徐东海、张亚艳，2018，《基于大数据技术的残疾人就业研究——以河北省为例》，《科学技术创新》第 2 期。

徐鹏、王以宁、刘艳华、张海，2013，《大数据视角分析学习变革——美国〈通过教育数据挖掘和学习分析促进教与学〉报告解读及启示》，《远程教育杂志》第 6 期。

徐扬，2019，《关注学生安全问题新变化 构建学校安全教育新体系——基于北京市 9599 名中小学生安全教育现状的调查分析》，《中小学管理》第 5 期。

徐勇、马海明，2014，《中等收入社会难题与社会治理创新——以"美丽厦门·共同缔造"行动为例》，《社会科学战线》第 9 期。

许妮娅、曹迪，2017，《中部地区基础设施与经济增长的实证研究》，《当代经济》第 36 期。

严予若，2012，《婚姻、就业及退休对健康影响的性别差异——西方的视角及其研究进展》，《人口学刊》第 2 期。

杨安，2017，《大数据与社会治理创新》，《观察与思考》第 3 期。

杨翠迎，2014，《城市化进程中公共服务资源配置面临的挑战与对策》，《甘肃社会科学》第 4 期。

杨宗凯，2017，《大数据驱动教育变革与创新》，《大数据时代》第 5 期。

于子贻，2008，《浅谈高职院校学生的安全教育》，《教育与职业》第 33 期。

俞可平，2014，《论国家治理现代化》，社会科学文献出版社。

曾庆华、陈成鑫，2018，《大数据时代社会治理的创新发展路径》，《人民论坛》第 16 期。

张晨，2012，《基于公众满意度调查的地方治理绩效评价——以 2008—2011 年的"昆明治理"实践为例》，《领导科学》第 29 期。

张成岗，2018，《中国居民社会治理满意度及其问题研究》，《华东师范大学学报》（哲学社会科学版）第 6 期。

张凤荣，2018，《大数据社会治理研究的理论进展与政策堕距分析》，《学海》第 2 期。

张凤荣、孙文倩、李政，2020，《大数据政府治理政策焦点与导向分析》，《上海大学学报》（社会科学版）第 1 期。

张国兴、马玲飞，2018，《生态恢复视角下资源型区域产业转型路径研究》，《区域经济评论》第 6 期。

张洪艳，2008，《东北老工业基地社会保障改革试点中资金短缺问题的分析》，《商业研究》第 7 期。

张进福，2001，《旅游安全管理现状分析与对策思考》，《旅游科学》第 2 期。

张晶晶，2021，《大数据时代大学生就业方向思考》，《人才资源开发》第 11 期。

张坤民、朱达、成亚威，1998，《中国的环境保护与可持续发展》，《环境保护》第 1 期。

张坤民，1998，《可持续发展与中国的行动》，《复旦学报》（社会科学版）第 3 期。

张亚青，2014，《社会治理要以群众满意为标尺》，《群众》第 6 期。

章政，2016，《论互联网信用的三大价值》，《中国市场监管研究》第 11 期。

赵颖，2017，《中国劳动者的风险偏好与职业选择》，《经济学动态》第 1 期。

郑建林，2012，《职业倦怠与工作满意度关系研究》，《统计科学与实践》第 1 期。

郑磊，2015，《开放政府数据的价值创造机理：生态系统的视角》，《电子政务》第 7 期。

郑向敏、卢昌崇，2003，《论我国旅游安全保障体系的构建》，《东北财经大学学报》第 6 期。

"中国社会管理评价体系" 课题组、俞可平，2012，《中国社会治理评价指标体系》，《中国治理评论》第 2 期。

周芬芬，2009，《城乡教育差距的分析视角与实践模式》，《华中师范大学学报》（人文社会科学版）第 1 期。

周毅、孙帅，2012，《应对突发事件的信息制度及其构建思路》，《情报科学》第 5 期。

朱红灿、张冬梅，2014，《政府信息公开公众满意度测评指标体系的构建》，《情报科学》第 4 期。

祝阳、顾梓钰，2020，《公共服务领域运用大数据的风险分析》，《现代情报》第 5 期。

Aldashev, G. , Kirchsteiger, G. , & Sebald, A. 2009. " Decision-making Procedures: A General Theory and Its Field Experimental Test. " CEPR Discussion Papers, pp. 1 – 29.

Barde, Jean-Philippe & David, W. Pearce, eds. 2013. *Valuing the Environment: Six Case Studies*. Routledge.

Cardozo, R. M. 1965. "An Experimental Study of Consumer Effort, Expectation and Satisfaction. " *Journal of Marketing Research* 2 (8): 244 – 249.

Clarke, A. & Margetts, H. 2014. "Governments and Citizens Getting to Know Each Other? Open, Closed, and Big Data in Public Management Reform. " *Policy & Internet* 6 (4): 393 – 417.

Decker, P. T. 2014. " Presidential Address: False Choices, Policy Framing, and the Promise of 'Big Data' . " *Journal of Policy Analysis and Management* 2 (33): 252 – 262.

Deutsch, K. W. 1963. *The Nerves of Government: Models of Political Communication and Control*. New York: Free Press.

Folkes, V. S. 1998. "Recent Attribution Research in Consumer Behavior: A Review and New Directions. " *Journal of Consumer Research* 14 (4): 548 – 565.

Fornell, C. 1995. "The Quality of Economic Output: Empirical Generalizations about Its Distribution and Relationship to Market Share. " *Marketing Science* 14 (3 supplement): G203 – G211.

Gantz, J. & Reinsel, D. 2011. *Extracting Value from Chaos*. IDC iView.

Gray, J. 2009. "Jim Gray on eScience: A Transformed Scientific Method. " Edited by Tony Hey, Stewart Tansley, and Krist in Tolle, *The Fourth Paradigm: Dataintensive Scientific Discovery*. Redmond, WA, USA: Microsoft Research.

Lewis, S. C. , Zamith, R. , & Hermida, A. 2013. "Content Analysis in an Era of Big Data: A Hybrid Approach to Computational and Manual Methods. " *Journal of Broadcasting & Electronic Media* 57 (1): 34 – 52.

Malik, P. 2013. "Governing Big Data: Principles and Practices. " *IBM Journal of Research and Development* 57 (3/4): 1 – 1.

Manyika, J. , Chui, M. , Brown, B. , et al. 2011. "Big Data: The Next Frontier for Innovation, Competition, and Productivity. " The McKinsey Global

Institute.

Oliver, R. L. 1980. "A Cognitive Model of the Antecedents and Consequences of Satisfaction Decisions. " *Journal of Marketing Research* 17 (4): 460 – 469.

Toffler, A. & Alvin, T. 1980. *The Third Wave.* New York: Bantam Books.

Viswanath, V. , Michael, G. M. , & Phillip, L. A. 2000. " A Longitudinal Field Investigation of Gender Differences in Individual Technology Adoption Decision-Making Processes. " *Organizational Behavior and Human Decision Processes* 83 (1): 33 – 60.

附录　大数据社会治理服务与个人需求调查问卷

性别：□男　□女	年龄：___岁	工作年限：___年	月收入：___元
婚姻情况：□已婚 □未婚 □离婚 □丧偶 有无子女：□有　　□无 文化程度(包括在读)：□初中及以下 　　　　　　□高中或中专□大专□本科 　　　　　　□硕士□博士及以上 户口所在地：___省___市___县___村		职业：□企业工作人员： 1. 小型　2. 中型　3. 大型　4. 不清楚 □政府工作人员　□教师及科研人员 □私营企业主　　□个体经营者 □自由职业者　　□学生 □退休　　　　　□其他 目前的居住地：___省___市___县___村	

敬爱的朋友：

您好！感谢您阅读及填写这份调查问卷！本调查旨在了解您对政府应用大数据服务民生的满意程度，以及您个人的大数据服务需求，希望能够得到您的支持和协助。本次调查采取匿名填写，答案也没有正确、错误之分。敬请您根据您的情况在选中的答案上打√，旁边的数字和下划线是为了上计算机用的，您不必填写。

衷心感谢您的支持与合作！

Ⅰ　大数据服务情况

一　大数据服务认知程度

1. 您如何定义大数据（可多选）：a1_

A. 更大范围的信息　　　B. 更大量的信息

C. 新型的数据和分析　　D. 实时信息

E. 大量的数据　　　　　F. 非传统信息的媒体

G. 来自新技术的数据涌入 H. 最新流行语

2. 请问您大概在多少个网站注册过用户：a2_

A. 5 个以内　　　　　　　B. 5 ~ 10 个

C. 10 ~ 20 个　　　　　　D. 20 个及以上

3. 您对大数据的关注程度如何？（单选）：a3_

A. 没听说过　　　　　　　B. 仅听说过，尚未关注

C. 有一定的了解和关注　　D. 十分关注

E. 有比较深入的了解

4. 请问您了解当地的大数据信息资源服务项目吗？（单选）：a4_

A. 非常了解　　　　　B. 了解　　　　　C. 不是很了解

D. 几乎不了解　　　　E. 不了解

5. 请问您需要经常使用政府提供的大数据信息资源服务吗？（单选）a5_

A. 天天使用　　　　　B. 经常使用　　　　　C. 偶尔使用

D. 几乎不使用　　　　E. 不需要使用

6. 请问您使用过下面哪些由政府提供的大数据信息资源服务项目（可多选）：a6_

A. 旅游住宿　　　　　B. 交通服务　　　　　C. 餐饮美食

D. 医疗健康　　　　　E. 文体娱乐　　　　　F. 消费购物

G. 生活安全　　　　　H. 宗教信仰　　　　　I. 教育科研

J. 社会保障　　　　　K. 劳动就业　　　　　L. 生活服务

M. 房屋住宅　　　　　N. 政府机构与社会团体　O. 环境与资源保护

P. 企业服务　　　　　Q. 农业农村　　　　　R. 其他

7. 请问您最需要政府提供的大数据信息资源服务项目有（可多选）：a7_

A. 旅游住宿　　　　　B. 交通服务　　　　　C. 餐饮美食

D. 医疗健康　　　　　E. 文体娱乐　　　　　F. 消费购物

G. 生活安全　　　　　H. 宗教信仰　　　　　I. 教育科研

J. 社会保障　　　　　K. 劳动就业　　　　　L. 生活服务

M. 房屋住宅　　　　　N. 政府机构与社会团体　O. 环境与资源保护

P. 企业服务　　　　　Q. 农业农村　　　　　R. 其他

8. 您更喜欢通过什么渠道获取大数据信息资源服务（可多选）：a8_

A. 政府接待厅

B. 政府信息宣传栏公告栏

C. 政府网站、微信、微博、论坛

D. 政府户外电子媒体

E. 电视

F. 政府会议、发布会、交流论坛等

G. 信息服务人员下基层宣传

H. 其他渠道

9. 你认为大数据信息资源服务应具备哪些能力？（多选）：a9_

A. 数据战略　　　　　B. 数据收集　　　　　C. 数据挖掘

D. 数据安全　　　　　E. 数据可视化　　　　F. 建立预测性模式

G. 数据应用流程优化

二　大数据服务质量

请您根据您的情况在选中的〇上打√。分数从 1 分到 7 分，表示认同程度从低到高，1 分表示您不认同该题陈述，7 分表示您非常认同该题陈述。（每道题均为单选必答题）

（1）政府网站提供的信息内容很准确。a10_

	1	2	3	4	5	6	7
您的感知体验 a101	〇	〇	〇	〇	〇	〇	〇
您的期望程度 a102	〇	〇	〇	〇	〇	〇	〇
您的满意程度 a103	〇	〇	〇	〇	〇	〇	〇
您认为对服务质量的影响程度 a104	〇	〇	〇	〇	〇	〇	〇

（2）网页内容安排合理，界面简单，美观大方。a11_

	1	2	3	4	5	6	7
您的感知体验 a111	〇	〇	〇	〇	〇	〇	〇
您的期望程度 a112	〇	〇	〇	〇	〇	〇	〇
您的满意程度 a113	〇	〇	〇	〇	〇	〇	〇
您认为对服务质量的影响程度 a114	〇	〇	〇	〇	〇	〇	〇

（3）政府网上信息服务的官方网站、微信、微博、论坛浏览页面正常，浏览体验情况佳。a12＿

	1	2	3	4	5	6	7
您的感知体验 a121	○	○	○	○	○	○	○
您的期望程度 a122	○	○	○	○	○	○	○
您的满意程度 a123	○	○	○	○	○	○	○
您认为对服务质量的影响程度 a124	○	○	○	○	○	○	○

（4）政府网站能够提供站内搜索功能。a13＿

	1	2	3	4	5	6	7
您的感知体验 a131	○	○	○	○	○	○	○
您的期望程度 a132	○	○	○	○	○	○	○
您的满意程度 a133	○	○	○	○	○	○	○
您认为对服务质量的影响程度 a134	○	○	○	○	○	○	○

（5）政府提供信息的网站应该能方便地查找及登录。a14＿

	1	2	3	4	5	6	7
您的感知体验 a141	○	○	○	○	○	○	○
您的期望程度 a142	○	○	○	○	○	○	○
您的满意程度 a143	○	○	○	○	○	○	○
您认为对服务质量的影响程度 a144	○	○	○	○	○	○	○

（6）政府网站网页链接的准确有效性。a15＿

	1	2	3	4	5	6	7
您的感知体验 a151	○	○	○	○	○	○	○
您的期望程度 a152	○	○	○	○	○	○	○
您的满意程度 a153	○	○	○	○	○	○	○
您认为对服务质量的影响程度 a154	○	○	○	○	○	○	○

（7）政府网站提供的信息能够及时更新。a16_

	1	2	3	4	5	6	7
您的感知体验 a161	○	○	○	○	○	○	○
您的期望程度 a162	○	○	○	○	○	○	○
您的满意程度 a163	○	○	○	○	○	○	○
您认为对服务质量的影响程度 a164	○	○	○	○	○	○	○

（8）政府网站提供的信息服务很全面、很完整，包括政务信息、公共服务信息、办事指南信息等。a17_

	1	2	3	4	5	6	7
您的感知体验 a171	○	○	○	○	○	○	○
您的期望程度 a172	○	○	○	○	○	○	○
您的满意程度 a173	○	○	○	○	○	○	○
您认为对服务质量的影响程度 a174	○	○	○	○	○	○	○

（9）政府信息资源是准确的、权威的、客观的。a18_

	1	2	3	4	5	6	7
您的感知体验 a181	○	○	○	○	○	○	○
您的期望程度 a182	○	○	○	○	○	○	○
您的满意程度 a183	○	○	○	○	○	○	○
您认为对服务质量的影响程度 a184	○	○	○	○	○	○	○

（10）政府能准时地提供所承诺的信息服务。a19_

	1	2	3	4	5	6	7
您的感知体验 a191	○	○	○	○	○	○	○
您的期望程度 a192	○	○	○	○	○	○	○
您的满意程度 a193	○	○	○	○	○	○	○
您认为对服务质量的影响程度 a194	○	○	○	○	○	○	○

（11）政府对突发公共事件的应急预案及预警信息能及时公开，可以信赖。a20_

	1	2	3	4	5	6	7
您的感知体验 a201	○	○	○	○	○	○	○
您的期望程度 a202	○	○	○	○	○	○	○
您的满意程度 a203	○	○	○	○	○	○	○
您认为对服务质量的影响程度 a204	○	○	○	○	○	○	○

（12）政府信息的公众监督保障措施和反馈机制很完善，能快速有效地处理公众的投诉。a21_

	1	2	3	4	5	6	7
您的感知体验 a211	○	○	○	○	○	○	○
您的期望程度 a212	○	○	○	○	○	○	○
您的满意程度 a213	○	○	○	○	○	○	○
您认为对服务质量的影响程度 a214	○	○	○	○	○	○	○

（13）政府网站的服务时间方便，可以提供全天候的服务。a22_

	1	2	3	4	5	6	7
您的感知体验 a221	○	○	○	○	○	○	○
您的期望程度 a222	○	○	○	○	○	○	○
您的满意程度 a223	○	○	○	○	○	○	○
您认为对服务质量的影响程度 a224	○	○	○	○	○	○	○

（14）政府网站工作人员能够在规定的时间内提供公众所需要的服务，办事效率高。a23_

	1	2	3	4	5	6	7
您的感知体验 a231	○	○	○	○	○	○	○
您的期望程度 a232	○	○	○	○	○	○	○
您的满意程度 a233	○	○	○	○	○	○	○
您认为对服务质量的影响程度 a234	○	○	○	○	○	○	○

（15）政府网站工作人员能够及时处理公众的意见反馈，服务态度好。a24_

	1	2	3	4	5	6	7
您的感知体验 a241	○	○	○	○	○	○	○
您的期望程度 a242	○	○	○	○	○	○	○
您的满意程度 a243	○	○	○	○	○	○	○
您认为对服务质量的影响程度 a244	○	○	○	○	○	○	○

（16）政府网站工作人员具有良好的专业能力，能够帮助公众解决相关问题。a25_

	1	2	3	4	5	6	7
您的感知体验 a251	○	○	○	○	○	○	○
您的期望程度 a252	○	○	○	○	○	○	○
您的满意程度 a253	○	○	○	○	○	○	○
您认为对服务质量的影响程度 a254	○	○	○	○	○	○	○

（17）政府网站能及时回应公众的信息服务需求。a26_

	1	2	3	4	5	6	7
您的感知体验 a261	○	○	○	○	○	○	○
您的期望程度 a262	○	○	○	○	○	○	○
您的满意程度 a263	○	○	○	○	○	○	○
您认为对服务质量的影响程度 a264	○	○	○	○	○	○	○

（18）政府部门为公众提供信息服务的能力是可以信赖的。a27_

	1	2	3	4	5	6	7
您的感知体验 a271	○	○	○	○	○	○	○
您的期望程度 a272	○	○	○	○	○	○	○
您的满意程度 a273	○	○	○	○	○	○	○
您认为对服务质量的影响程度 a274	○	○	○	○	○	○	○

（19）政府网站能为每位使用者提供个性化的信息服务（如信息推广通知、查阅、私人订阅、提醒等服务）。a28_

	1	2	3	4	5	6	7
您的感知体验 a281	○	○	○	○	○	○	○
您的期望程度 a282	○	○	○	○	○	○	○
您的满意程度 a283	○	○	○	○	○	○	○
您认为对服务质量的影响程度 a284	○	○	○	○	○	○	○

（20）政府网站提供的办事指南（项目名称、法律依据、收费标准、办理流程和时限、办理部门和地点）很完善。a29_

	1	2	3	4	5	6	7
您的感知体验 a291	○	○	○	○	○	○	○
您的期望程度 a292	○	○	○	○	○	○	○
您的满意程度 a293	○	○	○	○	○	○	○
您认为对服务质量的影响程度 a294	○	○	○	○	○	○	○

（21）政府网站的搜索引擎能正确筛选出我所要的信息。a30_

	1	2	3	4	5	6	7
您的感知体验 a301	○	○	○	○	○	○	○
您的期望程度 a302	○	○	○	○	○	○	○
您的满意程度 a303	○	○	○	○	○	○	○
您认为对服务质量的影响程度 a304	○	○	○	○	○	○	○

（22）政府网站提供的信息目录分类、咨询、反馈服务内容符合我的需求。a31_

	1	2	3	4	5	6	7
您的感知体验 a311	○	○	○	○	○	○	○
您的期望程度 a312	○	○	○	○	○	○	○
您的满意程度 a313	○	○	○	○	○	○	○
您认为对服务质量的影响程度 a314	○	○	○	○	○	○	○

（23）网站对使用者无特别技术要求，方便公众短时间内熟悉并使用各项服务功能。a32_

	1	2	3	4	5	6	7
您的感知体验 a321	○	○	○	○	○	○	○
您的期望程度 a322	○	○	○	○	○	○	○
您的满意程度 a323	○	○	○	○	○	○	○
您认为对服务质量的影响程度 a324	○	○	○	○	○	○	○

（24）网站能够保证我提交的信息和隐私的安全性，具有完善的安全保护方式。a33_

	1	2	3	4	5	6	7
您的感知体验 a331	○	○	○	○	○	○	○
您的期望程度 a332	○	○	○	○	○	○	○
您的满意程度 a333	○	○	○	○	○	○	○
您认为对服务质量的影响程度 a334	○	○	○	○	○	○	○

Ⅱ　大数据服务需求量表

	完全不同意	不同意	同意	完全同意	
［第一部分——就业与创业］					
（1）大数据让有工作经验的人更容易就业	1	2	3	4	B1 ＿＿＿＿
（2）大数据让受教育水平越高的人越能找到称心的工作	1	2	3	4	B2 ＿＿＿＿
（3）大数据让环境适应能力越强的人就业质量越高	1	2	3	4	B3 ＿＿＿＿
（4）大数据让职业生涯规划更清晰，对实现就业有帮助	1	2	3	4	B4 ＿＿＿＿
（5）大数据可以帮人更容易找到需要的就业信息	1	2	3	4	B5 ＿＿＿＿
（6）大数据可以更充分地保障劳动者权利	1	2	3	4	B6 ＿＿＿＿
（7）大数据对改善当地就业状况具有积极影响	1	2	3	4	B7 ＿＿＿＿
（8）大数据让创业者更清楚自己的行业竞争力	1	2	3	4	B8 ＿＿＿＿
（9）大数据让创业者对未来有更好的判断力	1	2	3	4	B9 ＿＿＿＿

续表

	完全不同意	不同意	同意	完全同意	
（10）大数据让创业者更清楚资金的投资方向	1	2	3	4	B10____
（11）大数据分析能力是创业者创新意识和能力的表现	1	2	3	4	B11____
（12）大数据让创业项目成功的可能性更大	1	2	3	4	B12____
（13）大数据有助于鼓励和引导创业	1	2	3	4	B13____
（14）大数据有助于出台更好的创业扶持政策，减小创业阻碍	1	2	3	4	B14____
（15）大数据信息平台能够为创业者提供更有用的信息	1	2	3	4	B15____
[第二部分——地区发展建设]					
（1）大数据让建设规划更适合当地的经济发展	1	2	3	4	B16____
（2）地区发展建设规划是政府的决定，不关大数据的事	1	2	3	4	B17____
（3）大城市发展建设需要大数据，小城市和农村不需要	1	2	3	4	B18____
（4）本地区发展建设中应该提高公共设施服务大数据业务比重	1	2	3	4	B19____
（5）大数据已经在本地发展建设中扮演重要的角色	1	2	3	4	B20____
（6）民意大数据已经在本地发展建设过程发挥作用	1	2	3	4	B21____
（7）大数据可以帮助加强休闲活动场所的建设	1	2	3	4	B22____
（8）大数据能帮助文化设施更完善	1	2	3	4	B23____
（9）工厂可以随便建，不关大数据的事	1	2	3	4	B24____
（10）地区发展建设大数据可以提升政府的服务能力	1	2	3	4	B25____
（11）地区发展应该高大上，决策中不用考虑民意大数据	1	2	3	4	B26____
（12）有了大数据的发展建设，能够让城乡居民有更大的获得感	1	2	3	4	B27____
（13）有了大数据的发展建设，能够让城乡居民有更高的参与度	1	2	3	4	B28____
（14）大数据企业在地区发展建设中发挥重要作用	1	2	3	4	B29____
[第三部分——儿童与教育]					
（1）大数据让我有更多的途径了解有关儿童教育方面的知识	1	2	3	4	B30____
（2）大数据让我认识到儿童的心理健康需要学校和家长特别注意	1	2	3	4	B31____
（3）大数据让我了解到儿童的心理健康比学习成绩更重要	1	2	3	4	B32____
（4）大数据让我在讨论孩子教育问题时，更倾向于通过网络平台交流和沟通	1	2	3	4	B33____
（5）大数据提供的信息让我更容易了解到儿童的课程设置和活动安排	1	2	3	4	B34____
（6）大数据让我更加关注孩子和同龄伙伴之间的交往情况	1	2	3	4	B35____

续表

	完全不同意	不同意	同意	完全同意	
(7) 大数据让我认识到家庭教育对儿童的重要性	1	2	3	4	B36 ___
(8) 大数据可以改善教育不公平的状况	1	2	3	4	B37 ___
(9) 信息交流更有利于家长和学校的沟通	1	2	3	4	B38 ___
(10) 在可以接受的范围内,我会使用网络教育平台学习	1	2	3	4	B39 ___
[第四部分——开放数据接口]					
(1) 因为涉及隐私、机密、安全和其他限制,所以政府不应该公开数据	1	2	3	4	B40 ___
(2) 开放政府数据,有利于提高政府的治理能力和办事效率	1	2	3	4	B41 ___
(3) 开放数据和我没什么关系	1	2	3	4	B42 ___
(4) 政府各部门的数据应相互连通,以便共享	1	2	3	4	B43 ___
(5) 政府开放数据能够创新发展	1	2	3	4	B44 ___
(6) 开放数据有利于提高政府工作透明度	1	2	3	4	B45 ___
(7) 数据是政府极为重要的资源,不应该共享	1	2	3	4	B46 ___
(8) 不用开放数据也能从微信、微博等媒介获取数据信息	1	2	3	4	B47 ___
(9) 开放数据是电子政务发展的必要条件	1	2	3	4	B48 ___
(10) 现阶段数据已经足够开放了	1	2	3	4	B49 ___
[第五部分——环境与可持续发展]					
(1) 大数据让我更容易了解到目前的环境状况					B50 ___
(2) 我对可持续发展了解的途径主要是网络	1	2	3	4	B51 ___
(3) 我支持环境可持续发展的观点	1	2	3	4	B52 ___
(4) 大数据可以帮助政府更好地治理环境	1	2	3	4	B53 ___
(5) 大数据可以帮助政府更好地收集环境方面的信息	1	2	3	4	B54 ___
(6) 大数据能够提高环保部门治污的工作效率	1	2	3	4	B55 ___
(7) 网络平台更容易普及环保知识	1	2	3	4	B56 ___
(8) 大数据让可持续发展决策更科学	1	2	3	4	B57 ___
(9) 大数据让环保产品及服务更畅销	1	2	3	4	B58 ___
(10) 我认为政府在环境保护方面的网络宣传不够	1	2	3	4	B59 ___
(11) 我愿意参加可持续发展方面的网络宣传活动	1	2	3	4	B60 ___
(12) 大数据有助于公众监督环境污染	1	2	3	4	B61 ___

续表

	完全不同意	不同意	同意	完全同意	
[第六部分——女性与健康]					
（1）大数据让我认识到女性不比男性差	1	2	3	4	B62 ____
（2）大数据让我了解到社会对女性的偏见	1	2	3	4	B63 ____
（3）女性在遇到家庭问题和困难时，可以通过网络寻求帮助	1	2	3	4	B64 ____
（4）我从网上知道女性和男性在工作和家庭方面应该被同等对待	1	2	3	4	B65 ____
（5）我从网上知道心理健康状况不佳是现代人的普遍状况	1	2	3	4	B66 ____
（6）我在网络平台学习到健康方面的知识	1	2	3	4	B67 ____
（7）通过微信公众号、微博等网络平台普及健康知识更容易	1	2	3	4	B68 ____
（8）身体不舒服时，我会上网去寻找解决办法	1	2	3	4	B69 ____
（9）健康大数据能够让人们更长寿	1	2	3	4	B70 ____
（10）健康大数据能更准确反映人们的健康需求与困扰	1	2	3	4	B71 ____
（11）健康大数据能让政府制定更好的医疗规划	1	2	3	4	B72 ____
（12）医药大数据能够更合理地配置医疗资源	1	2	3	4	B73 ____
[第七部分——社会保障]					
（1）大数据有助于制定更好的社会保障政策	1	2	3	4	B74 ____
（2）政府网站应该及时更新社会保障政策的变化	1	2	3	4	B75 ____
（3）政府网站没有我需要的社会保障信息	1	2	3	4	B76 ____
（4）大数据能够让政府更清楚不同的社会保障需求	1	2	3	4	B77 ____
（5）当地政府网站有对社保服务不满意的投诉版块	1	2	3	4	B78 ____
（6）大数据社会保障信息有助于社会公平	1	2	3	4	B79 ____
（7）我比较满意我所在地区的社会保障服务	1	2	3	4	B80 ____
（8）我的生活不需要社会保障	1	2	3	4	B81 ____
（9）我不清楚居住的地方有哪些社会保障政策	1	2	3	4	B82 ____
（10）大数据社会保障服务有利于推进社会公平	1	2	3	4	B83 ____
（11）大数据社会保障服务有助于缩小城乡差异	1	2	3	4	B84 ____
[第八部分——社会安全服务需求]					
（1）大数据有助于提高社会安全程度	1	2	3	4	B85 ____
（2）大数据交通信息有助于人们更遵守交通规则	1	2	3	4	B86 ____
（3）信息泄露不会对个人网络安全构成威胁	1	2	3	4	B87 ____
（4）当登录需要输入密码时，我会毫不犹豫地输入	1	2	3	4	B88 ____

续表

	完全不同意	不同意	同意	完全同意	
（5）我认为加强政府网络监管十分必要	1	2	3	4	B89＿＿＿
（6）我从网上知道有关食品安全的信息	1	2	3	4	B90＿＿＿
（7）大数据有助于政府对食品安全的监管	1	2	3	4	B91＿＿＿
（8）大数据有助于相关部门及时疏导不安全的网络舆情	1	2	3	4	B92＿＿＿
（9）在遭遇抢劫、盗窃等情况时，通过网络平台发布求助信息更管用	1	2	3	4	B93＿＿＿
（10）我工作或生活的周围经常会出现突发性公共安全事故	1	2	3	4	B94＿＿＿
（11）我觉得社会安全知识的网络宣传很有用	1	2	3	4	B95＿＿＿

问卷中的概念及相关知识：

①大数据：大数据就是海量的数据，是个人或单个计算机无法处理的数据量，包括个人的大数据、企业的大数据、政府的大数据和互联网的大数据。

②大数据和我们的生活举例：

通过采集驾驶员手机的 GPS 数据，百度地图就可以分析出当前哪些道路正在堵车，并可以及时发布道路交通提醒。

淘宝通过分析用户的搜索关键词、浏览和购买的商品，以及用户的收藏夹、购物车和订单商品，向用户推荐可能喜欢以及适合购买的商品。

③大数据和政府服务举例：

北京市于 2012 年 10 月推出政府数据资源网测试版，开发了"游北京"和"爱健康"两个 APP 程序。前者可以查阅北京旅游景点、餐饮、促销信息、洗手间信息等，后者是北京市所有卫生保健设施的应用指南，包括诊所、医院、养老院等信息，用户可以利用这款软件定位附近的医疗设施，查看现场网络图像。

④大数据的未来应用举例：

医疗机构将实时监测用户的身体健康状况；

教育机构更有针对性地制订用户喜欢的教育培训计划；

服务行业为用户提供即时健康的符合用户生活习惯的食物和其他服务；

社交网络能为你提供合适的交友对象，并为志同道合的人群组织各种聚会活动；

政府能在用户的心理健康出现问题时进行有效的干预，防范自杀、刑事案件的发生；

金融机构能帮助用户进行有效的理财管理，为用户的资金提供更有效的使用建议和规划；

道路交通、汽车租赁及运输行业可以为用户提供更合适的出行线路和路途服务安排。

⑤大数据和隐私：当你在不同的网站上注册了个人信息后，可能这些信息已经被扩散出去了，当你莫名其妙地接到各种邮件、电话、短信的滋扰时，你的私人信息早就被各种商业机构非法存储或贱卖给其他任何有需要的企业或个人了。更可怕的是，这些信息你永远无法删除，永远存在于互联网的某些你不知道的角落。除非你更换掉自己的所有信息，但是这代价太大了。因此，未来需要建立合法合规地获取、分析和应用数据的机制。

图书在版编目（CIP）数据

大数据社会治理精细化：政策分析与推进策略／张
凤荣著. -- 北京：社会科学文献出版社，2022.5（2023.4 重印）
（马克思主义社会学与新时代社会治理研究）
ISBN 978 - 7 - 5201 - 9987 - 2

Ⅰ.①大…　Ⅱ.①张…　Ⅲ.①数据处理 - 应用 - 社会
管理 - 研究 - 中国　Ⅳ.①D63 - 39

中国版本图书馆 CIP 数据核字（2022）第 057272 号

马克思主义社会学与新时代社会治理研究

大数据社会治理精细化：政策分析与推进策略

著　　者／张凤荣

出 版 人／王利民
责任编辑／杨桂凤
文稿编辑／张真真
责任印制／王京美

出　　版／社会科学文献出版社·群学出版分社 （010）59367002
　　　　　　地址：北京市北三环中路甲 29 号院华龙大厦　邮编：100029
　　　　　　网址：www. ssap. com. cn
发　　行／社会科学文献出版社 （010）59367028
印　　装／北京虎彩文化传播有限公司

规　　格／开 本：787mm×1092mm　1/16
　　　　　　印 张：18.5　字 数：299 千字
版　　次／2022 年 5 月第 1 版　2023 年 4 月第 2 次印刷
书　　号／ISBN 978 - 7 - 5201 - 9987 - 2
定　　价／128.00 元

读者服务电话：4008918866